국제질서의 변곡점에 선
한국외교의 고뇌

Korea's Diplomacy at an Inflection
Point in the International Order

한국외교협회

박영사

· · ·

『국제질서의 변곡점에 선 한국외교의 고뇌』를 펴내며

　　국제질서가 역사의 변곡점(inflection point)을 지나고 있습니다. 시
대전환(Zeitenwende)이라고도 합니다. 외교가 국가 존립에 중대한 영
향을 미치는 한국인들에게 초미의 관심사이며 이 문제를 평생 다
루며 현장을 지켜 온 외교관들이 놓칠 수 없는 주제입니다. 전·현
직 외교관들의 모임인 한국외교협회의 학술연구위원회는 2023년
연구 과제로 이 주제를 다루는 프로젝트를 진행하기로 했습니다.
러시아-우크라이나 전쟁이 일종의 본능적인 의무감을 자극한 면이
있을 것입니다. 국제질서의 변화를 어떻게 읽을 것이며 한국외교
는 어떻게 대처해 나가야 하는가? 『국제질서의 변곡점에 선 한국
외교의 고뇌』는 이 물음에 대한 고뇌에 찬 대답의 일부입니다.

　　일곱 명으로 구성된 학술연구위원회는 이 주제에 접근할 수 있
는 9개의 토픽을 선정 2023년 한 해 동안 꾸준한 토의를 거쳐 그
결과를 이제 책으로 내게 되었습니다. 많은 국내외 학자들과 전문
가들이 서적이나 언론을 통해 다양한 담론과 학문적인 성과를 제
시하고 있어 우리는 외교 현장의 정책시행자로서의 경험과 관찰을
동원하여 차별성 있게 담아내고자 했습니다. 동시에 국제적 맥락
에서 균형을 유지하면서 한국 외교관으로서의 관점을 놓치지 않도

록 하는 데도 노력했습니다. 주제에 따라 몇 차례 외부 전문가와 해당 분야에 오랫동안 관여한 외교협회 회원들을 초청한 공개 학술 포럼도 개최해 시야를 넓히려 했으며, 최신 연구 동향은 해외에서 활동 중인 전문가의 특별 기고를 마련하여 흡수하도록 했습니다.

작업을 진행하면서 무엇보다 국제 정세의 변화란 정말 빠르며 예측하기 힘들다는 점을 실감했습니다. 끊임없는 변화를 담아내기 위해 토의와 원고 수정을 거듭할 수밖에 없었고 책의 발간이 계획보다 늦어지게 되었습니다. 2023년 중 미국의 대중국 정책 기조 변화, 우크라이나 전쟁 양상의 장기화, 이스라엘-하마스 전쟁 발생, 중국의 경제 전망 변화와 같은 국제·지역 안보·경제 환경의 변화는 물론 한반도를 둘러싸고 한·미 정상회담과 '워싱턴 선언', 한·미·일 '캠프 데이비드 합의', 푸틴-김정은 회담 등 전환점이 될 만한 사태 발전을 목격했습니다. 그만큼 우리가 정세 추이에 항상 면밀하게 주의를 기울여야 한다는 의미일 것입니다. 앞으로의 국제 정세는 적어도 10년간은 거세게 변화되어 나갈 것으로 전망합니다.

이 책은 총 9개 장에 걸쳐 미·중 관계, 한·미 동맹, 한·미·일 협력 등 한국의 외교와 안보가 바로 맞닿아 있는 문제와 여건을 정리해 보면서, 국제질서 변화의 본질, 아세안의 균형감과 실용주의, 중동의 혁신과 분쟁을 함께 조망함으로써 좀 더 넓은 시각에서 한국의 안보환경을 이해하고자 했습니다. 강대국 경쟁 속 각국에 사활적인 변수로 다가온 경제안보 그리고 과학기술 경쟁과 소프트 파워로서의 공공외교도 다루었습니다. 모두 특수한 지정학적 환경에 처한 한국이 변화하는 세계를 어떻게 헤쳐 나갈 것인가 하는 화두에 대한 논의와 연구 성과물이라 할 수 있습니다.

물론 한정된 토픽으로 변화하는 세계의 양상과 한국의 외교적 과제라는 큰 모습을 그리는 데 한계가 있다는 점도 잘 알고 있습니다. 앞으로 유럽, 아프리카, 중남미 등 다양한 지역과 국제 통상, 환경, 기후위기, 글로벌 거버넌스, 다자 이슈 등 확장된 영역으로 확대해 포괄적이고 종합적인 논의로 이어나가야 한다고 생각합니다.

우리는 프로젝트를 수행하는 과정에서 오늘날의 국제질서에 관한 담론은 그 주제가 무엇이든 기−승−전−미·중 경쟁으로 귀결되고 있다는 사실을 확인했습니다. 미·중 경쟁이 어떠한 양상으로 전개되어 결말이 날지가 앞으로의 국제질서의 본질과 모습을 규정하게 될 것이라는 의미일 것입니다. 많은 변수와 전망 속에 우리는 결론을 내지 못하였습니다.

토의 결과를 책으로 내는 데 있어 어느 독자층을 대상으로 눈높이를 맞추어야 할 것인지도 제기되었습니다. 일반 독자가 편하게 읽을 수 있도록 하고자 했으나 결국 주석도 많이 포함된 다소 건조한 글이 되었습니다. 학술적 서적은 아니나 국제 정세의 큰 흐름과 그 속에서 한국외교가 나아가야 할 방향에 관심이 있는 독자들에게 조금이나마 지적 자극과 도움이 되었으면 합니다.

지난 1년간 이 책의 발간과 토의에 진지하게 임해 항상 더 나은 결론으로 이끌어 주신 학술연구위원들과 해외 체류 중에도 국제질서 변화의 핵심 동인인 미·중 관계에 대한 생동감 있는 특별 기고를 통해 프로젝트에 풍부함을 더해 주신 하버드대 아시아연구소 이성현 박사께 감사를 드립니다. 또한 학술포럼 참가자들, 편집과 토의 과정에서 귀중한 조언과 『외교』지 편집장으로서 노하우를 공유해 주신 김병호 위원, 적극성과 정확성으로 프로젝트의 든든한 플랫폼이 되어준 김영심 간사께 고마움을 표합니다. 원고를 받아 주고 세심하게 협의하면서 출판을 완성해 주신 박영사에도 사의를 표합니다.

이 책에서 제시된 내용은 한국외교협회 공식 입장은 아닙니다. 독자들께서 오류와 견해의 주관성을 지적해 주신다면 저자들의 몫으로서 달갑게 받고자 합니다.

2024년 2월
한국외교협회 학술연구위원회

목 차

국제질서 변화, 어떻게 읽을 것인가

[이경수]

국제질서 변화, 어떻게 읽을 것인가

　한 나라가 국제 정세를 올바로 읽고 나아갈 방향을 정확하게 설정하는 것은 국가 존립과 번영을 위한 필수 요소다. 시대의 흐름에 뒤처져서 열강의 각축을 불러들이고 급기야 외세의 지배와 분단을 겪은 한국과 같이 지정학적 취약성에 노출된 나라는 더욱 면밀하게 국제사회의 흐름을 관찰하며 기민하게 대처해야 한다. 지금의 한국을 구한말의 조선에 빗대어 패배주의적 세계관을 가질 필요는 없을 것이나 시대를 떠나 국제사회의 큰 흐름이 국가의 명운에 결정적인 영향을 미친다는 불변의 진리와 엄혹한 국제사회의 현실을 잊어서는 안 될 것이다. 그렇다면 한국이 처한 오늘날 세계는 어디로 향해 가고 있으며 우리는 이를 어떻게 읽고 대처해 나가야 할 것인가? 외교가 국가 운명과 생존에 결정적인 영향을 주는 한국과 그 현장을 지키는 한국 외교관들에게 던지는 고뇌에 찬 질문이 아닐 수 없다.

　지금 국제질서는 우리가 경험해 보지 못한 새로운 방향으로 빠르게 변화하고 있음에 틀림없다. 유일 초강대국으로 여겨졌던 미국에 대한 도전, 중국의 공격적 부상과 '대안적 국제질서' 제시, 강대국 간 충돌 가능성 증대, 세계화의 퇴조와 자국 중심주의 대두, 지정학의 회귀가 눈에 띈다. 러시아의 우크라이나 침공에서 나타난 국제 규범 무시와 힘에 의한 현상 변경 기도, 유엔 등 국제 체제와 글로벌 거버넌스의 흠결과 이에 대한 불신, 이스라엘-하마스 전쟁으로 드러난 지역 질서의 혼란, 이러한 전환적 상황에서 나타나는 '각자도생' 심리와 '힘의 사용'에 대한 유혹이 만연해 있다. 우리가 맞이할 새로운 세계는 불안하며 불확실하다.

국제사회는 제2차 세계대전 이후 미국과 소련을 중심으로 양분된 냉전적 양극체제로부터 1990년대 초 소련과 동구 공산권이 해체된 이후 유일 초강대국 미국이 주도한 탈냉전적 단극체제를 거쳐 '탈냉전 이후의 세계'에 진입하였다고 본다. '탈냉전 이후의 세계'를 규정 함에 있어 혹자는 과거 냉전 시기와 같이 미국과 중국을 중심으로 새롭게 진영 간 대결이 진행되고 있으므로 '신냉전'(a New Cold War) 시대로 부를 수 있다고 하기도 하고, 혹자는 '탈 탈냉전' (post post-Cold War) 시대 정도로 명명해 두자고 한다. 소련의 후신인 러시아의 재등장으로 냉전이 아직 끝나지 않았다는 주장과 '냉전 II'(the Cold War II)로 부르자는 주장도 있다. 그러나 명칭을 떠나 지금 일어나고 있는 새로운 변화들을 기존 원리로는 제대로 설명하기 힘들다는 면에서 국제질서가 전환적인 변화의 입구에 서 있음에는 틀림없다.

ⅰ 탈냉전 속 국제질서 변화의 징후들

　제2차 세계대전이 끝난 이후 45년간의 자본주의·시장경제 대 사회주의·계획경제 간 체제의 효율성 경쟁은 독일 통일과 소련 해체로 자유 세계와 민주주의의 승리로 끝나며 탈냉전 시대를 열었다. 공산주의는 과도한 군사비 지출과 자원 배분의 실패, 독재 체제의 비효율성과 같은 자체 모순으로 스스로 몰락했다. 프랜시스 후쿠야마는 냉전구도 해체의 단초가 된 1989년 11월의 베를린 장벽 붕괴에 앞서 그해 여름 *The National Interest* 지를 통해 역사 발전의 끝에 '공산주의 유토피아'가 있다는 가정이 공산권 스스로의 개혁으로 부정되고 자유민주주의가 채택된 이러한 상태를 '역사의 종언'으로 표현했다. 그리고 30년 후 독일 방송과 가진 인터뷰에서 냉전 후 세계에서 자신이 예견하지 못한 양상이 나타나기는 했으나 '역사의 종언'은 역사 진보의 방향성을 제시한 것으로서 용어 사용에 후회 없다고 술회하였다.[1]

　전후 세계질서는 브레튼우즈 체제하 국제통화기금(IMF), 세계은행(WB) 및 관세 및 무역에 관한 일반 협정/세계무역기구(GATT/WTO)로 대변되는 자유주의 제도에 기초하여 미국이 경제력과 달러의 힘으로 유지 비용을 감당함으로써 가능하였으며, 최대의 수혜국도 미국이었으므로 유지될 수 있었다. 탈냉전의 단극체제 국제질서는 이러한 자유주의 국제 경제체제와 안보 질서를 진영을 넘어 글로벌 차원으로 확장한 것이라 할 수 있는데, 미국은 압도적인 군사력과 경제력의 우위를 바탕으로 국경을 초월하여 가장 효율적인 재화와 노동력을 결합하고 전 세계를 생산기지화하는 세계화 전략을 추진하여 미국을 중심으로 독일 및 일본, 신흥국, 중국 사이에 국제적 분업 구조를 구축했다. 이 시기 미국과 서방은 IMF와 WB를 동원해 러시아에 대해 경제 지원을 하면서 러시아를 미국 주도의 단일 국제체제에 편입시키면 세계질서가 안정화될 것으로 보았다. 실제 러시아와 우크라이나, 카자흐스탄, 벨라루스 등 구소련 동구권 국가의 핵무기 반출에 대해 합의하는 등 범유럽안보체제 구축에 진전을 이루기도 하였다. 무엇보다 중국의 시장경제 체제 편입과 개혁·개방이 중국의 민주화를 가져와 자유주의 국제질서 구축에 기여할 것으로 기대하였다. 2001년 중국의 WTO 가입 이후 전개된 중국의 급속한 경제 발전은 국가자본주의(state capitalism)의 성공 모델로 부각되었다.

그러나 미국이 주도한 국제질서는 국내적으로는 값싼 소비재 수입으로 소비자가 혜택을 보는 반면, 제조업 생산의 아웃소싱 확산으로 노동자가 실업에 직면하게 되는 미국 경제 구조의 양극화를 초래하였으며, 탈냉전 후기에 이르러서는 러스트밸리 지역을 중심으로 한 백인 중산층의 상실감으로 이어져 트럼프의 보호주의 등장의 배경이 되었다.

국제 사회는 베를린 장벽이 붕괴한 1989년부터 세계 금융위기가 발생한 2008년까지의 탈냉전 전반기 미국이 주도한 자유주의 국제질서 하에서 '평화의 20년'(Twenty Years Peace)을 구가했으나, 이 시기에 중국의 공격적 부상과 기존 국제 거버넌스에 대한 불신과 같은 질서 내에 내재한 큰 변화를 예견하지 못하였고, 예견했다 하더라도 처방에 실패함으로써 오늘날의 국제질서의 전환적 변화라는 위기 상황을 초래하게 되었다. 이는 국제 정치의 실패이며 자유주의 국제질서의 실패로서 이 시기를 역설적으로 '위기의 20년'(Twenty Years Crisis)라 부를 수 있을 것이다.

이 시기를 거쳐 나타난 국제 사회의 현상은 첫째, 국가자본주의와 권위주의적·중앙집권적 독재가 결합된 중국과 같은 독특한 모델과 중동지역에서와 같은 '비자유 민주주의'(illiberal democracy)가 나타나 이러한 독특한 체제들이 자유민주주의와 공존하게 되었으며 유럽에서는 일부 동구권 국가가 '좋지 않은 자유민주주의 체제'에 의해 대체되는 새로운 현상이 전개되었다. 러시아에서는 급속한 민주화의 여파와 시장경제 도입의 실패로 경제 침체와 정치적 불안, 부정·부패, 권위주의 독재가 나타났다. 1999년 푸틴 등장 이후에는 자원 가격 상승과 애국주의를 배경으로 국제 사회에서의 대국주의 영향력 회복을 꾀하고 있다.

둘째, 이질적 파트너 중국의 등장은 미국 주도의 '규범 기반 국제질서' 약화와 중상주의 등장을 가속화하였다. 2010년 경부터는 중국과의 분업 구조가 중국에게 유리하게 작동하는 시점이 도래하여 중국이 미국 대신 세계화의 최대 수혜자가 되었다. 중국은 미국이 제2의 '플라자 합의'[2]를 이끌기에는 너무 큰 경제로 성장하였다. 탈냉전 시대 자유주의·다자 질서와 세계화를 이끌어 온 미국은 이제 더 이상 세계화의 챔피언이 아니라 세계화의 피해자가 되었다는 인식을 갖게 되었디.

셋째, 자국 중심주의와 보호주의의 팽배는 2020년 발생한 COVID-19 팬데믹이 초래한 글로벌 공급망 교란 및 고인플레, 에너지·식량 안보 불안과 겹쳐 경제의 상호의존성을 약화시키는 탈세계화(de-globalization) 또는 세계 경제의 분절화(fragmentation)를 초래했다. 자본과 노동은 다시 분리되고 있으며, 강대국 간 경쟁은 치열해졌다. 트럼프 등장 이후 미국의 자유 세계 '이탈'과 거래주의 외교(transactional diplomacy)는 세계질서의 불안정을 야기하면서 이러한 공백을 중국과 러시아 등 권위주의·비민주주의 국가가 메우려는 '질서의 전도 현상'이 나타났다. 바이든 행정부 등장 이후 규범에 기반한 자유주의 국제질서의 회복 정책에도 불구하고 소위 '트럼프 트라우마'는 계속되고 있다.

ᛗ 국제질서 변화의 변곡점, 러시아의 우크라이나 침공

푸틴의 2022년 2월 24일 우크라이나 침공은 유럽에 결정적인 지정학적 변화를 일으키며 다음과 같은 면에서 결정적으로 국제질서 변화의 변곡점(inflection point)을 그렸다.

첫째, 제2차 세계대전 종전 이후 형성된 규범과 국제법을 위반하여 무력에 의한 현상 변경과 영토의 획득을 기도했다는 점에서 전후 국제질서에 대한 근본적 도전이며 이는 제국주의로의 회귀와 같다. 특히 러시아와 같은 핵보유 강대국의 전쟁 행위가 국제질서의 변화에 미친 영향은 심각하다. 국가 정책의 실현 수단으로서의 전쟁이 다시 일반화될 경우 국제질서는 더 이상 유지될 수 없다.

둘째, 이미 약화되어 온 유엔 시스템의 무력화가 가속화되었다. 국제 평화와 안전을 책임진 안보리 기능이 러시아의 거부권 행사로 마비되었으며 상임이사국이 당사국이 된 분쟁에 대해서는 속수무책임을 보여주었다. 이는 유엔은 물론 IMF, 국제 보건기구(WHO), G7 및 G20 등 글로벌 거버넌스 제도가 보편적 이해가 아니라 주요국의 이해에 종사한다는 중소국의 불만과 불안을 더욱 확산시켰다.

셋째, 핵무기가 재래식 무기의 약세를 만회하는 수단으로서 그리고 제3국의 개입에 대한 억제 수단으로서 선제 사용될 수 있다는 새로운 독트린의 선언은 기존의 핵 사용의 금기를 깨고 '상호확증파괴'(MAD)에 기반한 핵억지 메커니즘의 작동을 마비시켜 국제관계 원리에 본질적 변화를 야기했다.[3] 전술핵은 핵 비보유 국가 공격 시 외부 세력의 개입에 대한 예방적 억제 수단으로서 그리고 가성비 높은 효과적 전쟁 수단으로서 이론이 아닌 현장에 등장하고 있다.

우크라이나 전쟁의 기원과 관련, 존 미어샤이머, 스테판 월트 등 현실주의 국제정치 학자들의 '나토 동진론' 주장과 반론으로서 '푸틴의 대유라시아 야망론' 등 이론이 다양하게 제시되고 있으나[4] 이 논쟁에 대한 결론을 쉽게 내릴 수는 없다. 그러나 그 어느 경우에 있어서도 국제 사회가 어떠한 조치도 취하지 못한 것은 기존 국제

체제 자체의 결함이라고 할 수 있을 것이다. 조셉 나이는 러시아의 민주화와 시장 경제 편입 가능성에 대한 서방의 지나친 낙관과 미 클린턴 정부의 대러시아 경제 지원에 대한 러시아의 실망 등을 근본 원인으로 제시하면서 탈냉전 관리의 실패를 지적했다.[5]

러시아의 우크라이나 침공은 동유럽과 서유럽으로부터 아시아에 이르기까지 하드파워의 중요성을 일깨우는 일대 전환점이 되었다. 유럽에서는 미국의 존재감과 러시아와 구별되는 유럽 정체성의 재발견을 통해 민주주의 진영의 결집에 기여하였다. 푸틴의 의도와는 달리 중립국 핀란드의 가입으로 나토가 확장되었으며 스웨덴의 가입도 눈앞에 두고 있다. 우크라이나의 친서방화를 더 이상 되돌리기도 힘들 것이며, 유럽연합(EU)을 포함한 유럽 차원의 국방력 강화와 실질 안보 증진 조치가 이루어지고 있다. 아시아에서는 가치에 기반한 국제질서에 대한 지지를 재확인한 자유민주주의 세력이 대러 제재에 동참하고, 러시아의 우크라이나 침공의 성공이 대만, 남중국해, 한반도 등 아시아에서의 무력 사용을 자극할 가능성을 우려하며 안보에 대한 경각심이 고조되었다.

동시에 이러한 변화는 중국, 러시아, 이란, 북한 등 미국과 서방에 대결적인 수정주의·권위주의 세력의 밀착과 사실상의 연합 형성을 촉진하는 결과도 초래했다. 이들은 공통의 플랫폼은 없으나 미국에 대한 반감과 현상(status quo)에 대한 적대감의 공유로 전후 어느 때보다 강한 유대를 형성하고 있으며 달러권 밖에서 무역과 교통, 물류망 형성을 도모하여 장기적으로 하나의 블록으로 발전

국제질서의 변곡점에 선 한국외교의 고뇌

할 가능성도 보여주고 있다.[6] 이란은 중동에서 미국의 영향력 감소와 새로운 중동 질서 형성에 중국과 러시아의 필수적인 파트너가 되었으며 2023년 10월 이스라엘-하마스 전쟁 발발은 이를 더욱 촉진할 수 있다. 북·중·러도 동북아에서 전략적 연대를 그 어느 때보다 강화해 가고 있으며 우크라이나 전쟁의 소모전화는 2023년 9월 김정은-푸틴 정상회담시 북한 무기와 러시아 군사 기술 거래 가능성 등 새로운 양태의 안보 지형 변화를 보여주었다.

무엇보다 세계는 공급망 조정을 통해 경제와 기술이 안보와 불가분의 관계에 있음을 인식하게 되면서 국제 관계의 패러다임이 전통안보로부터 경제안보(economic security)로 확실히 전환되었다.

개전 2년을 바라보는 우크라이나 전쟁의 장기화에 따라 전쟁 종결 방식에 대한 현실주의적 접근법이 점차 제기되고 있다.[7] 다양한 구성의 유럽은 전체로서 대러시아 제재와 우크라이나 지원 입장을 유지하면서도 전쟁 피로감으로 인해 각국이 국내 정치와 국익에 따라 서로 다른 선택을 할 수 있는 분열 가능성에 처해있다. 중국도 조기 종전과 중국과의 정상적인 상황 복귀를 바라는 유럽의 미국 동맹국들을 대상으로 한 접근(maneuvering)을 강화하면서 서방 동맹 내 분열을 심화시키고 있다. 그러나 우크라이나 전쟁의 결말이 자유주의 연대 세력의 승리 형태로 이어지지 못한다면 자유주의 국제질서 회복 과정에서 지도력을 발휘해야 할 미국과 서방의 리더십 약화와 불신을 초래할 것이며 이는 당장 대척점에 선 수정주의 대안 세력의 결집과 급속한 확대로 이어질 것이다. 새로운 국제질서 형성의 진앙지인 인태 지역은 물론 또 하나의 전장인 중동 지역에 주는 파급 효과도 막대할 것이다.

미국의 국내 정치적 고려와 유럽의 패러독스(the European Paradox),[8] 헨리 키신저 식의 강대국 중심의 국제질서관이 '새로운 세력균형'(new balance of power) 또는 '새로운 현상'(new status quo)이라는 이름으로 합리화되는 것은 새로운 국제질서 형성에 매우 불안한 사태 진전이 될 것이다. 잠정적 현상 동결(freezing)이나 정치적 타협으로 우크라이나의 국가완전성(integrity of statehood)과 유럽의 항구적 안보질서(durable security)가 보장되지 않을 것이라는 것이 휴전 70년을 지난 한국과 동북아의 경험이다. 강대국 중심의 현실주의 이론을 현장에서 정책으로 인정하는 순간 우크라이나와 같이 지정학적 단층선에 위치한 약소국이나 완충국이 생존할 공간은 사라질 것이다.

🅼 미·중 전략경쟁과 '투키디데스 함정'[9]

'탈냉전 이후의 세계'는 어떻게 전개되고 있으며 우리는 이를 어떻게 파악해야 할 것인가?

미국 바이든 행정부는 2022년 10월 발표한 「국가안보전략」에서 "탈냉전 시대는 확실히 끝났으며 다음에 무엇이 올지를 두고 주요 강대국들의 경쟁이 벌어지고 있다."고 표현했다. 미국은 중국을 "국제질서를 재편하려는 의도, 그런 목적을 진전시키기 위한 경제적·외교적·군사적·기술적 힘을 함께 지닌 유일한 경쟁자"로 규정

국제질서의 변곡점에 선 한국외교의 고뇌

하고, 중국에 대한 억제책으로 공급망 재편을 핵심에 두었다. 바이든 행정부는 트럼프 행정부가 미·중 관계를 전략적 협력에서 전략적 경쟁으로 공식 전환한 데 그치지 않고, 세계를 미국을 중심으로 한 민주주의와 중·러 등 권위주의 간의 진영 대결이라는 장기적인 경쟁 구도로 설정했다. 미국은 트럼프 행정부 당시에는 중국 제품에 대한 수입 관세 부과 및 무역전쟁과 같은 양자 차원에서의 제재에 중점을 두고 미국의 동맹국이나 파트너국에 대해서도 동일한 원칙을 적용하였다. 그러나 바이든 행정부 이후에는 좀 더 포괄적인 분야와 방식으로 제재 레짐을 구축해 나가면서 첨단 기술과 제품에 대한 공급망 제한에 중점을 두고 동맹국 및 파트너국을 동참시키는 정교한 다자주의 접근법을 구사하고 있다.

미·중 전략경쟁은 국제 정치의 현장에서 상호 영향력 확대와 패권 경쟁의 형태로 나타나고 있으나 본질적으로는 새로운 국제질서를 자국에게 유리한 방향으로 재설정하려는 플랫폼 구축과 그 정당성을 확보하려는 질서 장악 경쟁의 양상을 띠고 있다. 미국은 중국 정책을 내놓으면서 30년 이상 지속된 '워싱턴 컨센서스'를 대체할 '새로운 워싱턴 컨센서스'를 제시했다. 제이크 설리반 국가안보 보좌관은 2023년 4월 부르킹스 연설[10]과 대담에서 미국이 제2차 세계대전 이후 세계 경제 질서를 지배해 온 무역에 대한 전통적 접근 방식과 기존 '워싱턴 컨센서스'가 시장경제의 작동에 대해 지나치게 단순화된 가정에 의존함으로써 자유주의 국제 경제질서의 기초에 균열을 가져왔으며 오늘날의 미국의 제조업 공동화와 빈도체 품귀 등 공급망 혼선을 초래했다고 주장했다. '워싱턴 컨센서스'가 1980년대 말 세계화, 규제 철폐와 시장의 기능, 경제의 상호의존성에 대한 낙관에 근거한 무역주의의 구질서였다면 그가 주창하는 '새로운 워싱턴 컨센서스'는 규제 강화, 정부의 개입과 국가의 역할 증대를 중심에 둔 산업주의 신질서로서 "경제의 상호의존성은 더 이상 중요하지 않으며, 효율성이 경제 정책의 이상적 목표인 시대는 끝났다."는 주장이며 미국의 최우선 정책 목표가 자유무역으로부터 반도체, 인공지능, 양자 컴퓨팅 등과 같은 핵심 첨단산업의 보호로 확실히 전환되어야 한다는 선언과 다름없다.[11] 이는 자유주의적 통상규범은 미국이 주도적으로 창안하고 유지한 질서 속에서 작동해 온 것으로서, 미국이 질서를 유지함으로써 얻는 이득이 비용보다 큰 범위 내에서만 가능하다는 취약성을 안고 있다는 지적으로 이어진다.[12]

기후변화 대처와 첨단 기술 산업에 대한 접근을 지원하는 인플레이션 감축법(IRA)과 반도체 지원법(Chips Act)이 실제로 특정 산업에 대한 직접 보조금 지급과 세제 혜택이라는 일방적 국내 조치로서 자유무역 원칙 위반이라는 지적과 미국의 다자 자유무역 협정(TPP) 탈퇴에 대한 비판[13]에도 불구하고 이러한 경향은 미국의 국내적 지지에 탄력을 받은 경제·산업 정책의 연장으로서 외교·안보 정책에 지속 반영되어 나갈 것으로 전망된다.

특히 인도·태평양 지역에서 치열하게 전개되는 미·중 대립은 '투키디데스의 함정'을 떠올리게 한다. 미국은 'Chip-4 동맹' 등 공급망 재편과 더불어 미, 일, 인도, 호주 4개국의 안보 협의체인 쿼드(Quad)의 부활, 미국, 영국, 호주 3개국의 정보 동맹인 AUKUS 창설, 한국 및 아세안 국가 일부를 포함한 경제안보 플랫폼인 인도·태평양 경제프레임워크(IPEF) 창설협상 개시,[14] 캠프 데이비드 합의 등 한·미·일 안보협력 복구와 같은 공세적인 동맹 네트워크를 지속 강화하고 있다.

중국은 대척점에서 '대안적 세계질서'를 주창하며 미국과의 시스템 효율성 경쟁을 선언했다. 시진핑 주석은 2022년 4월 보아오포럼 연설을 통해 "서구 주도 세계질서는 냉전적 사고 방식에 젖어 전쟁과 분쟁으로 가득 차 있으며", 중국의 새로운 구상이 세계의 공통안보를 증진하는 세계적 안보딜레마에 대한 효과적 대안이라는 '글로벌 안보 구상'(Global Security Initiative)을 제시하였다.[15] 중국은 사유재산에 기초한 자본주의는 패권주의로 귀결하며 호전적인 미국의 패권 추구 방지가 세계 평화와 안정 유지의 길이라고 하면서 중국이야말로 사회주의와 문화 전통으로 인해 국제주의 정신에 입각한 상호존중과 평화공존을 이룰 수 있다고 주장한다.[16] 중국은 다자주의와 개방을 내세우며 미국의 보호주의 경향을 지적하고 있는데 미국이 자유주의와 경제 개방을 주창한 시절을 돌아볼 때 격세지감이 있다. 트럼프의 등장이 불러온 '미국중심주의'에 대한 반감을 이용한 안보와 경제 공공재 제공자로서의 미국에 대한 신뢰 손상 캠페인의 일환이나 글로벌 사우스(Global South)에 미치는 영향을 무시하기 어렵다.[17]

중국은 또한 일시적이며 전술적으로라도 러시아와 의기 투합[18]
하여 미국 주도 국제질서 재편 움직임을 견제하고 있다. 2022년 2월
중·러 정상회담에서 '제한 없는 협력'을 기치로 내걸고 러시아의
나토 확장 중단 주장에 동조하며 Quad 형성을 견제했다. 중·러의
이익의 균형이 이미 중국으로 기울어졌으며, 시간이 경과함에 따
라 러시아는 중국의 열등한 파트너로 남게 될 것이라는 전망이 우
세하지만, 중국과 러시아는 미국과의 대결과 단극체제에 대한 공
동의 도전으로 연계되어 있으며, 이러한 '계약결혼의 편익'은 상당
기간 양국을 결합시켜 주는 요소로 작용할 것으로 전망된다.

중국은 비서방 진영을 망라하는 반미 파트너십을 구축하며 전략
적 연대의 대상도 확장하고 있다. 사우디아라비아, 베네수엘라와
같은 비자유민주주의 국가에 대해 양자적으로 접근하며, BRICS와
같은 지역 블록의 결집도 강화하고 있다. 2023년 8월에는 아르헨
티나, 이집트, 에티오피아, 이란, 사우디아라비아, 아랍에미리트연
합(UAE) 6개국을 BRICS plus로 확대하는 회원국 확장과 더불어 별
도의 기축 통화 설립 제안 등 새로운 의제 설정을 통해 G7, G20
등 미국 주도 블록에 대항하고 있다.[19] 상하이협력기구(SCO)의 경
우, 2023년 7월 이란의 정식 참가를 결정하였으며 벨라루스의 가
입도 예상되고 있다. SCO 은행, 자유무역협정, 단일 화폐 등 소위
'비서방 강대국 협조체제'(concert of non-Western great powers)로 발전
될 수 있는 의제 확장도 모색하고 있다. 아프리카, 중앙아시아, 중
동과 유럽에 대해서도 아시아 인프라투자은행(AIIB)을 통한 금융 지

국제질서의 변곡점에 선 한국외교의 고뇌

원과 일대일로(BRI) 확장을 전략적으로 추진하고 있다. 우크라이나 평화안 제시, 사우디·이란 복교 중재, 중동에서의 영향력 강화 등 글로벌 플레이어로서의 역할도 부각되고 있다.

중국은 중국 경제의 세계 경제 통합, 특히 제조업 생산력과 시장구매력을 바탕으로 경제적 강압(economic coercion)을 동원하고 있다. 경제의 상호의존성 특히 무역의존성을 정치적 목적으로 무기화 할 수 있다는 오만이 반영된 경제적 강압은 외교적으로 '전랑외교'와 결합하여 중국 외교의 새로운 패턴으로 나타나고 있다. 핵심 광물 수출 제한, 상대국의 경제에 결정적인 품목의 수입 금지, 중국 상품 수출 금지, 중국 내 생산 시설 폐쇄 압력, 중국 관광객 해외여행 제한, 불매 운동 등 다양하다. 이는 정치가 경제를 압도함으로써 경제와 시장의 왜곡, 공정한 경쟁 기반 손상을 초래하며, 보복과 처벌에 대한 두려움으로 경제안보에 순응하게 되는 등 안보에도 부정적 영향을 미치고 있다.

미국의 공세적인 동맹 네트워크 강화 속에서 중국은 2022년 8월 펠로시 미국 하원의장의 대만 방문 이후 격렬한 반응을 보이고 있다. 시진핑 주석은 2022년 10월 제20차 당대회에서 3연임을 확정한 이후 미국과 대결하기 위한 장기집권 통치 기반을 다지며 중국식 현대화와 '공동부유', 대만 통일과 무력사용 의지 천명 등 사회주의 체제 회귀와 군사적 태세를 밝혔다.

새로운 양상, 각자도생과 '중도 세력'의 등장

신냉전적 요소가 가미된 진영의 재편과 대립은 지구상 거의 모든 나라들을 어느 한 편을 선택하도록 하는 전략적 딜레마에 빠뜨렸다. 동시에 생존전략으로서 강대국 사이에서 어느 한편에 속하지 않으며 양쪽과 모두 거래하듯 지극히 실용적으로 중립을 지키며 국익을 극대화하는 '새로운 비동맹'(unaligned/non-aligned/multi-aligned) 또는 '담장위 국가들'(fence-sitters)로 표현되는 '중도국들'(countries in the middle of the road)이 국제사회의 새로운 행위자로 등장했다. 유엔 총회와 안보리의 러시아 규탄 결의에 나타난 각국의 부정형의 투표 성향은 각자도생의 생존전략이 치열하게 전개되고 있음을 보여준다. 이들은 이념이나 가치에 따라 특정 진영과 긴밀한 관계를 유지하기보다는 강대국 사이에서 생존 본능에 충실하게 행동하며 의사결정의 자유와 전략적 자율성을 추구한다. 영국의 이코노미스트지는 이러한 나라들이 127개국에 이르는 것으로 파악하고 특징있는 25개 주요 국가들을 '거래에 능한 국가 25'(T-25/the Transactional-25)로 명명했다. 이들은 강대국 간 경쟁을 성공적으로 헤쳐 온 경험이 있으며 새로운 세계에서도 능히 살아남을 수 있도록 성장한 나라들로서 세계 인구의 45%를 차지하며, 경제 규모도 전 세계 GDP의 18%를 차지하는 수준으로 성장하여 EU를 앞섰다고 한다. 인도, 브라질, 사우디아라비아, 멕시코, 이스라엘, 튀르키예, 베트남, 카타르, 이집트, 태국, 남아공, 필리핀, 칠레, 나이지리아, 싱가포르 등과 같이 실용주의에 따라 행동하며 분절화·탈동조화되는 세계를 활용해 오히려 실익을 취하는 전략을 구사한다. 미국과 중국이 서로 이들 국가들을 자신의 영역에 편입시키려 함으로써 몸값(price of influence)이 높아지고 있다는 것이다.[20]

대표적으로, 인도는 국경 문제 등으로 인해 중국과는 전통적인 전략적 라이벌 관계를 유지하고 있으나 서구 중심의 글로벌 거버넌스에 대한 대항 협의체인 BRICS의 창설 멤버이며 중국이 주도하는 안보협의기구인 SCO 회원국이기도 하다. 서방 국가들로부터는 스스로 독립적 위치에 서며 실질적 이해에 있어서는 중국 및 중국의 사실상의 동맹국인 러시아, 이란, 북한, 파키스탄보다는 미국에 더 가까운 글로벌 세력을 지향한다. 사실상 중국 견제를 위한 4개국 안보협의체인 Quad에는 일본·호주와 함께 참여하면서, 러시아의 우크라이나 침공에 대해서는 중립적 입장을 유지하나 대러 제재 국면에서는 러시아의 석유 및 가스의 대체 수출국으로서 철저한 실리를 취하며 결과적으로 서방의 대러 제재의 효과를 약화시킨다.

대부분의 글로벌 사우스를 포괄하는 '중도 세력'은 가치와 동맹에 기반하여 결속되어 있는 서방 또는 적어도 일시적이나마 전술적 연대를 형성한 중·러 수준의 결합력이나 공통의 기반을 결여한 한계를 갖고 있으나 인구와 경제력 증대, 미·중에 편중되지 않은 다자무역 패턴 등을 감안 시 향후 국제질서 형성에 주요 플레이어로 발전될 수 있다.

지정학적 재앙에 처한 유럽

전후 70년여간 평화를 구가하고 사회 안정과 통합을 진전시켜 온 유럽은 러시아의 우크라이나 침공으로 21세기 전쟁의 최전선이 되며 지정학적인 재앙에 처했다. 냉전기부터 시작된 러시아와의 경제 협력과 대화가 평화를 가져올 것이라는 환상과 '동방정책'의 전통이 끊임없는 유화정책을 낳았으며 독일과 유럽의 대러 에너지 의존을 심화시켰다. 그러나 바로 러시아의 에너지 무기화로 전쟁의 현실에 직면한 유럽은 국가의 안보와 지역의 평화가 위협에 처했을 때 진정으로 필요한 것은 대화가 아니라 군사력과 하드파워이며 미국의 개입과 리더십이 침략을 복구하는 필수 요소라는 뒤늦은 자각을 갖게 되었다. 독일은 러시아의 우크라이나 침공 직후 대러 에너지 의존 축소와 분쟁지역에 대한 무기 지원, 재무장 수준의 군사비 증액을 제시한 외교·안보·군사 정책의 패러다임 대전환('시대전환': *Zeitenwende*)[21]을 천명하였다. 평화에 안주하여 군수 산업을 자동차 생산과 같이 주문 생산 체제로 운영하고 시장화함으로써 위기 시 적기 대량 생산 생산이 불가능한 상황에 처한 예와 같이 지나친 평화 안주로부터 오는 안보체제의 정상화까지는 상당한 시간이 소요될 것으로 전망되나 분명한 것은 하드파워의 절대성과 동맹을 중심에 둔 유럽 안보관이 재정립되었으며 이것이 시대적 변환을 이끌 것이라는 점이다. 앞으로 동유럽과 러시아 사이에는 좀 더 굵은 실선이 그어지고 서유럽의 반러시아 블록화, 대서양 동맹 강화가 진행될 가능성이 크다.

독일과 프랑스가 2008년 부카레스트 나토 정상회의에서 우크라이나와 조지아의 나토 가입이 러시아를 자극할 뿐이라며 행동계획 채택을 저지한 것이 동구권에 대한 러시아의 세력권 인정과 양보로 해석돼 오늘날의 사태를 초래했다는 주장[22]이 다시 설득력을 얻는 것은 "경제 개방이 정치·사회 개방으로 이어진다."는 가정과 러시아를 유럽 안보 질서의 일부로 포용하는 문화정책이 러시아의 우크라이나 침공으로 종말을 고하고 있음을 보여준다.[23] 결국 독일 집권 여당 사민당(SPD)은 2023년 12월 창당 160주년 전당 대회 결의문을 통해 "러시아와 경제 협력을 강화하면 러시아가 민주화할 것이라는 당의 가정은 명백한 잘못이었음"을 인정하고 "러시아가 주권 국가에 대한 정복과 억압을 통해 제국주의적 목표를 추진하는 한 러시아와 관계 정상화를 거부하겠다."고 선언했다.[24]

ᛗ 급격한 세력 전이의 현장 동북아

한국과 중국, 일본이 포함된 동북아는 중국이 일본의 경제 규모를 추월한 2010년을 기점으로 급격한 세력 전이를 보이고 있다. 청일전쟁 전후 1세기 이상 형성된 동북아에서의 세력 균형은 급속히 중국으로 기울었으며 대만 해협에서의 긴장 고조와 북한의 핵무력과 미사일 능력 증대로 인해 가장 불안정한 지역으로 떠올랐다.

일본은 센카쿠(댜오위다오)에서의 중국의 현상 변경 시도 등 동중국해와 남중국해에서의 중국의 군사력 투사와 한국 경제의 부상,

2011년의 동일본 대지진 발생 등이 복합적으로 작용하여 중국에 대한 안보 불안과 한국에 대한 상대적 박탈감을 갖게 되었다. 일본은 탈냉전 이후 시기 진행된 급격한 지정학적 변화의 현실과 기존 인식 간의 괴리에서 오는 안보상, 심리상의 불균형 상황에 제대로 적응하지 못하였으나, 2차례에 걸친 자민당 아베 정권의 집권 이후 재구축된 미국과의 동맹 강화를 기초로 중국과의 새로운 균형에 대처하고 보통국가화를 통한 안보역량 강화를 외교·안보 정책 노선으로 설정하면서 현실감을 되찾고 있다. 러시아의 우크라이나 침공은 이 지역에서 일본의 군사·안보 역할 증대가 자연스럽게 수용되는 결정적 계기를 제공했다. 기시다 총리는 10년 만에 「국가안보전략」을 개정하면서 2027년을 목표로 한 GDP 대비 국방예산 2% 달성, 정밀 무기 도입, 적기지 타격, 방산 수출 규제 완화, 장거리 미사일 도입을 천명하여 기존의 '전수방위'로부터 탈피하고 중국의 위협에 대항하며 미·일 동맹을 더욱 공고화하고 있다.[25]

한·일 관계는 탈냉전 시기 분출한 한·미/미·일 동맹 체계 내에서의 민족주의 표출과 역사 갈등 표면화로 갈등을 겪었다. 그러나 북한의 핵·미사일 위협 증대와 러시아의 우크라이나 침공이 초래한 새로운 안보 환경 속에서 윤석열 정부와 기시다 정부가 공동의 가치와 규범에 기초하여 양국 관계를 회복하고 있으며, 이를 발판으로 2023년 8월 캠프 데이비드 정상회담에서 한·미·일 3국 안보 협력을 복원함으로써 동북아 지역에서의 안보 패러다임 전환을 이루었다. 미·중 전략 경쟁과 중·일 관계의 역전, 한국의 상대적 지위 향상은 점차 한·일 양국이 역사인식에 기인한 특수한 관계로부터 국제 관계에서 통상적으로 통용되는 가치와 틀 속에서 일반적인 관계로 전환해 나가는 데 기여하는 측면이 있으며 이는 양국 관계 안정화와 투명성 증진, 동북아 안보환경 개선에도 기여할 것으로 예상된다.

북·중·러는 근본적으로 동북아에서의 현상변화를 추구하는 수정주의 세력으로서 우크라이나 전쟁 이후 미국과 자유주의 동맹국·파트너국이 부과하는 제재와 처벌에 대한 공포를 공유하며 전략적 연대를 강화하고 있다. 북한은 2019년 2월 하노이 북·미 정상회담 결렬이후 미국으로부터의 안전 보장과 제재 해제 확보라는 기존 전략을 수정하고, 우크라이나 전쟁 발발 이후에는 미·중 사이의 완충 지대에서 벗어나 중·러와의 결속을 통해 생존을 도모하는 전략으로 선회하고 있는 것으로 보인다.[26] 안보리 결의 위반에 대한 중국과 러시아의 전략적 엄호 속에서 북·중·러의 결속이 더욱 강화되어 동북아에서의 신냉전적 구도가 심화될 가능성도 높아졌다. 북한이 러시아의 핵 사용 독트린을 차용하여 2022년 9월 '핵무력정책법'을 채택하고, 정권 붕괴와 같은 '실존적 위협' 상황이나 한국과 같은 핵 비보유국에 대한 재래식 군사력의 열세 만회를 위한 수단으로 전술핵을 사용할 가능성도 제기되었다. 러시아의 북한에 대한 군사 기술 이전 거래가 현실화 될 경우 동북아에서의 전략적 지형의 급변을 초래할 수 있다.

⋈ 인태 지역에서의 지정학의 귀환

Quad의 부활은 인태 지역에서의 지정학의 귀환을 극적으로 보여주고 있다. Quad는 2004년 인도양에서의 쓰나미 발생 시 공동 재난구조 협력 필요성을 제기한 아베 일본 총리의 제안으로 시작되어 2007년 최초로 4개국 공식 창설회의(마닐라)로 태동하였으나, 중국의 반발을 의식한 호주가 Quad 참가를 공식 철회하고 2008년에는 중국에 대해 더 이상의 회합이 없을 것이라는 점을 보장함으로써 모멘텀이 약화되었다. 당시 미국을 포함한 모든 Quad 국가는 테러와의 전쟁, 대중 경제 관계, 인도의 미·일·호 3자 협력 참여 문제 등 중국과의 관계를 중시하여 Quad의 진전에 유보적 입장을 보였다. 그러나 이후 전개된 미·중 무역 및 기술 전쟁, 중국의 남중국해 군사화, 동중국해에서의 일본에 대한 압박, 호주 내정 개입 및 경제적 강압, 중·인 국경 충돌, 중국의 부탄 고원 도로 건설 충돌, 일대일로 추진, AIIB 설립 등 중국의 공세적 부상이 각국의 대중국 관계 악화를 초래하며 전략적 셈법의 변화를 가져왔다. Quad는 2017년 11월 아베 총리의 제의로 '자유롭고 개방적, 포용적이며 탄력성 있는 인태 지역'(free, open, inclusive, and resilient Indo-Pacific)을 표방하며 안보협의체로 부활하였다.[27]

Quad는 지역 안보, 신기술 대처, 기후변화 대응이라는 명분을 넘어 중국과의 전략적 경쟁 대처를 목표로 한 인태 지역 해양민주주의 국가 간 '규범에 기반한 국제질서' 구축의 조정 메커니즘으로서 유연한 다자 협력 포럼 형식으로 출범하였으나, 향후 중국의 행동 양태에 맞추어 그 성격이 변화되어 나갈 것으로 예상된다. 기본적으로 미국의 인태전략의 일부로서 중국과의 전략 경쟁이 지속되면서 Quad-plus, D-10, AUKUS 등과 연계하며 확대·변용되어 나갈 가능성이 있다.[28]

중국은 Quad를 아시아판 NATO로 플레이밍하고 있으나, Quad가 인태 지역에서 중국의 공격성에 대응하는 균형을 추구함으로써 중국의 국제 규범 재설정, 경제관계의 무기화에 대한 견제 등 중국의 행동과 사고 변화에 실질적으로 작동하고 있다.

한편, 미·중 전략 경쟁 과정에서 세계 주요국들은 경쟁적으로 인태전략을 제시하며 이 지역에 대한 관여를 강화하고 있다. 이는 중국의 부상에 수반하여 세계의 지정학·지경학적 균형이 점차 인태 지역으로 이동하고 있으며 이러한 변화가 국제질서의 핵심적 변화를 초래하면서 각국의 이익에 절대적 영향을 미치고 있다고 인식하기 때문이다. 각국이 새롭게 재편되고 있는 질서 형성 과정에 능동적으로 참여하여 영향력을 확대하고, 국익을 확보하고자 하는 데 따라 인태전략은 특정 국가의 지역 정책이라기보다 새로운 질서에 부응하는 포괄적인 외교 독트린으로 이해되며 '인태전략'은 보편적인 국제 정치 용어로 자리잡고 있다.

각국의 인태전략은 정책적 지향에 따라 내용이 다양하며 중국에 대한 전략적 견제라는 기준에 있어서도 다양한 편차가 존재한다. 미국, 일본, 호주, 캐나다 등에 비하여 인도, 아세안 및 일부 유럽

국가들은 명시적으로 중국 견제를 표방하지 않고 포용성의 원칙을 지향하며 중국을 배제하거나 타깃으로 삼지 않는다. 역외 국가들은 단기적으로 중국에 대한 위험 감소와 지정학적 위협에 대응해 나가면서 장기적으로는 이 지역에 대한 정치적, 경제적 관여를 계속 높여 나갈 것으로 전망된다.

⋈ 미·중 전략 경쟁의 모더스 비벤디(*modus vivendi*)

미국과 중국의 경쟁이 '투키디데스의 함정'에 빠져 결국 군사적 충돌의 가능성을 높이게 될 것인가 아니면 결국 강대국 간 작동되는 행동양식(*modus vivendi*)을 찾아 타협에 이르게 될 것인가?

앞으로 상당 기간 미국의 대중 견제가 반도체, AI 등 안보 차원의 군사력 증강에 기여하는 첨단 기술과 제품의 공급망 제한을 중심으로 전개될 것이며, 중국으로서도 독자적 기술 확보와 자체 공급망 구축에 주력하여 미국과의 기술 격차를 줄여 나가고 핵심광물 등 중국이 우위에 있는 분야를 지렛대로 하여 대항 조치를 취해 나갈 것으로 예상된다. 그러나 '신냉전시대'에는 미·중이 충돌하면서도 경제적으로 '상호노출'되어 관계 단절에 따른 '상호취약성'이 더욱 커졌으며 '상호 분리'가 초래하는 경쟁의 고비용을 미국과 중국 모두 감당하기 어려우므로 극단적 대립으로 공멸에 이르는 길을 택하지는 않을 것으로 본다. 재닛 옐런 미 재무장관도 전면적인 분리는 세계에 '재앙과 불안정'을 가져올 것이라고 보고 있으며,[29] '좁은 마당, 높은 담장(small yard, high fence) 정책[30]을 기조로 미국이 이미 중국과의 공급망 분리(decoupling)로부터 위험 경감(de-risking) 정책으로 선회한 만큼, 미국이 설정한 경제안보의 범위가 무한정 확대될 것으로 보이지는 않으며 갈등 '관리'를 위한 미·중 대화도 시작되었다.[31]

중국도 공급망 제한이 초래할 세계 시장 축소에 대비하여 기존의 다자주의와 경제 개방으로부터의 안정과 무역·투자·기술 자립 기조로 전환하고 '쌍순환' 정책 등 경제 성장의 동인을 국내에서 찾고자 하는 정책 전환을 표방함으로써 중국에 대한 경제 제재의 효과도 감소될 것으로 전망된다. 중국으로서는 미국 경제력의 70% 수준에 이른 중국의 경제력이 중국의 소비와 생산 자립의 기반이 되어 외부(미국)로부터의 압력과 글로벌 공급망으로부터의 고립을 방지할 수 있다는 전략적 계산을 할 수 있다. 미국의 대러시아 제재 과정에서 러시아의 대안적 시스템 도입, 중국, 인도와 같은 교역 상대국의 등장 등 제재의 결함이 노정되었으며, 중국도 교역에 있어서의 위안화 결제의 확대[32]와 디지털 화폐 등 상쇄 메커니즘을 구축해 나가고 있어 미국의 대중 제재의 최종 승자가 누가 될지 불확실하다.

상호 유효한 협력 메커니즘을 구축하기 위해서도 중국의 관여가 필수적이다. 전 세계 2/3의 국가가 중국을 제1의 무역 상대국으로 하고 있는 현실에서 글로벌 무역 시스템에서의 중국의 규범과 의제 설정 잠재력은 크게 신장되었으며, SCO나 BRICS와 같은 중국과 주요 경제가 참여하는 독자적 블록이 점증하는 영향력도 무시하기 어렵다. 상호의존과 연계성이 심화된 체제에서 '경제 영역에서의 상호확증파괴'의 억제 원리는 표면에서 전개되는 경쟁과 달리 내면에서 강대국이 서로 타협할 행동양식을 찾게 할 가능성이 높다.

미·중 간 군사충돌을 피하고 힘의 균형을 찾는 과정에서 대만 문제는 가장 큰 제약 요소로서 대만에서의 무력충돌이 발생할 수 있는 상황을 방지하고 관리해야 할 필요가 있다. 라이칭더 총통의 민진당 정부 출범 이후 대만의 국내 정치적 상황 변화로 독립 정서가 확산되거나 이에 대한 대응으로 중국의 군사력이 대만에 투사되어 미국의 '이중 억제'(dual deterrence)33가 더 이상 작동하지 않는 상황이 될 경우에 대비해야 한다. 이 경우 미국과 중국이 금지선을 명확히 설정하고 현상 유지를 위한 새로운 합의를 만들어 내는 것이 관건이 될 것이다. 미국이 대만의 '사실상의 주권' 보장과 '실질적인 안전 재보장' 방식을 제시하고, 중국에 대해서는 궁극적으로 인태 지역에서 변화된 세력 균형을 인정하여 중국의 확대된 세력권을 인정하는 형태의 타협이 이뤄질 가능성도 배제할 수 없다.

미·중 간에 단기적으로 분야별 경쟁, 협력, 대결이 혼재하는 적대적 공생(adversarial co-existence)을 거쳐 중장기적으로 평화적 공생(peaceful co-existence)34을 찾아갈 가능성이 높다고 본다.

대결적이고 분열적인 국제질서의 변화 이면에 실제로 어떤 다이내믹스가 작동하고 있는지 명확히 알 수는 없다. 신흥-기존 패권국의 팽창-억제 욕구 충돌 예측이나 중국과 미국-나토 동맹 연합 간의 거대 경쟁이 미국의 대중국 경제 전략을 다소 조정하는 정도로는 해소되기 힘들 것이라는 주장[35]으로부터 중국부상론-중국정점론[36]과 미국이 단극체제의 지위를 상당 기간 유지할 것이라는 분석[37]까지 다양하게 제시되고 있다. 따라서 생존을 위해 전략적 판단을 해야 하는 나라들에게 미국과 중국 중 선택을 해야 한다는 주장과 신중론 모두 판단의 근거로서 한계가 있다. 지구상 어느 나라도 강대국 경쟁으로부터 초연할 수 없으며 어느 한편을 선택하거나 강대국 모두를 효과적으로 다루어 나갈 수밖에 없다. 각자가 처한 특수한 환경과 제약 속에서 '전략적 자율성'을 최대화하기 위해 노력할 수밖에 없다. 그 과정에서 각국은 독자적으로 행동하거나 협조체제나 동맹과 같은 연합의 형태로 다양하게 행동한다.[38]

그렇다면 한국은 이러한 불확실하고 부정형의 세계가 던지는 도전에 어떻게 응전하며 어떠한 국제질서관에 입각해야 할 것인가?

EU로 대표되는 유럽은 독일, 프랑스 등 주요 국가를 중심으로 안보 분야와 인권 등 가치 지향의 대중국 제재에 동참하고 중국에 대한 과도한 무역 의존을 경계하면서도 핵심광물 의존, 첨단기술 무기화, 경제적 강압 등에 실용주의적으로 대응하며 미국의 공급망 분리 정책에 대한 견제를 이끌어 냈다.[39] 유럽은 가치와 실용을 결합하여 스스로 선택지를 만들어 가는 능동적 의제 설정 능력을 보유하고 있으며, 우크라이나 전쟁에도 불구하고 미국과의 대서양 동맹을 기초로 전략적 자율성을 넓혀 나갈 수 있다.

'중도국들'은 지정학적 선택을 강요받으면서도 '신냉전적' 진영 편입을 회피하고 각자도생의 생존전략을 구사하고자 한다. 아세안 국가들과 같은 나라들은 미·중 대립을 이용하여 회피(hedging)와 균형(balancing)을 능숙하게 구사해 온 경험을 바탕으로 지역 다자주의나 소다자주의를 지속 추구하며 중립을 견지해 나갈 수 있다.

중동 국가들도 에너지 부국으로서 중동에서의 미·중 간 이익균형의 변화를 적극 활용하여 독자적 행위자로서 다극체제 형성의 주요 플레이어로 등장하였다.

그러나 특수한 지정학적 환경에 처한 분단국 한국의 입장은 특별하다. 현상변경을 추구하는 강력한 수정주의 세력에 둘러싸여 있으며 핵으로 무장한 북한으로부터 실존적 위협에 직면하여 다른 나라들처럼 다양한 선택을 구사하기는 어렵다. 자유 세계 연대와 개방적 경제, 한·미 동맹 속에서 안보와 경제 발전, 민주화를 이룬 한국은 전후 자유주의 국제질서의 최대 수혜국이며 앞으로도 그러할 것이다. 미·중 경쟁 속 '탈냉전 이후 세계' 초입에서 미국은 다시 자유민주주의, 법치, 인권의 가치를 내걸었다. 이제 다시 시작되는 자유주의 국제질서 형성에 참여하는 것이 한국의 비전이 될 수밖에 없으며 가치 연대국과 함께 주변의 안보 위협과 경제 강압에 대처해 나가는 것이 유리하다. 미·중 간 갈등 관리 국면에서 중국에 대해 협력과 위험경감의 전략적 공간을 확장해 가면서도 불확실하고 불안정한 변화가 선택을 요구할 때는 명확한 원칙에 서야 한다. 한국이 가치를 추구하는 것은 가치가 국익을 최대한 실현해 주기 때문이다.

한국은 국제질서가 새로이 형성되어 나가는 과정에서 관점과 좌표를 정립하고 유연하고 능숙하게 대처해 나가야 한다.

첫째, 오늘날의 국제질서 불안정은 민주주의 대 권위주의의 대결이라는 단순 구도로 설명할 수 없다. 통상, 안보, 경제, 기술을 포괄하는 다층적 요인에 기인한 것이며, 국제 거버넌스의 약화와 주도국의 자기중심주의, 이에 대한 중소국의 불만·불안의 축적에서 나온 것이므로 해법도 다층적이며 복합적으로 모색되어야 한다.

새로운 국제질서는 규범에 기반한 질서로서 국제사회 구성원에 최적의 경제 및 안보 공공재를 제공하는 공정한 국제 레짐으로 복귀되어야 하며 모든 이해 상관자를 포용할 수 있도록 보편적이어야 한다. 미·중 경쟁이 충돌로 비화되지 않도록 관리하고 건설적인 협력의 공통분모를 넓혀 나가야 하며, 이러한 과정을 통해 인태 지역, 유럽, 글로벌 사우스와 중견국 등 모든 관계국의 이해가 균형적으로 반영되어야 한다.

둘째, 국제질서를 안정적으로 회복하기 위한 '강대국 협조'(concert

of powers)의 실현과 상징으로서 미국과 중국은 우선 유럽과 중동이 당면한 2개의 전쟁이 국제법과 규범에 의한 평화적 해결 원칙과 주권·영토적 일체성 침해에 대한 엄중한 처벌 원칙에 따라 종결되도록 구체적으로 협력해야 한다. 전쟁의 여타 지역으로의 확산과 이를 악용하려는 수정주의 세력의 연합은 방지되어야 한다.

셋째, 경제관계의 상호의존성 무기화는 공멸을 가져올 뿐이므로 첨단 기술과 상품, 핵심 광물과 공급망을 중심으로 전개되는 미·중 간 위험경감 정책은 균형점을 찾아 안정화되도록 노력해야 한다.

넷째, 새로운 국제질서를 형성해 나가는 과정에서 미국 리더십의 투명성과 예측가능성이 구현되어야 하며, 중국의 강압 조치와 전랑 외교는 억제되어야 한다. 동시에, 미국과 중국 등 주요국의 국내 정치적 고려가 국제질서의 형성에 부정적 영향을 주지 않도록 자제되어야 한다.

다섯째, 대만해협, 북한 및 남중국해를 포함하는 인태 지역에서의 미·중 간 경쟁과 행동양식 형성이 향후 새로운 국제질서의 양태와 성격을 결정할 것이므로 이 지역에서의 미·중 간 '관리된 전략 경쟁'(managed strategic competition)[40]에 집중할 필요가 있다. 이를 위해 미·중 간 가드레일과 신뢰구축 메커니즘 설치, 직접 대화를 더욱 적극적으로 모색하여야 한다. 또한 이 지역에서 축적된 기존 아세안 중심의 지역협력 메커니즘 활용과 Quad, IPEF 등 미국의 새로운 이니셔티브와의 조화로운 진전도 필요하다.

여섯째, 다자주의의 복원은 시급한 과제로서 기후변화, 국제보건, 비확산 등 '지구적 위기에 대한 지구적 대응'을 위한 원칙의 합의가 긴요하다. 국제무역에서 차지하는 비중과 국제안보에서의 영향력 등을 감안할 때 중국은 다자체제 형성 과정에서 의제와 규범 설정에 불가결한 이해상관자이며, 새로운 레짐에 적극 편입되어야 한다. 주요국의 리더십 발휘, 가교로서의 중견국의 실용주의, 유연성으로 무장한 중도국가의 참여는 다자체제의 보편성 확보와 재활성화를 위해 불가결한 요소이다.

미주

1 Francis Fukuyama: "Spirit of 1989 is still around", *Deutsche Welle*, November 8, 2019.

2 1985년 9월 프랑스, 독일(서독), 영국, 미국, 일본의 재무장관들이 뉴욕 플라자 호텔에서 진행한 합의로 미국이 인위적으로 달러의 가치를 떨어 뜨리려 다른 나라 화폐들(특히 일본 엔화)의 가치를 올린(평가 절상) 일 종의 환율 조정 합의이다. 나무위키. (검색일: 2023.06.28.)

3 푸틴은 개전 당일 연설에서 제3국의 개입이 '역사에서 경험하지 못한 결 과'를 초래할 것이라고 언급하며 핵 사용 가능성을 경고하였으며, 이후 여러 계기에 수차례 유사한 언급을 하였다.

4 후쿠야마는 미어샤이머의 주장에 이의를 제기하며 "러시아의 침공은 1991년 소련의 붕괴 이후 진행된 모든 변화를 되돌려 놓겠다는 것과 다 름없다."고 주장하였다. Dan Drollette Jr., "It's a different kind of world we're living in now: Interview with political scientist Francis Fukuyama", *Bulletin of the Atomic Scientists*, November 9, 2022.

5 Joseph S. Nye, Jr., "What Caused the Ukraine War?", *Project Syndicate*, Oct 4, 2022.

6 Hal Brands, "The Battle for Eurasia: China, Russia, and their autocratic friends are leading another epic clash over the world's largest landmass", *Foreign Policy*, June 4, 2023.

7 Richard Haass and Charles Kupchan, "Redefining Success in Ukraine: A New Strategy Must Balance Means and Ends", *Foreign Affairs*, November 17, 2023.

8 다양한 이해가 상충되는 EU 구성국 간 또는 유로존 내부 이해 조정이 어려운 상황을 표현하는 용어이다. 2010년 초 유로존 위기 당시 유럽이 남북으로 나뉘어 갈등을 겪었듯이, 우크라이나 전쟁이 '평화 과정'으로 진입할 경우 어느 나라가 유럽을 대표할 것인가 등의 문제를 두고 전선 지역인 동부 지역(폴란드, 발틱 국가, 노르딕 국가)과 주요국인 서부 강 국(독일, 프랑스 등) 간 동-서 갈등이 나타날 수 있다.

9   고대 그리스 역사가 투키디데스가 저술한 『펠로폰네소스 전쟁사』에 등장하는 개념으로 신흥 강대국과 기존 강대국의 갈등이 전쟁을 부른다는 주장이다. 하버드 대학의 그레이엄 앨리슨 교수가 『예정된 전쟁』에서 현재의 미·중 경쟁을 빗대어 인용하여 재조명되었다.

10   Remarks by National Security Advisor Jake Sullivan on Renewing American Economic Leadership at the Brookings Institution, April 27, 2023, White House Home Page.

11   Franklin Foer, "The New Washington Consensus: Both Trump and Biden have positioned themselves as economic nationalists, self-consciously abandoning the precepts of the old order.", *The Atlantic*, May 9, 2023.

12   박용민은 미국 이익 창출의 구조적 변화가 국제질서의 변화의 근저에 있음을 분석했다. 박용민, "경제안보가 현안으로 부상한 배경과 의미", 『외교』 제141호(2022년 4월호)

13   설리반의 주장은 경제논리보다는 제조업 등 국내 산업 보호 경쟁에서 공화당에 선수를 빼앗기지 않으려는 정치 논리에서 나온 것이며, 중국의 국가 통제를 동원한 시장 조작과 자유무역 교란을 비난하면서 이를 교정하는 방법으로 자유무역을 포기하는 것은 모순이라는 지적이 있다. 자유무역 자체를 포기할 것이 아니라 우회적인 방법으로 개선책을 강구할 필요성도 제기되고 있다. James C. Capretta and Stan Veuger, "The New Washington Consensus on Trade Is Wrong: Protectionism will drag everyone down in the end.", *Foreign Policy*, June 12, 2023.

14   IPEF는 중국 주도의 '역내포괄적경제동반자협정(RCEP)'을 견제하기 위해 미국 주도로 출범하였으며, 무역·공급망·청정경제·공정경제 등 총 4개 부문 협상이 개시되었다. 2023년 5월 27일 '공급망 위기극복을 위한 정부 간 공조' 등을 담은 공급망 협정이 우선 타결되었으며 2023년 11월 16일 APEC정상회의 기간 중 청정경제 협정 및 공정경제 협정의 실질 타결이 선언되었다.

15   Chinese President Xi Jinping's keynote speech at the opening ceremony of BFA annual conference 2022, Boao Forum for Asia, 2022.04.23.

16   Tian Wenlin 田文林, "CSIS Interpret: China, The Epochal Value of the Global Security Initiative Surpasses the Traditional Western Security Outlook", *Contemporary World*, June 16, 2022.

17   Hoang Thi Ha, "Why Is China's Global Security Initiative Cautiously Perceived in Southeast Asia?", *Perspective*, ISEAS Yusof Ishak Institute,

Singapore, February 22, 2023.

18　자유주의 국가들 사이와는 달리, 독재국가들은 좁은 이해관계에 따라 행동하며 우크라이나 전쟁을 통해 위기에 처한 러시아에 대해 거리를 두는 중국의 행동도 이러한 맥락에서 파악될 수 있다. 『Quo Vadit Mundus: Competing for Order in a Fragmenting World』: 2023 NEAR Global Survey Report on the World Order, pp. 260−263, December 6, 2023.

19　BRICS의 진전과 성공 여부에 대해서는 Ana Placio, "A BRICS Revival?", *Project Syndicate*, May 12, 2023 참조. 저자는 BRICS 각국이 이면에서 사국 이익을 추구하는 한 BRICS의 야망 실현 가능성은 없으며, 중국도 일대일로를 내세워 "새로운 제국주의"(a new form of imperialism)와 유사한 노선을 취하고 있다고 지적하였다.

20　The Economist, "The new non−aligned: How to survive a superpower split", April 11th, 2023.

21　Government statement by Federal Chancellor Olaf Scholz on February 27, 2022 bundesregierung.de/breg−de/suche/regierungserklaerung−von−bundeskanzler−olaf−scholz−am−27−februar−2022−2008356

22　Stefan Meister & Wilfried Jilge, "After Ostpolitik, Lessons from the past as a basis for a new Russia and Eastern Europe policy", *DGAP Analysis*, Dec 6, 2022.

23　이경수, "獨 '환상의 종말'과 올바른 대북 정책", 『문화일보』 (2022.06.29.)

24　조선일보, "'러와 관계 설정 잘못, 에너지 종속' 정책 오판 반성하는 獨 정당", 2023.12.12.

25　Michelle Ye Hee Lee and Ellen Nakashima, "Japan to buy Tomahawk missiles in defense buildup amid fears of war", *Washington Post*, December 12, 2022.

26　Chan Young Bang, "Kim Jong−un's dream of a North Korean alliance with Russia and China will remain just that", *South China Morning Post*, December 20, 2022.

27　일본의 제안에 대한 미국의 적극 수용으로 2020년 10월 Quad 외교장관회의(도쿄)가 개최되었으며, 최초의 화상 정상회의(2021.3)와 대면 정상회의(2021.9, 워싱턴), 3차 화상 정상회의(2022.3), 4차 대면 정상회의(2022.5, 도쿄), 5차 대면 정상회의(2023.5, 히로시마 G7정상회의 계기)를 거쳐 Quad 프로세스가 진행 중이다.

28　Quad의 틀 내에서 양자 또는 3자 협의도 개최되고 있으며 분야별 W/G

(기술, 백신, 기후변화), 전문가 회의를 구축하고 의제 확장, Quad-plus (한국, 뉴질랜드, 베트남 등)로의 확대 가능성도 거론되고 있다.

29 Remarks by Secretary of the Treasury Janet L. Yellen on the U.S.- China Economic Relationship at Johns Hopkins School of Advanced International Studies, April 20, 2023.

30 Remarks by National Security Advisor Jake Sullivan on Renewing American Economic Leadership at the Brookings Institution, April 27, 2023, White House Home Page.

31 2022년 11월 바이든-시진핑 정상회담(발리 G20 정상회의 계기), 2023년 6월 블링컨 미국 국무장관의 중국 방문, 2023년 10월 왕이 중국 외교부 장의 미국 방문, 2023년 11월 샌프란시스코 APEC 정상회의에서 바이든-시진핑 정상회담이 추진되었다.

32 조선일보, "시진핑 '위안화로 원유 결제 추진', 달러 패권에 정면도전", 2022.12.10.

33 미국이 '하나의 중국' 정책하에서 대만의 법적인 독립과 중국의 무력 행사를 동시에 억제하는 정책이다. David Keegan, "Strengthening Dual Deterrence on Taiwan: The Key to US-China Strategic Stability.", *ISSUE BRIEF Asia & Indo-Pacific*, Stimson Center, July 6, 2021 참조.

34 A Conversation With Secretary Antony Blinken, Council on Foreign Relations, June 28, 2023.

35 윤영관, "평화확률 25% 시대", 『중앙선데이』(2023.06.10.)

36 박원곤, "[한반도포커스] 중국 정점론", 『국민일보』(2023.06.26.) / 정상범, "[관점] 다시 벌어지는 미중경제력 격차… 韓 초격차 기술·시장 다변화 속도 내야", 『서울경제』(2023.06.21.)

37 국제질서의 극체제(polarity) 변화에 관해서는 현 체제가 현재의 중국이 냉전 시기의 양극체제(미국, 소련)의 한 축을 형성한 소련의 힘(군사력, 경제력의 집중적 투사)에 미치지 못하며, 1500년대부터 제2차 세계대전에 이르기까지의 다수의 주요 강대국 간 세력균형과 동맹 또는 연합(alliances, coalitions)을 가능케 한 힘의 배분(distribution of powers)이 형성된 다극 체제의 특징도 가지지 못하고 있으므로 아직 미국 우위의 단극 체제에 머물러 있다는 분석이 있다. Stephen G. Brooks and William C. Wohlforth는 "The Myth of Multipolarity: American Power's Staying Power", *Foreign Affairs*, April 18, 2023에서 미국이 탈냉전 시기와 같이 모든 분야에서 절대 우위('total unipolarity')에 있지 않다는 점에서 현 체제를 부분적 단극체제('partial unipolarity')로 규정하였다.

지지들은 수정주의 세력인 중국이 남중국해 등 아시아에서 영토의 현상 변경을 추구하나 세계적 범위에서 국제 체제의 변경을 이끄는 데에는 힘의 한계가 있음을 지적하고, 향후 국제 체제는 미국이 중국의 군사적 성장을 어느 정도 제어하느냐에 달려 있으며 이 과정에서 군사 기술과 글로벌 경제 구조가 관건이 될 것이라고 주장한다.

38 Bilahari Kausikan, "Navigating the New Age of Great-Power Competition: Statecraft in the Shadow of the U.S.-Chinese Rivalry", *Foreign Affairs*, April 11, 2023.

39 폰 네어 라이언 EU 집행위원징은 2023년 3월 EU기 중국의 국제 체제 변경 기도에 대응하면서도 중국과의 외교적 안정성과 소통유지가 절대적으로 중요함을 강조하면서 미국의 decoupling 정책과 차별화되는 de-risking 개념을 제시하였으며, 이후 미국은 중국과의 경쟁의 본질을 EU 집행위원장의 표현을 차용하여 de-risking으로 규정(2023.4 Jake Sullivan, Janet Allen 연설)하고, 히로시마 G7 정상회의 공동 코뮤니케(2023.5)에도 반영하였다. Speech by President von der Leyen on EU-China relations to the Mercator Institute for China Studies and the European Policy Centre, March 30, 2023, Brussels.

40 호주 총리와 외교 장관을 역임한 케빈 러드(현 주미 호주대사)가 주장한 개념으로서 각 국가의 안보 정책과 활동을 일정 부분 강력히 제한함과 동시에 외교, 경제 및 이념 분야에서의 완전하고 개방적인 경쟁을 보장하는 '합동안전망'을 말한다. 그는 이를 통해 치열한 미·중 전략 경쟁도 전면적인 갈등과 전쟁으로 발전되지 않도록 관리할 수 있다고 주장한다. Kevin Rudd, "Short of War: How to Keep U.S.-Chinese Confrontation From Ending in Calamity", *Foreign Affairs*, March/April 2021. 한예경, "[Books&Biz] 피할 수 없는 전쟁은 없다, G2관계일지라도", 『매일신문』 (2022.05.12.) 참조.

미 · 중 패권경쟁 시대의 외교안보

[박동선]

미·중 패권경쟁 시대의 외교안보

미·중 패권경쟁 시대의 개막

2013년 6월 시진핑 중국 주석은 오바마 미국 대통령과의 첫 정상회담에서 중국과 미국이 상대방의 핵심 이익을 존중하면서 평화공존을 추구하자고 제안하였다. 태평양은 미·중 양국을 모두 포용할 만큼 넓다면서, 그의 지론인 신형대국관계(新型大國關係)를 공식 제의한 것이다. 이를 계기로 미·중 관계는 본격적인 패권경쟁 시대로 진입했다.

중국이 제의한 신형대국관계는 중국과 미국이 아시아태평양 지역을 양분하여 서쪽은 중국이, 동쪽은 미국이 각각 영향력을 행사하자는 천하양분지계(天下兩分之計)로서 새로운 국제질서를 구축하려는 것이다. 이에 따르면 동중국해와 남중국해 전체가 중국의 영해가 되며, 그 위의 모든 자연 도서와 인공섬도 중국 영토가 된다. 그러나 미국은 공해에서의 항해의 자유 원칙을 주창하며, 중국의 신형대국관계 제의를 받아들이지 않았다. 미국은 자신이 주도하는 기존 국제질서를 계속 유지하려는 패권 세력이기 때문이다. 반면 중국은 기존 국제질서를 새로운 국제질서인 신형대국관계로 변경하려는 패권 도전세력이다.

중국이 신형대국관계를 제의한 이유는 미국이 이른바 '투키디데스의 함정'(Thucydides Trap)의 유혹 때문에 중국을 선제공격할지 모른다는 두려움 때문이다. 투키디데스 함정이란 기존 패권국인 미국이 신흥 도전국인 중국을 선제공격하려는 유혹을 말한다. 일찍이 역사가 투키디데스가 '펠로폰네소스 전쟁사'에서 이 전쟁의 원인을 신흥 강국 아테네의 부상(rise)에 대한 기존 맹주 스파르타의 두려움(fear)으로 규정한 데서 나온 이론이다. 이 이론을 정립한 미국 하버드대 그레이엄 앨리슨 교수는 자신이 전쟁의 원인을 연구해 본 결과 15세기 이후 벌어진 16개 전쟁 중에서 12개 전쟁이 이 이론에 부합했다고 분석했다.[1] 이 함정은 패권국인 미국이 빠지기 쉬운 유혹이다.

반면, 미국은 오히려 중국이 '정점 강대국 함정'(Peaking Power Trap)에 유혹되어 미국을 선제적으로 공격해 올 것을 우려한다. '정점 강대국 함정'이란 패권에 도전하려는 중국이 자신의 국력이 이미 정점을 지나 하강국면으로 접어들면서, 패권 도전 기회의 창이 완전히 닫히기 전에 패권국 미국에 이판사판으로 도전하려는 유혹을 말한다. 이 이론에 따르면 독일은 정점 강대국 함정의 유혹에 이끌려 1914년 제1차 세계대전을 일으켰고, 일본도 이 함정에 빠져 1941년 태평양 전쟁을 일으켰다고 보는 것이다.[2] 이 함정은 패권 도전국인 중국이 빠지기 쉬운 유혹이다. 이처럼 '투키디데스 함정'에 놓인 기존 패권국 미국은 미국대로, '정점 강대국의 함정'에 놓인 패권 도전국 중국은 중국대로 패권경쟁을 회피하기 어려운 상태에 놓여 있다.

ⓜ 중국의 패권 도전 전략

중국의 시진핑 주석은 2012년 11월 18차 당대회에서 총서기로 취임하면서 '중국몽'(中國夢)의 실현을 국가목표로 선언했다. '중국몽'은 건국 100주년이 되는 2049년까지 경제·군사·외교 등 모든 면에서 중국이 미국을 뛰어넘는 세계 최강대국으로 부상하는 것이다. 즉, '중국몽'은 중국이 세계 패권국이 되는 것이다.

'중국몽'의 실현을 위한 대외 비전은 중국이 미국과는 '신형대국관계'를 구축하고, 여타 국가들과는 '신형국제관계'를 수립함으로써, 궁극적으로 중국이 주도하는 '인류공동운명체'를 건설하는 것이다. '중국몽' 실현을 위한 대내 비전은 중국이 군사적으로 강국이 되는 '강군몽'과 중국이 경제적으로 강국이 되는 '사회주의 현대화 강국'을 실현하는 것이다.

'인류운명공동체'는 시진핑 주석이 2013년 3월 러시아 방문 시 '모스크바 국립국제 관계대학'(MGIMO) 연설에서 국제무대에서는 처음으로 언급하였다. 시 주석은 "현재, 국가와 국가 사이의 상호연결, 상호 의존도는 전례없이 깊어졌다. 인류는 하나의 지구촌에 살고 있고, 역사와 현실이 교차하는 시공간에 살고 있으며 불가분의 운명공동체로 결집 되고 있다."라고 했다. 이어 2015년 유엔본부

연실에서도 "신형국제관계를 구축하고, '인류운명공동체'를 건실할 것"임을 언급했다.[3]

'인류공동운명체'의 건설을 위한 전략으로 중국은 '전략적 동반자 관계구축'을 위시하여 '일대일로 정책'과 '3대 글로벌 이니셔티브'를 아래와 같이 추진하고 있다.

첫째, 전략인 '전략적 동반자 관계구축' 상황을 살펴보면, 중국은 현재까지 세계 193개 국가의 54%인 105개 국가와 '전략적 동반자' 관계를 맺고 있다.[4]

중국의 '전략적 동반자'는 긴밀도에 따라 '전략적 협작(協作)동반자,' '전략적 합작(合作) 동반자,' '전략적 동반자'의 3대 카테고리로 구분한다.

중국에게 가장 중요하고 긴밀한 첫 번째 '전략적 동반자'는 러시아이며, 유일하게 '협작(協作) 관계를 맺었다. 북한은 중국의 유일한 동맹국이므로 별도로 '전략적 동반자' 관계를 맺지는 않았다. 중국에게 두 번째로 중요한 국가들과는 '합작'(合作) 관계를 맺었다. 한국, 파키스탄, 동남아, 아프리카, 일부 유럽국가 등 30개국이 포함되어 있다. 초기에는 주로 중국과 국경을 접하거나 중국 안보상 중요한 파키스탄 같은 국가들이 선정되었다. 세 번째로 단순히 '전략적 동반자' 관계를 맺은 나라들은 61개국으로 가장 많으며, 일대일로 연선 국가들이 대거 포함되어있다. 유럽 국가들을 제외하고는 주로 개도국이거나 사회주의 국가들로서 중앙아시아, 서아시아,

중남미 국가들이다. 이처럼 중국은 가능한 많은 국가와 동반자 관계를 맺음으로써 세계적으로 촘촘한 동맹망을 구축하고 있는 미국과 경쟁하고 있다.

둘째, 전략인 일대일로(BRI, Belt and Road Initiative) 정책은 시진핑 주석이 2013년 처음 제안한 것으로 옛 실크로드를 복원하는 전략이다. 2014년부터 2049년까지 35년간 중앙아시아와 유럽을 잇는 육상 실크로드(일대: 一帶)와 동남아시아와 유럽, 아프리카, 중남미를 연결하는 해상 실크로드(일로: 一路)를 구축하려는 프로젝트다. 현재 우리나라(2015.10.31. 협약 서명)를 비롯 149개국과 32개 국제기구가 중국과 일대일로 관련 협약을 체결한 상태다.

일대일로를 통해 '정책 소통을 강화하고(加强政策溝通), 도로연락망을 강화하며(加强道路聯通), 무역촉진을 강화하고(加强貿易暢通), 화폐유통을 강화하며(加强貨幣流通), 민족 간의 민심의 소통을 강화(加强民心相通)'하려는 이른바 5통론(五通論)이다.5 달리 표현하면 일대일로는 범세계적인 친중국 도로망과 친중국 항만 벨트(Belt)를 구축하여, 중국 통화의 국제화와 친중 세력권의 확대를 촉진함으로써 미국을 전략적으로 견제하려는 중국의 우회적인 패권 도전 정책이다.

이와 관련, 2023년 5월 22일 *Foreign Affairs* 지에 기고한 아이삭 칼돈과 웬디 로이털트의 연구에 따르면 일대일로 프로젝트를 통해 중국은 해운 항만 분야를 선도하는 국가의 지위를 차지했다. 2022년 말 기준 중국은 53개국에서 95개 항구를 소유 또는 운영하고 있다. 이 중에는 파키스탄의 과다르 항구나 스리랑카의 함반 토타 항구처럼 상업적 가치는 미미하나 군사 전략적 가치를 가진 항구도 있다. 또한, 중국의 해외 항만 프로젝트의 57%가 호르무즈 해협이나 말라카 해협처럼 상업적 가치와 전략적 가치를 겸비한 요충지 주변에 위치한다. 이같이 중국이 소유 또는 운영하는 항구에서 중국 군함에 대한 급유, 군 장비 및 병력의 재보급, 점검과 수리가 이루어진다. 일대일로에 포함되어 있는 이 항구들은 중국의 제품 수출과 원유 등 원자재 수입에 긴요한 역할을 한다.

또한, 일대일로 참여국들을 대상으로 중국 통화의 국제화 노력도 활발하다. 특히 상하이협력기구(SCO) 회원국들은 상호 무역 시 달러화 대신 중국, 러시아, 인도 화폐 등 회원국 화폐로 결제하는 시스템을 구축하기로 하였는데, 모두 일대일로 참가국이다. 이란도 이미 9번째 SCO 회원국으로 가입했고 UAE, 쿠웨이트 등 여타 중동 산유국들도 SCO 가입에 관심을 갖고 있다. 한편, 브라질, 러시아, 인도, 중국, 남아공 등 BRICS 회원국 정상들은 2023년 8월 24일 특별기자회견을 통해 아르헨티나, 이집트, 에디오피아, 이란, 사우디, UAE를 BRICS 협력 메커니즘에 참여토록 초대한다고 발표했다. 이들 6개국은 2024년부터 BRICS 협력체제의 정식 구성원이 된다. 이에 따라, 아르헨티나, 브라질 등 중남미 국가들도 중국과 농수산물 수출 및 공산품 수입 등 무역 거래에 달러화 대신 자국 화폐나 가상 화폐 등 새로운 통화로 결제하는 방안이 검토되고 있다.[6] 이러한 움직임이 기축통화인 달러화를 위협하는 수준은 아니나 미국의 달러화 패권에서 벗어나 보려는 시도임은 분명하다.

셋째, 전략인 '3대 글로벌 이니셔티브'는 2021년부터 발전, 안보, 문명의 3가지 주제별로 차례로 발표된 이니셔티브를 말한다.

먼저, '글로벌 발전 이니셔티브'는 시진핑 주석이 2021년 제76차 유엔총회에서 발표했다. UN의 SDGs 달성을 목표로 국제사회가 빈곤감소, 식량안보, 방역과 백신, 발전자금 모금, 기후변화와 녹색 발전, 산업화, 디지털 경제, 상호연계 등의 분야에서 협력을 확대하자는 제안이다. 중국은 이미 관련 고위급 회의를 주재하고 민간의 빈곤 완화 협력 네트워크를 구축하면서 '글로벌 발전 이니셔티브'를 주도하고 있다. 2022년 말 기준으로 참여국과 국제기구는 100여 개에 이른다.

다음, '글로벌 안보 이니셔티브'는 시 주석이 2022년 4월 보아오(博鰲) 포럼 화상 기조연설에서 제안했다. 이 제안은 주권과 영토의 완전성 존중, 주권 평등과 내정 불간섭을 국제관계의 근본으로, 냉전적 사고와 일방주의, 패권주의를 배격함을 골자로 한다. 이를 바탕으로 국제사회는 안보 관련 협의를 강화하고, 전 세계가 참여해 식량, 에너지 안보, 기후변화, 방역, 우주 안보, 테러 등의 문제에 협력해야 한다는 것이다. 중국 언론은 2023년 중국이 사우디와 이란 간의 관계를 중재하고 시진핑 주석이 우크라이나 젤렌스키 대통령과의 통화를 통해 전쟁의 중재자 역할을 천명한 사례 등이 '글로벌 안보 이니셔티브'에 입각한 중국 외교의 성과라고 주장했다.

끝으로, '글로벌 문명 이니셔티브'는 시 주석이 2023년 3월 15일 중국 공산당과 세계정당 고위급 대화 회의에서 제시했다. 이를 통해 세계 문명의 다양성을 존중하고, 인류 공통의 가치를 선양하며, 문명 전승과 혁신을 중시하고 국제 인문 교류 협력을 강화하자는 것이다. 시 주석은 이날 연설에서 "꽃 한 송이가 홀로 핀다면 봄이 아니다. 백 가지 꽃이 함께 피어야 봄이 정원에 가득하다."(一花獨放 不是春 百花齊放春滿園)며 세계 문명의 다양성 존중과 문명의 공존을 강조했다. 중국이 이처럼 문명의 공존을 주장하는 것은 국가의 주권존중을 강조함으로써 서구의 보편적 가치인 인권 보호 개입에서 벗어나려는 것이다. 이처럼 중국은 3대 글로벌 이니셔티브를 통해 미국 주도 국제질서에 순응하지 않으려는 의지를 보이면서, 세계를 민주주의 국가와 권위주의 국가로 나누려는 미국의 시도에 도전하고 있다.

상기 중국몽의 대외 비전에 이어서 이제 중국몽의 대내 비전인 '강군몽(强軍夢)'과 '사회주의 현대화 강국'의 비전을 차례로 살펴보자.

먼저, '강군몽(强軍夢)'은 군사 지능화(軍事智能化)와 군민융합(軍民融合)을 통해 세계 최강의 중국 군대를 육성하는 것이다. 강군몽의 시간표는 2035년까지 인민해방군의 현대화를 완성하고, 2050년까지 세계 일류의 강한 군대를 실현하는 것이다. 군민융합 강군몽의 핵심 전략은 군사 지능화와 군민융합이며, 핵, 우주, 항공, 선박, 무기, 전자 등 분야의 11개 국영 방산 기업들이 이를 주도하고 있다. 이 중에서 8개 기업이 2021년도 *Fortune* 지가 선정한 500대 기업에 포함될 만큼 막대한 자본과 규모를 가지고 있다. 이처럼 강군몽의 군사 지능화와 군민융합 전략은 중국의 군사력 강화와 경제성장이라는 두 개의 목적을 동시에 추구하는 이중목적 전략이다.

이와 관련 미국 국방부는 2021년 11월 3일 공개한 '중국을 포함한 군사안보 전개 상황' 제하의 보고서를 의회에 제출했다. 이에 의하면 중국은 현재 이미 1,250기 이상의 '중거리 미사일'(INF)을 지상에 배치해서 역내 미 군사력의 접근을 원천차단하고 있으며, 2030년까지 핵탄두를 최소 1,000개까지 늘릴 전망이다. 또한, 육·해·공에서 핵탄두를 운반할 수 있는 3대 핵전력도 이미 갖췄으며, 최소 3곳에서 ICBM을 발사할 수 있는 수백 개의 지하 격납고 건설을 진행 중이다. 이와 관련 마크 밀리 미 합참의장은 2021년 11월 3일 애스펀 연구소 주최 포럼에서, "중국은 미국이 직면한 제1의 군사적 도전"이라고 언명했다. 또한 "핵무기를 탑재할 수 있는 음속 5배의 극초음속 미사일 시험 등 최근 중국의 군사기술 발전은 전 세계를 전략적 불안정의 시대로 접어들게 하고 있다."고 말했다.

다음으로, 중국몽의 대내 비전인 '사회주의 현대화 강국'의 비전을 살펴보자. 2017년 시진핑 주석은 3단계 '사회주의 현대화 강국'의 비전을 통해 중화민족의 부흥을 실현하려는 결의를 밝혔다. 이 비전은 중국 공산당의 주도 아래 당 창건 100주년인 2021년까지 인민이 의식주를 해결하고 문화생활을 하는 '소강사회(小康社會) 달성'(1단계)을 이루며, 2035년까지 '기본적인 사회주의 현대화 실현'(2단계)을 거쳐, 건국 100주년이 되는 2049년까지 '사회주의 현대화 강국의 건설'(3단계)을 이룩하는 것이다.

이를 위해 중국은 8대 주요 산업과 7대 첨단 과학기술을 육성하는 발전 전략을 수립했다. 우선 8대 주요 산업은 중국 국무원이 2021년 4월 전국인민대표대회에서 제14차 경제개발 5개년(2021~2025)계획의 일환으로 제시되었다. 5개년 계획은 제조업 핵심 경쟁력 강화 차원에서 8대 주요 산업을 집중적으로 육성하겠다는 것이다.[7] 8대 산업에는 (1) 희토류를 비롯한 신소재, (2) 고속철, 대형 LNG 운반선, C919 대형 여객기 등 중대 기술 장비, (3) 스마트 제조 및 로봇 기술, (4) 항공기 엔진, (5) 베이더우(北斗) 위성 위치 확인 시스템 응용, (6) 신에너지 차량 및 스마트카, (7) 첨단 의료 장비 및 신약, (8) 농업 기계가 포함되었다. 5개년 개혁은 '쌍순환(雙循環)전략'을 활용한다. 이 전략은 국내대순환을 위주로 하고 국내, 국제 쌍순환이 상호 촉진하는 발전 전략이다.[8] 즉, 내수시장의 활성화를 통해 자립형 경제를 구축하려는 것이다.

아울러 2035년까지의 장기 경제 계획으로 7대 첨단 과학기술 영역 연구에서 돌파구를 마련하겠다는 목표를 제시했다. 7대 영역으로는 (1) 인공지능(AI), (2) 양자 정보, (3) 집적회로, (4) 뇌과학, (5) 유전자 및 바이오 기술, (6) 임상의학 및 헬스케어, (7) 우주·심해·극지 탐사가 열거되었다. 이 계획은 기존의 '중국제조 2025'를 일부 수정하여 부활시킨 것이다. '중국제조 2025'는 2015년에 발표된 시진핑 정부의 세계 제조업 석권을 목표로 하는 제조업 육성 프로젝트이다. 이후 중국은 '중국제조 2025'의 뒤를 이을 '중국

표준 2035'를 2020년에 발표했다. 이는 2025년에서 2035년에 이르는 10년을 정의할 첨단 과학기술에 초점을 두고 있다. '중국 표준 2035'의 골자는 대규모 내수시장을 바탕으로 중국형 기술 표준을 제정한 뒤 일대일로를 통해 확산시키겠다는 것이다.

또한, 중국은 사회주의 현대화 강국 건설의 일환으로 공동 부유화(共同富裕化)를 추진했다. 시진핑 총서기는 2022년 제20차 당 대회에서 "중국식 현대화는 전체 인민의 공동 부유화(共同富裕化)"이며, "공동 부유화는 인민대중의 물질생활과 정신생활 두 분야 모두가 부유해지는 것"으로서, "중국특색 사회주의의 본질적 요구이고 또한 장기적 역사과정"이라고 언급했다. 공동 부유의 실현방안은 2021년 8월에 열린 중앙 재경위 제10차 회의에서 구체화되었다.

공동 부유 '노선도'는 '고조(調高), 확중(擴中), 증저(增低)'라는 6개 글자로 표시되었다. 즉, 고소득층의 과다 소득은 합리적으로 조절하고, 중간층의 소득 비중은 확대하며, 저소득층의 소득은 증가한다는 뜻이다. 이를 통해 중간은 크게 확대하고, 양 끝은 작게 하는 럭비공 모양의 분배구조를 만든다는 구상이다. 그리하여, 1차 분배는 시장이 주도하여 효율을 중시하며, 2차 재분배는 정부가 주도하여 전체적인 공평과 정의를 촉진하고, 3차 재분배는 사회 성원의 자발적 기부나 후원 등의 공익방식을 통해 궁핍한 사람을 구제하고 약한 사람을 부양(濟困扶弱)하는 것이다. 이것이 서구의 현대화와 뚜렷이 구별되는 중국식 현대화라는 것이다. 그러나 2022년 중반 이후 중국은 공동부유라는 구호 대신 '민간 경제 활성화'를 강조하고 있다.

아울러, 중국은 현대화 강국을 추진하기 위해 '과학기술의 자립자강'에 역점을 두고 있다. 2023년 3월 초에 개최된 중국 양회(兩會)에서 획기적인 과학기술정책 관련 결정이 있었다. 이전에는 국무원 산하의 과학기술부가 과학기술정책을 관리했었는데, 앞으로는 중국 공산당이 직접 과학기술 정책을 관장키로 하고, 이를 위해 공산당 내에 중앙과학기술위원회를 신설했다. 이와 함께 과학기술정책의 목표를 과학기술의 자립자강(自立自强)으로 설정했다.

🅼 미국의 패권 방어 전략

바이든 행정부는 2022년 10월 21일 의회에 제출한 '국가안보 전략보고서'에서 중국만이 인도·태평양을 넘어 세계로 세력권을 확대하려는 야심을 가진 나라로 보고 있다. 이에 따라 바이든 행정부는 국가안보전략의 궁극적 목적이 여전히 위험한 러시아를 억제하고, 중국과의 전략적 경쟁에서 미국의 압도적 우위를 확보하는 것임을 명확히 하고 있다. 이와 같은 시각에서 미국은 상기 중국의 도전에 대한 패권 방어 전략으로 가치 동맹, 안보 동맹, 공급망 동맹 등 3개 분야의 동맹을 아래와 같이 추진하며 대응하고 있다.

첫째, 가치 동맹은 바이든 대통령이 중국의 패권 도전에 대응하기 위해 구축한 첫 번째 방어선으로서 규범 기반 국제질서를 준수하는 민주주의 국가들의 동맹이다.

즉, 권위주의 독재체제인 중국의 가치관과 대척점에 있는 자유, 인권, 법의 지배 등 민주주의 가치들을 중심으로 가치 동맹이 구축된 것이다. 바이든 대통령은 2022년 12월 9일부터 이틀간 제1차 민주주의 정상회의를 비대면 화상으로 개최하였는데, 회의 주제는 권위주의 대응, 부패 척결, 인권증진이었다.

제1차 민주주의 정상회의에는 총 110개 민주주의 국가 대표들이 초청되었다. 아시아에서는 대만을 포함, 한국, 일본, 인도, 필리핀, 말레이시아, 인도네시아, 파키스탄이 모두 초청되었으나, 이 중 중국과 긴밀한 관계인 파키스탄은 참석을 거부했다. 그러나 중국, 러시아, 태국, 베트남, 싱가포르, 미얀마, 캄보디아, 라오스, 사우디, 이란 등은 아예 초청받지 못했다. 이를 보면 초청국 선정기준은 민주주의 가치 준수 여부보다는 규범에 기반한 국제질서의 준수 여부였음을 알 수 있다. 중국은 대만이 초청되자 강력히 항의하였으나, 대만은 2023년 3월 29일 이틀간 한국, 미국, 네덜란드, 코스타리카, 잠비아 등 5개국이 공동 주최한 제2차 정상회의에도 초청되었다. 윤석열 대통령이 공동의장을 맡았으며, 제3차 민주주의 정상회의도 대만을 초청하고, 한국이 주최하기로 결정되었다.

둘째, 안보 동맹은 미국이 오랫동안 한국, 일본, 호주, 필리핀, 태국 등 5개 국가와 유지해온 양자 동맹을 비롯하여 인도·태평양에 진출한 '나토'(NATO), 그리고 '쿼드'(Quad), '오커스'(AUKUS), '파이브 아이즈'(Five Eyes) 및 가칭 '한·미·일 안보경제 협력체' 등 소그룹 동맹으로 구성되어 있다.

나토의 인도·태평양 진출은 미국 바이든 행정부의 대중국 봉쇄 전략의 일환이다. 중국의 군사력 증강과 위협이 전방위로 확대되자 미국은 종래의 대중 포용정책 대신 대중 봉쇄정책을 점차 강화해 왔다. 대중 봉쇄 정책의 일환으로 오바마 행정부는 아시아 재균형 정책(Pivot to Asia)을 시작했고, 트럼프 행정부는 자유롭고 개방된 인도·태평양 전략(FOIP)을 채택하였으며, 바이든 행정부는 나토의 인도·태평양 진출을 포함하는 '동맹 우선 정책'을 천명하고 '안보 동맹'을 강화했다.

바이든 대통령의 '동맹 우선 정책'에 호응하며 나토는 2022년 나토 정상회담에서 동구와 인도·태평양 지역으로 진출한다는 새로운 전략개념을 채택했다. 이에 앞서, 유럽연합은 2021년 2월 인도·태평양 협력전략을 발표한 바 있다. 이로써 유럽 군함이 인도·태평양 해역으로 진출하는 새로운 시대가 열리고, 영국, 프랑스, 독일 등의 함대들이 남중국해에서 미국이 주도하는 항행의 자유 활동에 참여하고 있다.

4개의 소그룹 안보 동맹 중에서 쿼드는 2016년에 일본의 아베 총리가 재집권하면서 주창한 '자유롭고 열린 인도·태평양'(FOIP)이 모태가 되었다. 2017년 집권한 미국의 트럼프 대통령도 FOIP를 미·일의 공동 전략으로 추진하기를 원했다. 이에 따라 그해 APEC 회의에서 곧바로 쿼드 4개국 실무회의가 시작되었다. 이후 6차례의 실무회담과 2차례의 외무장관회담이 있었으나, 쿼드의 목적 및 중국을 의식하는 4개국의 태도에 관해 원만한 합의에 이르지 못했다.

이에 바이든 대통령은 중국을 직접적으로 견제하기보다는 우회적이고 유연한 접근방식을 선택했다. 대통령 취임 직후인 2021년 3월 화상으로 쿼드 정상회담을 개최하고 5개 항의 공동성명을 발표했다. 공동성명의 취지는 국제규범에 기초하고 국제법에 기반한 국제질서를 증진하자는 것이었으며, 중국을 직접적으로 거론하지 않고, 백신, 첨단기술, 기술변화 등 3개 분야에서 전문가 그룹을 신설키로 하는 우회적 접근법을 택했다.

바이든 대통령은 화상으로 열린 제1차 쿼드 정상회의 후 불과 반년만인 2021년 9월 대면으로 쿼드 정상회의를 개최했다. 취임 첫해에 2차례나 쿼드 정상회의를 개최할 정도로 미국은 쿼드의 중요성을 인식하고 쿼드의 강화를 위해 노력하고 있다. 특히 쿼드를 쿼드 플러스로 확대하는 방안이 검토되고 있다. 이에 따라 한국을 비롯하여 영국, 프랑스, 독일 등이 추가로 참가 가능한 국가로 거론되고 있다.[9] 궁극적으로 미국은 쿼드가 중국을 견제하는 아시아판 나토로 발전하기를 내심 기대하고 있다. 향후 쿼드의 안보기구화 하는 속도는 중국과도 관계가 깊은 인도와 같은 회원국들의 의지에 달려있다.

소그룹 안보 동맹 중 오커스는 미국, 영국, 호주가 결성한 3국간 동맹이다.

조 바이든 미국 대통령은 아프간 철수 직후인 2021년 9월 15일 영국, 호주 총리와 함께 화상 회담을 갖고 오커스 결성을 선언했다. 미국은 오커스 결성을 통해 중거리 미시일을 배치하고 은밀성이 높은 핵 잠수함을 보유하게 함으로써 중국의 군사력에 대한 견제와 균형을 이루고자 한다. 이로써 호주는 미국, 영국, 프랑스, 러시아, 중국, 인도에 이어 세계에서 일곱 번째 핵 추진 잠수함 보유국이 된다.

2023년 3월 13일 미국, 영국, 호주 정상은 미국 캘리포니아주(州) 샌디에이고에서 오커스의 첫 번째 대면 정상회담을 개최했다. 미국과 영국은 호주에 핵 추진 잠수함 5척을 2030년대까지 공급한다는 계획을 공식화하고, 인도·태평양 지역 군사 협력 강화로 중국을 견제하겠다는 의지를 분명히 했다.

소그룹 안보 동맹 중 5-아이즈는 미국, 영국, 캐나다, 호주, 뉴질랜드가 참여하는 안보 동맹이다. 5-아이즈 동맹은 1960년대에 공산권 전체를 대상으로 하는 감청망인 에셜런(Echelon)의 등장을 계기로, 신호정보(SIGINT) 외에도 인간정보(HUMINT)와 이미지정보(IMINT)를 포함해 모든 정보를 수집하고 공유하는 정보동맹으로 발전하였다.[10] 5-아이즈의 5개국 만으로는 전 세계의 정보를 수집하는데 한계가 있으므로 미국은 5-아이즈의 확대 협의체인 2개의 신호정보 고위급 회담을 출범시켰다. 즉, 아태지역에는 '태평양 신호정보 고위급회담'(SSPAC, Sigint Seniors Pacific), 유럽에는 '유럽신호 정보 고위급 회담'(SSEUR)을 두었다. 아태지역 SSPAC에는 한국, 싱가포르, 태국, 인도, 프랑스 등 5개국과 5-아이즈 5개국이 동참하고 있다.[11]

미국은 바이든 행정부가 들어서면서 의회를 중심으로 기존의 5-아이즈를 9-아이즈 또는 10-아이즈로 확대하려는 움직임이 있다. 9-아이즈에는 한국, 일본, 인도, 독일이 포함되고, 10-아이즈에는 프랑스까지 추가한다는 구상이다. 이에 따라 5-아이즈가 5-아이즈 플러스 또는 10-아이즈로 확대될 가능성이 있다.

소그룹 안보 동맹 중 가칭 '한·미·일 안보경제 협력체'는 2023년 8월 18일 캠프 데이비드에서 한·미·일 3국 정상이 발표한 공동성명 '캠프 데이비드 정신'을 통해 "모든 영역과 인도·태평양 지역과 그 너머에 걸쳐 협력을 확대하고 공동의 목표를 새로운 지평으로 높이기로 약속"하면서 결성한 협의체이다. 이날 캠프 데이비드에 모인 "3국 정상은 지정학적 경쟁, 러시아의 우크라이나 침략전쟁 그리고 핵 도발이 우리를 시험하는 역사적인 기로에서 만나게 되었다."면서 "역내 평화와 번영을 약화시키는 규칙에 기반한 국제질서에 부합하지 않는 행동에 대해 우려를 공유한다."는 내용의 공동성명인 '캠프데이비드 정신'을 발표했다. 아울러 첨단기술·기후변화·비확산 등 글로벌 이슈에 대한 협력 지침을 규정한 '캠프데이비드 원칙'과 역내 안보 위협에 공동 대응하겠다는 '한·미·일 간 협의에 대한 공약' 문서도 채택했다.

이처럼 캠프 데이비드 '정신', '원칙' 및 '공약'으로 불리는 상기 3가지 문서를 채택한 한·중·일 3국은 매년 최소 1회 열리는 정상회담을 비롯하여 관련 모든 각료가 정기적으로 만나 협의하는 '한·미·일 안보경제 협력체'를 설립한 것이다. 3국 정상회의에서 가장 주목되는 것은 인도·태평양 지역에서의 일방적 현상 시도 변경에 반대 의사를 밝힌 대목이다. 이는 대중국 견제용이다. 또한, 핵우산을 강화하고 매년 3국 연합훈련을 하기로 한 것은 북한을 겨냥한 것이다. 3국 연합훈련 합의는 처음 있는 일로서 이는 사실 북·중·러가 자초한 일이다. 빈번한 북한의 미사일 발사, 중국의 대만 위협, 그리고 러시아의 우크라이나 침공으로, 북·중·러가 도발하지 않았다면 한·미·일 3국이 연합훈련을 실시할 이유도 없었다.

셋째, 공급망 동맹은 칩-4 동맹(Chip-4)과 인도·태평양 경제프레임워크(IPEF)이다.

칩-4 동맹은 미국이 주도하는 한국, 일본, 대만을 포함하는 반도체 동맹이며, 중국의 반도체 굴기를 견제하는 것이 목표다. 미국은 반도체를 발명한 국가로서, 반도체 설계에 필요한 원천 기술(IP)과 반도체 장비를 과점하고 있다. 일본은 낸드플래시를 발명한 나라로서, 반도체 장비와 소재 부분에서 세계시장을 리드하고 있다. 대만은 전 세계 파운드리 시장의 60% 이상을 과점하고 있다. 한국은 D램 및 낸드 플래시 메모리 반도체 시장의 65% 이상을 과점하고 있다.[12]

이처럼 서로 다른 반도체 영역에서 강점을 가진 4개국이 칩-4 동맹을 형성하여 전 세계 반도체 시장에서 중국을 견제하려는 것이다. 2022년 12월 중순에는 중국 최대 메모리 반도체 업체인 양쯔 메모리테크놀로지(YMTC)를 비롯하여 중국 기업 36곳을 무역 블

랙리스트에 올려 수출 규제 대상을 확대했다.[13]

칩-4 동맹의 첫 본회의가 2023년 2월16일 한국, 미국, 일본, 대만의 고위 관리들이 참가한 가운데 화상으로 개최되었다. 이 회의에서는 각국의 공급망 현황을 공유하고, 공급망 강화, 연구·개발(R&D), 투자 인센티브 제공 등에 관련한 협력 방안을 협의했다.[14]

인도·태평양 경제프레임워크(IPEF)는 바이든 행정부가 첨단기술 공급망에서 중국을 배제하기 위해 결성한 첨단기술 공급망 동맹이다. 바이든 대통령이 2021년 10월 동아시아 정상회의(EAS)에서 IPEF를 주창하였다. 미국이 주도하는 IPEF는 중국참가가 배제된 가운데 무역뿐 아니라 공급망, 청정경제, 공정경제 등 총 4개 분야(pillar)에서 협력하는 인도·태평양 지역의 반중국 동맹이다.

2022년 5월 23일 'IPEF 출범에 관한 정상회의'에는 한·미·일과 인도 등 13개 국가가 참가했고, 3일 후 휘지도 참여하여 14개국 모임이 되었다. 2023년 5월 27일(현지시간) 미국 디트로이트에서 개최된 IPEF 장관회의는 4개 분야 협상 현황을 점검하고, 이 중에서 필라2 공급망 협정이 약 6개월간의 협상을 거쳐 타결되었음을 선언하였다. 또한, 공급망 위기가 발생할 경우, '위기대응 네트워크'를 가동하여 상호 공조, 대체 공급처 파악, 대체 운송경로 발굴, 신속 통관 등 가능한 협력 방안을 협의키로 합의하였다. 한편, IPEF 4차 협상이 2023년 7월 부산에서 개최되어, 무역과 청정경제, 공정경제 부문에서 연말까지 가시적인 성과 달성을 목표로 협상을 진행했다.

바이든 행정부는 EU와도 반중국 첨단기술동맹을 구축했다. 즉, 2021년 9월 '미국-EU 무역기술위원회(TTC)'가 출범했고, 그 밑에 중국으로의 첨단기술 수출을 막는 수출통제위원회를 두고 있다. 이로써 향후 인태 지역의 기술동맹인 IPEF와 유럽지역의 기술동맹인 TTC가 연계되어 중국을 견제하는 범세계적 첨단기술동맹이 구축되었다.

상기 공급망 동맹을 국내적으로 지원하고, 공급망 동맹국들의 협력을 유도하기 위해, 미국 행정부와 의회는 중국의 첨단산업을 견제하고, 글로벌 공급망에서 고립시킬 수 있는 각종 행정 명령과 입법 조치를 취하고 있다. 예를 들면, 2021년 2월 바이든 행정부의 행정명령 14017호는 반도체, 배터리, 희토류, 바이오 의약품 등 4개 품목에 대해 100일간의 공급망 조사를 지시했다. 이를 통해 미국은 4대 주요 산업 공급망의 취약점을 파악하고, 미국의 산업 경쟁력 강화 정책을 추진하였다. 이와 관련, 미국의회는 2022년 8월 '반도체 과학법'(CHIPS and Science Act)과 '인플레이션 감축법'(IRA, Inflation Reduction Act)을 채택했고, 행정부는 2023년 3월 '국가 바이오 기술 및 바이오제조 행정명령'을 내렸다.

또한, 미국은 2023년 5월 해리스부통령 주재하의 AI회의에서 AI를 포함한 '차세대 기술 국가표준전략'을 발표했다. 주요 대상은 반도체, AI, BIO, 자율주행차, Quantum 분야 기술이다. 미국의

'차세대 기술 국가표준전략'은 중국의 '중국 표준 2035'와 필연적으로 충돌할 수밖에 없다. 산업기술의 패권경쟁은 표준의 싸움이기 때문이다. 미·중이 화해할 가능성이 없다면 향후 세계는 기술 분야에서도 현재와 같은 글로벌 표준이 아닌 '미국 표준'과 '중국 표준'으로 양분되어 병립하는 양상이 될 수 있다.

미·중 패권경쟁의 향방

미·중 패권경쟁의 향방을 분석하는 학자들 가운데 '정점 강대국 함정론'을 제기하는 학자들은 중국의 국력이 이미 정점에 도달했고, 아래 요인으로 하강국면에 들어섰다고 본다.[15]

첫째는 중국 인구의 심각한 감소 추세다. 중국이 1978년부터 2013년까지 시행한 극도의 산아 제한 정책으로 한 자녀만 갖도록 강제한 결과 생산력 인구가 급감하고 있다. 2022년 기준 중국의 인구출산율이 1.18에 불과하고, 생산력 인구도 2015년에 8억 명으로 정점을 찍은 이후 계속 줄어드는 추세다. 전체인구도 계속 감소해 2042년에는 13억 명 이하로 떨어지고, 2069년에는 10억 명 선이 무너질 것으로 예상된다.

둘째는 중국의 경제 성장률이 지속 하락하고 있다. IMF의 2023년 초 발간 전망보고서에 따르면, 중국이 2023년에는 성장률 5.2%를 달성하지만, 2024년에는 4.5%로 하락하고, 2027년에는 국유 기업 개혁 등 구조 개혁을 단행하지 않으면 5년 이내에 4% 이하로 떨어질 수 있다. 그러나 국영기업 개혁 등 구조 개혁은 중국의 권위주의 체제상 기대하기 어렵다.

셋째는 중국이 중진국 함정에 빠져들고 있고, 막대한 부채까지 안고 있다. 미국 경제학자 폴 크루그먼은 2022년 12월 *New York Times* 칼럼에서 "소비가 충분하지 않은 상황에서 투자와 부동산 거품으로 지탱해온 중국경제가 거의 임계점에 도달했다."며 "빠른 생산성 향상이 따라주지 않으면 중국은 곧 중진국 함정에 진입하게 될 것"이라고 전망했다.

넷째는 미국이 중국을 세계 첨단기술 공급망에서 고립시키려는 디커플링(de-coupling) 전략이다. 바이든 행정부는 첨단기술, 디지털, 공급망 등 영역에서 중국을 배제하고 견제하고 있다. 이를 위해 미국은 세계 첨단기술 공급망 동맹인 IPEF와 칩-4 동맹을 결성했다. 글로벌 공급망 재편성이 시작되자 외국 자본의 탈중국 흐름이 확대되고 있다.

한편, 앞서 살펴본 '정점 강대국 함정론'을 주창한 미국 정치학자 할 브랜즈와 마이클 베클리는 중국이 이 함정에 유혹되어 패권국으로 부상할 기회의 창문이 영영 닫히기 전에 대만 침공을 감행할 우려가 있으므로, 미국은 이에 대비해야 한다고 주장했다. 헨리 키신저 박사도 2023년 5월 17일자 *Economist* 지와의 인터뷰에서 미·중이 전면전으로 치닫지 않고 공존할 수도 있겠지만, 현재 대만이 (미·중 패권 경쟁국 사이의) 전략적 대결의 무대가 되고 있다고 했다. 이처럼 중국의 대만 침공 가능성이 거론되고 있는 가운데 중국의 대만 침공 예상 시기는 2024년부터 2027년까지 다양하다.

2022년 10월 윌리엄 번스 미 중앙정보국(CIA) 국장은 중국의 2027년 대만 침공설을 내놓았다. 그는 시진핑 주석이 2027년까지 대만 공격 준비를 끝내도록 인민해방군에 지시했다고 공개했다. 2027년은 인민해방군 건군 100주년이자 시 주석의 4연임을 결정할 제21차 당대회가 열리는 해이기 때문이다.[16] 미국 4성 현역 장군인 마이클 미니헌 공군 공중 기동사령관은 중국의 2025년 대만 침공 가능성을 경고했고, 마이클 매콜 미 하원 외교위원장도 2025년 대만 침공에 대비해야 한다고 주장했다. 매콜 위원장은 중국이 대만 통일을 원하고 있으며, 이를 위해 2024년에 있는 대만 총통 선거에서 친중 성향의 국민당 후보가 당선되도록 영향을 미치고자 할 것으로 본다. 그는 국민당의 집권이 성공한다면 대만은 중국에 흡수된 홍콩처럼 될 것이나, 이에 성공하지 못하면 중국은 2025년에 대만을 침공할 것으로 전망했다. 반면, 마이크 길데이 미 해군참모총장은 2024년 이전(以前)에 중국이 침공할 가능성에 대비해야 한다고 주장했다.[17]

이와 관련 바이든 행정부는 2022년 10월 21일 의회에 제출한 '국가안보 전략보고서'에서 미국은 일방적으로 현상을 변경하려는 어느 쪽의 시도에도 반대하고, 대만의 독립을 지지하지 않으며, 대만 관계법, 3개의 공동성명, 6개의 보장에 따라 하나의 중국 정책을 지지한다고 언명했다. 또한, 미국은 대만 관계법에 따라 대만의 자주국방을 지지하며, 대만에 대한 무력사용이나 협박을 저지할 수 있는 역량을 유지할 것임을 분명히 했다.

이처럼 미국은 대만의 독립에 반대하고, 하나의 중국 원칙을 확고하게 지지하는 등 중국의 대만 관련 핵심 이익을 이미 존중하고 있으므로 중국으로서는 군이 대만 침공을 감행할 실익이 없다고 본다. 더욱이 중국의 대만 침공 시 미국은 반드시 개입할 것이며, 미·일 동맹, 오커스 동맹 그리고 막강한 군사력을 보유한 '한·미·일 안보경제 협력체'까지 동원하여 끝까지 대만을 지키려 할 것이다. 미국으로서는 대만을 잃으면, 미국의 패권적 지위에 치명상을 입을 것이 분명하기 때문이다. 게다가 중국은 미국의 대만 지원군이 도달하기 전에 대만을 신속하게 점령할 수 있을 정도의 압도적인 전력을 아직 갖추지 못한 상태다. 이 모든 상황을 고려할 때, 중국은 대만 침공 여부에 신중을 기할 것으로 예상되며, 만일 대만 침공을 감행할 경우에는 중국의 실패 가능성이 매우 높을 것으로 보인다.

설사 대만 공격이 승리하더라도 중국은 이에 따른 국제적 고립, 국력의 고갈, 경제발전의 좌절 등 재앙을 초래할 수 있어, 시 주석의 '중국의 꿈'(中國夢)과 '4연임'(四連任)이 동시에 무산될 수 있는 위험천만한 모험이 될 것이다. 따라서 시 주석으로서는 대만 침공이라는 모험보다는 '중국의 꿈' 실현을 목표로 경제발전과 사회 안정에 주력하는 것이 상책이다. 이 경우 중국은 미국의 세계패권을 묵인하고 기존 국제질서의 유지에 동참하게 될 것이다.

게다가 미국의 스티븐 왈트 교수가 지적하였듯이[18] 근현대사에서 패권 도전의 승률은 20% 미만이었고, 패권 도전 실패의 결과는 처참했다. 나폴레옹전쟁에서 프랑스는 백만 명의 국민이 사망했고, 세계대전에서 독일은 40년 이상 국토가 분단되었으며, 태평양 전쟁에서 일본은 2개 도시가 원자폭탄 투하를 당하며 항복했다. 이처럼 낮은 성공확률과 처참한 결말을 고려할 때, 패권전쟁은 섣불리 감행할 일이 아니다. 게다가 미·중 양국 모두 엄청난 재래식 무력과 상호 확증 파괴의 핵 보복 능력이 있다. 따라서 중국은 미국과의 정면충돌을 피하고, 미국의 패권을 용인하면서 상호공존을 추구하는 것이 불가피하며 바람직한 선택이 될 것이다.

우리의 외교 안보 정책 제안

앞에서 살펴본 중국의 패권 도전 전략과 미국의 대응전략을 비교 분석하여 도출한 우리나라의 주요 정책 대안은 아래와 같다.

첫째, 우리는 한·미 동맹과 한·미·일 안보협력 체제를 공고히 함으로써 국가 안보를 확고한 토대위에 올려놓아야 한다.

앞서 살펴본대로 미·중의 패권경쟁으로 전 세계가 크게 두 개의 진영으로 양분되는 신냉전의 시대를 맞고 있다. 물론, 인도 등 BRICS 회원국을 포함하여 일부 글로벌 사우스 국가들이 양 진영을 넘나드는 줄다리기외교를 하고 있으나, 아직 미·중 양극 구도를 바꾸거나 대체하는 단계는 아니다. 여기에 러시아의 우크라이나 침략

진쟁이 계속되고, 중국의 대만 침공 위협이 상존하는 가운데, 러시아와 중국은 핵과 미사일로 무장한 북한과의 협력을 심화하고 있다. 이러한 북·중·러 연대로 인한 위협을 견제하기 위해서는, 우리도 한·미 동맹과 한·미·일 안보협력을 확고히 해야 한다. 이와 관련, 2023년 '워싱턴 선언'으로 확장 억제가 획기적으로 강화된 한·미 동맹과 캠프 데이비드 정상회담으로 결성된 '한·미·일 안보경제 협력체'가 우리 안보를 굳건하고 안정적인 토대 위에 올려놓았다.

동시에 유엔사령부의 기능을 강화함으로써 한·미 동맹과 한·미·일 안보협력을 핵심 축으로 유엔사 회원국들이 혼연일체가 되는 동북아판 NATO형 집단안보체제를 구축해야 한다. 특히, 유엔사의 일본 내 후방기지 7곳은 북한의 남침을 차단하는 최대 억제 요인으로서, 북한이 남침하는 경우 유엔사의 자동적이고 즉각적인 개입과 응징을 보장하는 보루이다. 우리 정부가 2023년 말 사상 처음으로 유엔사 회원국들이 참여하는 국방장관회의를 개최하는바 이를 정례화하여 유엔사 기능을 더욱 강화해 나가야 한다. 아울러 우리는 미국 주도하의 나토, 쿼드, 오커스, 5-아이즈와도 연대함으로써 더욱 안정적인 안보환경을 구축해야 한다. 이를 통해 한·미·일은 안정적인 안보환경의 토대 위에서 경제적으로 상호의존도가 높은 중국을 비롯하여 러시아 및 북한과의 평화공존과 공동번영을 위한 진정한 대화와 협력을 모색할 수 있을 것이다.

특정 국가의 우리에 대한 안보 위협은 그 국가의 종합적인 군사력, 특히 공격형 무력이 강할수록, 지리적으로 가까울수록, 그리고 이데올로기 등 가치관이 우리와 다를수록 크다. 위협 국가에 대한 견제에 필요하다면, 우리는 과거사 때문에 심정적으로 거리를 느끼는 국가와도 연대하는 유연성을 가져야 한다. 국제무대는 영원한 적(敵)도, 영원한 친구도 없기 때문이다. 변화하는 시대별로 위협 국가의 판도가 어떻게 변화하는지를 읽고, 누가 위협국이고 누가 협력과 연대의 대상국 인지를 면밀히 살펴, 안보 위협을 견제하는 유연한 동맹외교를 전개해야 국가 생존이 가능하다. 세계 최강 대국인 미국도 안보 위협을 견제하기 위해, 지난 세기의 적국이었던 독일, 일본 등과 상호 과거를 청산하고, 미래지향적인 자유 민주주의 동맹을 구축하였다. 또한 민주주의 평화론에 따르면 민주주의 국가 상호 간에는 전쟁이 일어나지 않는다고 한다. 이를 타산지석으로 삼아 윤석열 정부가 역사적인 결단을 통해 우호적인 한·일 관계를 회복함으로써, 한·미·일 3국의 안보경제 협력을 구축한 것은 매우 적절한 동맹외교로 평가될 것이다. 이러한 동맹외교를 통해 우리의 전략적 가치를 일본, 호주의 수준까지 높이고, 상기 안보협력체제를 제도화 및 정례화한다면, 향후 미국의 정권 교체 경우에도 주한미군 철수나 한미 동맹 폐기 없이 안정적인 안보의 틀이 구축될 것이다.

둘째, 미사일 방어 체제(MD)에 조속히 참여해야 한다. 이는 우리의 주적인 북한과 북한의 동맹국인 중국이 핵과 미사일로 무장하고 있으므로 이들을 효과적으로 견제하기 위해 긴요하다.

우리나라도 비슷한 지정학적 입지인 일본과 폴란드처럼 미국주도 연합 미사일 방어 체제(MD)에 조속히 가입하여 '통합억지 전략'을 구축함으로써, 북·중·러의 위협을 효과적으로 억지하고 방어할 수 있는 MD 체제를 완비해야 한다. 우리처럼 핵무기가 없는 일본과 폴란드는 중국과 러시아의 강력한 반발에도 불구하고, 이를 이겨내고, 미국 주도의 MD 체제에 참여하고 있다.

미국이 우리의 핵무장에는 아직 동의하지 않고 있으나 우리의 MD 체제 참여를 환영하고 있으므로, 열려있는 MD 참여의 기회를 신속히 포착해야 할 것이다. 북한은 이미 핵탄두 탑재가 가능하고 회피기동이 가능한 고성능 미사일과 (북한 주장에 따르면) 극초음속 미사일까지 개발했다. 이제 북한 미사일은 발사 후 불과 1분여 안에 한국을 타격할 수 있게 된 엄중한 상황이다. 현재 우리는 북한의 공격 징후가 있으면 이를 사전에 포착하여 선제공격하는 킬체인과 KMD 체제를 구축하고 있으나, 이것도 MD 방어체계에 통합됨으로써 미국과 일본의 북한 관련 정보를 실시간 공유해야만 그 실효성을 확실히 보장할 수 있다. 나아가 사이버공간과 우주 공간을 포함하는 입체적 방어체계와 무기체계 등 모든 방면에서 상호 연동된 통합억지 MD체제에 우리가 동참함으로써 한·미·일 3국이 실시간 정보를 공유해야만 북·중·러 위협에 대한 효과적인 방어가 가능하다. 따라서 우리의 MD 체제 참여와 이를 통한 한·미·일 3국 간 안보협력 강화가 시급하다.

셋째, 잠재적 핵 능력을 보유해야 한다. 즉, 2023년 4월 워싱턴 선언으로 미국에 의한 대북한 확장 억제가 한층 강화되었으나, 우

국제질서의 변곡점에 선 한국외교의 고뇌

리의 잠재적 위협국인 북·중·러 3국 모두 핵무장 국가임을 감안, 우리도 독자적인 잠재적 핵 능력을 조속히 보유해야 한다.

핵으로 무장한 북·중·러 3국을 견제하는 가장 확실한 방안은 핵 강대국인 미국과 동맹을 강화하면서, 우리도 독자적으로 핵무장 하는 것이고, 그 전 단계로 잠재적 핵 능력을 조속히 보유하는 것이다. 워싱턴 선언에서 우리가 핵확산 금지조약을 준수하기로 약속했으나 핵무기 개발 권리를 완전히 포기한 것은 아니다. 핵확산 금지조약은 제10조에 특정 회원국의 안전이 심각하게 위협받는 경우 합법적으로 탈퇴할 수 있음을 명시한 규정을 두고 있다. 우리가 회원국으로서 핵확산 금지의 기본 원칙을 재확인한 것은 특별한 것이 아니며 이 선언으로 제10조의 핵심적인 권리를 포기하지 않았고 포기할 수도 없을 것이다. 워싱턴 선언 직후 윤석열 대통령은 하버드대 강연에서 "한국도 1년이면 핵을 만들 수 있다."라고 말했다. 이는 워싱턴 선언에서 비핵 국가 지위를 받아들였지만, 필요한 상황이 오면 핵 개발을 하겠다는 의지를 내비친 것이다.

이와 관련 천영우 전 청와대 외교안보수석이 20기 이상의 원전을 가동하고 있는 우리나라가 손쉽게 핵 잠재력을 확보할 수 있는 아래 요지의 현실적인 방안을 언론 기고를 통해 제시했다.[19] 즉, 우리가 평화적 목적의 우라늄 농축 기술을 개발하고 보유하는 방안이다. '핵확산금지조약'(NPT)도 평화적 농축 권리를 허용하고 있고, 우리가 미국에서 도입한 장비나 천연 우라늄을 사용하지 않는 한, 한·미 원자력협정의 제약도 받지 않는다. 더욱이 적대국인 이

린의 평화적 목적의 농축을 허용하는 협정(JCPOA)에 이미 서명한 미국이 동맹국인 한국의 평화적 농축에 반대할 명분이 없다. 워싱턴 선언에도 명시적으로 평화적 농축을 금지하는 조항은 없다. 우리로서는 워싱턴 선언에 따라 NPT 조약상 의무(IAEA 엄격한 사찰 수용 등)를 성실히 준수하겠다는 공약을 재확인하는 방식으로 대처하면서, 조속히 일본 수준의 잠재적 핵 능력을 보유해야 할 것이다.

넷째, 민주주의 가치공유 국가들과 경제 분야 공급망 동맹에 참여해야 한다. 즉, 한·미·일, 대만 등 4개국의 칩-4 동맹 및 인도, 호주, 뉴질랜드, 아세안 7개국 등 총 14개 국가들의 IPEF 공급망 동맹에 적극 참여하여, 우리의 경제성장과 경제 안보를 도모해야 한다.

한·미·일과 대만으로 구성된 칩-4와 한·미·일, 인도, 호주, 뉴질랜드, 아세안 7개국 및 피지 등 14개 국가들이 참여하는 IPEF는 모두 민주주의 가치를 공유하는 국가들로 구성된 공급망 동맹이다. 미국은 이 공급망 동맹과 미국 반도체 지원법(일명 '칩스법')에 따라 반도체 장비, 설계 소프트웨어, 메모리 등이 중국에 유입되지 않도록 수출 제재를 가하고 있다. 이러한 칩스법과 칩-4 동맹이 중국 의존도가 높은 우리 반도체 산업에 미칠 부정적 영향은 최소화하고, 긍정적인 반사이익은 최대화하도록 효과적으로 대응을 해야 할 것이다. 특히 우리나라 전기 자동차 업계와 반도체 업계가 인플레이션 감축법(IRA)과 같은 미국의 새로운 입법으로 인해 세액공제나 보조금을 받지 못하는 불이익을 당하지 않도록 최선을 다해 우리 기업을 지원해야 한다.

국제질서의 변곡점에 선 한국외교의 고뇌

다섯째, 상호 주권존중의 원칙 아래 호혜적 한·중 관계를 구축해야 한다. 즉, 미국이 첨단기술 공급망 동맹의 목표가 중국과의 관계 단절(de-coupling)이 아니고 리스크 경감(de-risking)임을 분명히 하고 있음을 감안, 우리도 사안에 따라 중국과 상호 주권존중의 원칙 아래 호혜적인 협력관계를 추진하는 유연한 외교력을 발휘해야 한다.

미국의 대중국 수출통제는 중국을 공급망에서 완전히 배제하는 관계단절을 추구하는 것이 아니고, 군사균형을 위협할 수 있는 첨단기술에 한정하는 리스크 경감이 될 것임을 분명히 하고 있다. 이와 관련, 미국은 2022년도 '국가 안보전략 보고서'에서 기후변화, 식량부족, 전염병, 에너지 부족, 인플레이션 등의 영역을 비롯하여 군축, 비확산, 테러 등 안보 영역에서 중국과 호혜적 관계를 추진할 것임을 밝히고 있다. 이를 감안, 우리나라도 상기 영역을 포함 가능한 분야에서 중국과 호혜적 협력관계를 유지하고 발전시켜 나가야 할 것이다. 특히, 첨단산업에서의 미·중 경쟁은 빅데이터와 반도체 소비의 최대시장을 가진 중국과 최고의 기술을 가진 미국 및 그 동맹국 간의 경쟁이다. 첨단산업의 역사를 보면 기술과 시장 간의 경쟁에서 기술만으로 시장을 이기기 어렵다. 따라서 현재 미국과 중국 중에서 누가 이 분야에서 최종 승자가 누가 될지 알 수 없다. 이를 감안, 우리는 미국의 동맹국으로서 미국과 긴밀히 협력하고 연대하면서, 동시에 미래 첨단기술에서 미국표준과 중국표준이 병립할 가능성에도 대비하여 호혜적인 한·중 협력관계를 유지 발전시켜 나가야 할 것이다.

1 *Destined for War: Can America and China Escape Thucydides's Trap?*, Graham Allison, (Boston: Houghton Mifflin Harcourt, 2017)

2 Hal Brands and Michael Beckley, "China Is a Declining Power — and That's the Problem: The United States needs to prepare for a major war, not because its rival is rising but because of the opposite," *Foreign Policy*, September 24, 2021.

3 장덕구, 윤영관 외(편), 『시진핑 新시대 왜 한국에 도전인가?』 (NEAR재단), pp. 82-86.

4 장덕구, 윤영관 외(편), 『시진핑 新시대 왜 한국에 도전인가?』 (NEAR재단), pp. 209-215.

5 원동욱·성원용·김재관·백준기, "국제운송회랑의 새로운 지정학: 유라시아 실크로드 구축을 위한 협력방안 연구" 대외경제정책연구원, p. 96. https://www.kiep.go.kr 〉 galleryDownload

6 이상석, "시진핑, '상하이협력기구 결제시스템 개발 제안' … 달러패권대항" 『오피니언뉴스』(2022.09.17.) https://www.opinionnews.co.kr/news/articleView.html?idxno=73439

7 MBN TV, "중국, '집중 육성' 8대 산업 공개 … '중국제조 2025' 부활" (2021.03.13.) https://www.mbn.co.kr/news/world/4441448

8 지만수, "선진국의 견제에 대응하는 중국의 경제정책 방향과 시사점," 『금융브리프』(한국금융연구원), 제30권 제19호(2021), p. 5.

9 김열수, "미국의 반중 봉쇄정책과 신냉전기 한국의 전략", 『新亞細亞』, 제28권 제4호(2021년, 겨울), p. 62.

10 김열수, "미국의 반중 봉쇄정책과 신냉전기 한국의 전략", 『新亞細亞』, 제28권 제4호(2021년, 겨울), p. 60.

11 최현준, "'다섯개의 눈'서 '열개의 눈'으로 … 한국도 도감청 연루 의혹," 『한겨레』(2015.11.09.)

12 고영화, "미국의 '칩4 동맹' 추진과 우리의 대응", KIEP 〈CSF중국전문가

국제질서의 변곡점에 선 한국외교의 고뇌

포럼〉(2022.10.19.) https://csf.kiep.go.kr/issueInfoView

13 이유진, "美, 中 첨단기업 36곳 블랙리스트", 『매일경제』(2022.12.16.) https://www.mk.co.kr/news/world/10571712

14 권희원, "한·미·일·대만 '칩4' 가동 본격화…지난주 본회의 열려(종합)", 『매일경제』(2023.02.24.) https://stock.mk.co.kr/news/view/49121

15 최유식, "중진국의 함정에 빠졌다", 『조선일보』(2023.03.02.)

16 최창근, "미국 CIA 국장 '시진핑 2027년 대만 침공 군에 지시'", *The Epoch Times* (2022.10.06.) https://kr.theepochtimes.com

17 최창근, "美 해군 참모총장 '중국, 올해 대만 침공 가능성 있어'", *The Epoch Times* (2022.10.21.) https://kr.theepochtimes.com

18 Stephen M. Walt,"Stop Worrying About Chinese Hegemony in Asia. U.S. fears are not only irrational—they're a potential self-fulfilling prophecy." *Foreign Policy*, May 31, 2023.

19 천영우, "워싱턴 선언을 넘어 핵 잠재력 확보에 나서자", 『조선일보』(2023.05.10.)

시진핑 체제하 중국의 변화와 미 · 중 관계

[이성현]

시진핑 체제하 중국의 변화와
미·중 관계

    미·중 갈등이 '강대강'으로 치닫는 상황에서, 양국은 각각의 산적한 국내 문제들을 고려해 2023년 11월 샌프란시스코에서 열린 아시아태평양경제협력체(APEC) 정상회의를 계기로 '전술적 휴전' 상태에 돌입했다. 이는 미·중 관계의 '리셋'이 아니라, 갈등 확산을 막기 위한 잠정적인 숨 고르기로 볼 수 있다. 미·중 협력의 폭을 넓히기보다는, 양국이 각자의 국내 문제에 집중하기 위해서 당분간 양국 관계에서의 악재를 피하려는 전술적 타협이다.

    중국은 코로나19 후유증으로 인한 경제 침체와 민심 이반을 다독이기 위해 미·중 정상회담을 전략적으로 활용했다. 시진핑은 바이든으로부터 받은 특별한 환대를 강조하여 중국 내에서 자신의 이미지를 개선하려 했다. 반면, 미국은 유럽과 중동 두 전쟁 상황에서 시진핑이 대만을 침공할 수 있는 기회주의적 충동을 관리하고, 내년 대통령 선거에 집중할 수 있는 환경 조성에 초점을 맞췄다.

    성과 면에서 시진핑은 중국 시장 리스크로 인해 철수하려는 미국 대기업 CEO들을 설득하기 위해 만찬에서 연설을 했다. 이는 미국에서의 주요 활동 중 가장 실제적 의제로 평가받았다. 미국은 중국과 펜타닐 마야 유입 문제와 미·중 간 우발적 군사 충돌 방지를 위한 소통 채널 일부 회복에 성공했다. 이는 국방장관, 인도·태평양사령관, 해상 근무자 간의 해상 조난 시 채널 등을 포함한다. 하지만 이러한 성과들은 중국의 실질적인 행동 변화를 필요로 하므로, 추가적인 관찰이 필요하다. 예를 들어, 바이든-시 정상회담이 종료된 지 한 달이 지났음에도 불구하고 미·중 군사 핫라인은 여전히 복구되지 않았다.[1]

큰 틀에서 보면, 두 정상의 만남 자체가 가장 큰 성과였다. 과거의 '소통 없는 경쟁'에서 이제 '소통 있는 경쟁'으로 전환된 취지다. 그러나 상황은 여전히 유동적이며, 상호 간의 극복하기 힘든 근본적 불신이 존재한다. 이번 회담은 근본적인 문제 해결이 아니라 문제 관리의 시도로 볼 수 있다.

국제 정세는 빠르게 변하고 있다. 유럽에서는 러시아-우크라이나 전쟁이, 중동에서는 이스라엘-하마스 전쟁이 진행 중이다. JP모건의 CEO 제이미 다이먼은 세계가 직면할 주요 위기가 금융이 아닌 지정학적 위기일 것이라고 언급했다.[2] 그는 특히 중국의 행보에 주목해야 한다고 지적했다. 이는 전쟁이 유럽과 중동에서 벌어지고 있음에도 불구하고 중국의 역할이 중요하다는 것을 시사한다.

빌 클린턴 전 미국 대통령에 따르면, 중국의 행동은 우크라이나 전쟁의 악화 가능성에 영향을 미칠 수 있다.[3] 이스라엘-하마스 전쟁에서도 중국이 '평화 중재자'로 나선 것은 주목할 만하다. 미국의 주요 경제 인사와 전 대통령이 중국의 행보를 주요 지정학적 관찰점으로 지적한 것은 의미가 있다. 이에 따라, 시진핑 리더십하의 중국 정세와 그 방향성을 살펴보는 것이 유용하다.

▲ 세계는 중국 경제가 어디로 가는지를 묻고, 중국인들은 나라가 어디로 가는지를 묻는다

현재 중국 내부의 상황은 그리 녹록지 않다. 한국을 비롯한 국제사회는 중국의 경제 침체 가능성에 주목하고 있다. 그러나 중국인들의 관심은 단순히 경제만이 아니다. 그들은 더욱 본질적인, 자국의 미래 향방에 대한 질문을 제기하고 있다. 해외에서 중국을 관찰하는 중국 연구자들에게도 이는 낯선 풍경이다. 중국은 지난 수십 년간 매년 경제 고성장을 이루었고 이에 따른 자부심을 드러내는 데 주저하지 않았기 때문이다.

팬데믹으로 인한 3년의 봉쇄는 많은 중국 시민들에게 심리적 트라우마를 남겼다. 포스트 코로나 이후 베이징의 거리는 다시 사람들로 가득 차고, 거리는 차로 메워졌지만, 이전 같은 활기는 느껴지지 않는다. 이런 상황은 3년의 엄격한 코로나19 봉쇄 후에 생긴 상처가 생각보다 깊다는 것을 의미한다.

중국 경제의 성장은 오랫동안 투자, 수출, 소비에 의존해 왔다. 하지만 이런 기본 요소들이 최근 불안정해지고 있다. 청년들의 실업률은 20%를 넘어서고, 많은 전문가들은 경기 침체가 일시적이지 않다고 보고 있다. 이와 함께 정치적 변동과 시진핑 주석의 리더십 문제가 중국의 정치 지형을 복잡하게 만들고 있다. 그런 와중에 시진핑의 신변 이상을 유추하는 다양한 소식들이 인구에 회자되기도 한다.

예를 들어, 2023년 8월, 남아프리카공화국에서 열린 브릭스(BRICS) 정상회담에서 시진핑 주석이 그가 기조연설을 하기로 되어 있는 주요 비즈니스 포럼에 참석하지 않은 것이 국제적인 관심을 끌었다. 석연치 않은 점은 그가 왜 참석하지 않았는지 중국 측의 설명도 없었다는 것이다.4 특히 그의 비행기가 포럼 후 평소처럼 베이징으로 바로 돌아오지 않고 중국 서부 신장 위구르 자치구에서 며칠을 보내고 돌아왔다. 이 기간 동안 베이징 인근의 허베이성(河北省)에서 군 고위 장교들의 경질 소문이 돌았다. 이러한 상황은 시진핑 주석의 동선과 관련된 '신변위협설' 등 다양한 추측을 촉발했다.

시진핑 주석이 지난 6월 유사시 대만을 담당하는 동부전구(東部戰區)의 쑤저우(蘇州)시를 방문했을 때도 이전에 없던 강한 보안 조치가 이루어졌다. 그의 방문 도중 민간 차량 통행이 금지되었고, 머무는 숙소 주변 3㎞ 반경에서의 취사용 가스도 중단되었다.5 이와 관련하여 해외 언론에서는 중국 친강(秦剛) 외교부장과 리상푸(李尚福) 국방장관의 낙마와 연계해 시진핑 주석 주변의 권력 변동에 대한 추측을 제기하였다.

국제질서의 변곡점에 선 한국외교의 고뇌

⋈ 시진핑은 과연 위기에 처했나?

시진핑 주석의 권력 이상설은 과거에도 여러 차례 제기되었다. 예를 들어 2022년 가을 중국공산당 20차 당대회에서 그의 3연임이 확정될 직전에도 많은 논란이 있었다. 일부 분석가들은 그 시기에 그의 세 번째 임기 확정이 불확실하다며, 국내 불만이 증가하고 있다고 지적했다. 그러나 나중에 알게된 바 그런 소문은 과장되었다. 시진핑 주석이 중국 정치에서 사라질 가능성은 매우 낮다. 부연하겠지만 그는 중국 공산당을 대표하는 중요한 인물이고 그를 부정하는 것은 공산당 자체를 부정하는 것과 같다는 논리를 만들어 냈다. 이러한 '정치 논리' 구축을 포함해 그는 탄탄한 권력 기반을 확립하기 위해 많은 노력을 기울였다.

그렇지만 그의 엄격한 코로나19 대응과 중국 내 경제 악화로 인해, 공산당 내부에서 반대 의견이 나오기 시작했다. 중국의 지도자들은 대개 두 임기 후에 교체되지만, 시진핑 주석은 관례를 깨고 3번째 임기를 시도하고 있었다. 코로나19 대응의 실패, 경제 악화, 그리고 길거리의 '백지(白紙) 시위' 등이 그의 지속적인 통치를 약화시키는 주요 요인이 될 수 있다는 의견이 힘을 얻었다.

한편 리커창 총리와 시진핑 주석 간의 권력 격차가 줄어들고 있다는 분석도 있었다.

이러한 예측의 근거로는 공산당의 공식 신문인 인민일보가 2022년 5월 14일에 리커창의 무려 9,000단어에 달하는 연설을 게재한 사례가 있다. 리 총리 관련 기사는 17일과 18일에도 게재되었다. 반면에 시진핑 주석에 대한 뉴스는 찾아볼 수 없었다. 1980년대 한국의 소위 '땡전 뉴스'처럼 매일 시진핑 주석에 관한 동정이 가장 먼저 나오던 관방 언론에서 갑자기 그가 사라진 것에 해외 언론은 주목했다. 더구나 그의 라이벌인 리커창 총리 행보 기사가 부각되자 더욱 그러했다. 이러한 상황은 월스트리트저널이 "중국의 잊힌 총리가 경제 수선 전문가로서 시진핑의 그림자에서 나오다"는 제목의 기사에서도 언급하였다.[6] 리커창 대망론이 불거졌다. 그가 시진핑 주석의 코로나19 대응 정책을 공산당 내부적으로 비판하고 있다는 해석이 제기되었다. 이와 함께 시진핑이 가을에 열릴 20차 당대회에서 3연임에 실패할 것이라는 섣부른 전망도 고개를 들기 시작했다.

서방 언론은 시진핑의 3연임 확정을 앞두고, 리커창 총리의 위상을 더욱 부각시켰다. 그런데 중국 관방언론의 이러한 조치는 의도된 것이란 시각이 있다. 만약 당시 조명받던 중국 경제 정책이 실패한다면, 그 실수는 시진핑이 아닌 리커창에게 돌아갈 것이다. 이는 리커창이 시진핑의 경제 정책 실패의 부담을 질 수 있음을 의미한다. 더욱이, 리커창은 2022년 3월 열린 양회 기간에 열린 기자회견에서 자신이 올해를 마지막으로 은퇴할 것임을 밝혔다. 공교롭게도 그는 2023년 10월 27일 사망했다. 퇴임 7개월 만이다. 중국 관방언론은 그가 '갑작스런 심장마비'로 사망했다고 보도했다. 해외 중화권 언론에서는 그가 '암살'을 당했다는 의견을 제시하기도 한다.[7] 정치 공학적 각도에서 보자면 시진핑의 주요 라이벌 한 명이 제거된 셈이다.

시진핑 주석에 대한 위기론을 주장하는 사람들은 그의 제로코로나 정책하에 강력한 사회 통제와 경제의 악화로 인해 국민들의 불만이 증가하고 있다고 강조했다. 이 제로코로나 정책으로 인해 2억명 이상의 중국인들이 사실상 가택연금 상태에 놓여, 물류와 이동이 제한되었다. 특히 대학 졸업생의 실업률 상승과 도시민들의 봉쇄 조치에 대한 불만이 커지고 있었다.

과연 코로나19를 겪으면서 중국은 1989년 천안문 사건 이후로 가장 큰 사회 경제적 위기에 직면하고 있다. 세계은행은 백지 시위가 발생한 중국의 2022년 GDP 성장률을 4.3%로 조정하였으며, 이는 기존 예상보다 0.8% 낮다. 리커창 총리는 당시 경제 성장에 대한 우려를 더욱 강조하면서, 세계은행은 2023년 중국의 경제 성장률 전망치를 5.1%로 유지했다. 그러나 2024년 전망치는 4.8%에서 4.4%로 낮췄다.[8] 불확성이 크다고 보는 것이다. 미국 경제조사기관 컨퍼런스보드(CB)는 아예 4.1%로 대폭 낮춰 잡았다.[9] 매년 12월 중순에 개최되며 이듬해 중국의 경제 정책 방향을 정하는 '중앙경제공작회의'에서 중국 정부는 2024년 경제성장 목표치를 '5% 선'로 정한 것으로 알려졌다.[10] 하지만 서방에서는 벌써 이것이 이룩하기 어려운 목표치라는 말이 나오고 있다.

돌이켜 보면, 시진핑 주석 주변의 음모론과 신변이상설은 새로운 것은 아니다. 그렇다고 그것이 위에서 언급한 최근 일련의 사건들을 의미를 축소하게 되는 근거는 아니다. 일각에서는 만약 시진핑의 전임자 후진타오가 시진핑이 저지른 경제 실책 등의 큰 과오를 행했다면 그의 권력 유지는 힘들었을 것이라고 주장하기도 한다. 그런 후진타오 전 주석도 2022년 10월 22일 열린 중국 공산당 제20차 전국 대표대회 폐막식 도중 끌려가듯 석연치 않게 퇴장해 논란이 되었다.[11]

ⓜ 반부패운동과 역사결의

후진타오와 시진핑의 권력 차이는 소위 '집단지도체제'에서 '일인지배체제'로의 전환이다. 이를 위해 시진핑은 강력한 반부패 캠페인을 실시하여 현존하는 그리고 잠재적인 정적을 제거하였고, '역사결의'를 통해 자신의 권력을 공산당 역사의 한 부분으로 수렴시켰다. 앞서 언급한, 지금 중국 체제에서 시진핑을 끌어내리기가 어려운 논리를 만드는 것이다. 그는 이미 중국공산당 역사 자체의 일부분이 되었기 때문이다. 그를 부인하는 것은 공산당을 부인하는 것이 되어 버린다. 이러한 '역사결의'[12]는 중국 공산당 역사상 딱 세 번째로, 시진핑의 절대적 지위를 공고히 한 것이다.

권력 공고를 위해 통치 논리를 정비한 시진핑이 이용한 또 하나의 수단은 반부패운동이다. 중국에서 '부패'라는 용어는 단순히 물질적 부패만을 의미하지 않는다. 이 용어는 공산당 지도부에 대한 정치적 불충까지 포괄적으로 포함한다. 시진핑은 공산당 지도부의 핵심 인물로, 그의 정책을 무시하거나 이행하지 않는 것 역시 '부패'로 간주된다. 이러한 맥락에서 '제로코로나'(淸零政策) 정책은 시진핑의 주요 정책 중 하나다. 코로나 검역의 효과성이나 접근 방식에 대한 의문과 불만이 있을지라도 중국의 지방 관료들은 그들이 시진핑의 코로나 정책을 얼마나 성실하게 이행하는지에 기반하여 평가받는다. 그들의 관료 경력은 이러한 평가에 크게 의존하게 된다. 중국의 제로코로나 정책에 관한 수많은 문제점 대부분은 사실 관료들의 정책 실행력 부족이 아닌, 시진핑에 대한 충성심을 과시하려는 지방 관료들의 과도한 열정과 그로 인해 발생하는 대중의 불만 때문에 나타났다.

반부패 캠페인은 시진핑의 교묘한 통치 도구로, 당 관료들에게 큰 두려움을 주는 수단이다. 한번 유죄 판결을 받게 되면 10년 이상 감옥에 갈 수 있거나 평생 감옥 생활을 할 수 있다. 긴 수감 생활을 예상하고 자신의 커리어가 사실상 끝났다는 인식 때문에 부패 혐의로 체포된 군 장성들 중에서 자살하는 경우도 있다.

2023년은 시진핑의 통치 11주년이 되는 해로, 그의 반부패 운동은 여전히 강력하게 진행되고 있다. 최근에 시진핑은 아예 부패를 사회의 '악성 종양'(毒瘤)이라고 지칭하며[13] 어떠한 타협도 없을 것이라 강조하였다. 이런 강력한 태도로 인해 지방 관료들은 시진핑을 두려워하는데, 이는 그가 결코 약한 지도자가 아니라는 것을 분명히 보여준다. 해외 일각에서는 중국이 경제 활성화를 위해서 반부패 사정 강도를 낮출 것이라는 기대감도 있지만 이는 추가적 관찰이 필요하다. 해외 투자 유치를 촉진하기 위해 중국이 대외적으로 유화적인 모습을 전술적으로 보일 수는 있겠으나 국내적으로 시진핑이 친히 역점을 두는 반부패 운동의 강도가 낮아지고 있다는 증거는 아직 없다. 이는 당 간부와 사업가들을 주눅 들게 만들 것이다.

언급했듯, 2021년 11월에 채택된 시진핑의 '역사결의'는 그의 권력을 제도화하는 데 중요한 의미를 가진다. 그 결정은 역사적 문제해결과는 전혀 관련이 없으나 시진핑의 권력 강화와 밀접한 연관이 있다. 그렇지만 공산당은 이 결정을 통해 시진핑의 생각이 중국 문화와 중국 정신의 본질이며, 마르크스주의의 중국화 과정에서 '시대적 발전'(時代化發展)을 이루었다고 주장한다.[14]

이러한 맥락에서, 공산당 내에서 시진핑을 권력에서 밀어내는 것은 매우 어려운 일이 되었다. 시진핑을 제거하는 것은 그의 역사적 결정을 부정하는 행위이며, 이는 다시 공산당의 역사와 전통 자체를 부정하는 것으로 간주될 수 있다. 이런 측면에서 역사결의를 부정하는 시도는 공산당 체제의 약화로 이어질 수 있으므로, 공산당의 집단적 이익 관점에서는 바람직하지 않다.

시진핑의 권력 안전성을 보려면, 젊은 공산당 관료들 사이에서 시진핑에 대한 정치적 충성도의 증가를 주의 깊게 살펴보는 것도 의미가 있다. 그들의 시진핑에 대한 지칭 방식이 주목할 만하다.

다양한 지방의 관료들이 작성한 '정부공작보고'(政府工作報告)에서는 시진핑을 자주 '인민의 영수'(人民領袖)로 언급하였다. 이는 중국 공산당의 아버지로 불리는 마오쩌둥에게 붙였던 칭호로, 사실상 중국 지도자에 대한 최고 존칭이다. 이는 시진핑의 지위를 마오와 동등한 수준으로 인식하는 것을 반영한다. 또한, 출세 욕구를 지닌 지방 관료들이 자신들의 시진핑에 대한 충성을 드러내고자 하는 것도 분명하다. 정부공작보고는 공산당 체제에서 이념적 단결의 상징이기에 중요하며, 시진핑은 그 단결의 핵심이라고 명확히 볼 수 있다.

시진핑 1인체제의 문제점을 지적하는 일부 연구자들 중에서는 시진핑의 궁극적인 '몰락'을 예측하나, 20차 당대회를 즈음해 그가 세 번째 임기를 맡을 것에는 당시에도 대부분 문제가 없다고 봤다. 그들이 지적한 불확실한 부분은 그 이후의 행보이며, 이러한 불확실성은 중국의 행보를 관찰함에 있어 매우 중요하다. 사실, 우리는 시진핑의 3연임이 시작된 현재 중국에서 이런 불확실성의 '시작'을 이제 막 목도하고 있는지도 모른다.

전반적으로 중국은 '포스트 코로나' 시대의 새로운 도전과 맞서고 있다. 중국 정부가 '경제를 정상화하겠다'는 약속에도 불구하고, 시민들의 신뢰를 얻지 못하고 있다. 시진핑 지도 아래의 반부패 캠페인은 정치적 경쟁자 제거뿐만 아니라 민간 기업 활동의 위축도 야기시켰다. 3년간에 걸친 강력한 코로나19 봉쇄 조치는 중국의 주요 도시들의 산업과, 경제, 그리고 시민들의 일상생활을 사실상

마비시켰다.

2023년이 저무는 현재, 코로나19 사태는 진정되어 가고 있지만, 중국인들의 마음은 안정을 회복하지 못한 듯하다. 중국에 투자하는 해외 사업가뿐만 아니라 중국의 사업가 본인들도 투자에 주저하고 있다. 특히 장기 투자를 주저하고 있다. 과거의 엄격한 코로나19 봉쇄 조치 경험과 미래의 불확실성으로 인해 사람들은 지출을 줄이고 오히려 저축을 늘리고 있다. 팬데믹이 종식되었음에도 대중은 중국 정부의 기대에 못 미치는 소비 행태를 보이고 있다. 기대가 많았던 중국발 '분노의 소비' 현상이 생각보다 미진했던 이유다. 이는 시진핑 1인 권력 공고화가 강화되고 있는 정국에서, 오히려 시진핑체제에 대한 중국인들의 믿음이 약화되고 있음을 나타낸다.

중국의 '역사적 부흥'을 믿는 지도자 시진핑

하버드대에서는 최근에 시진핑의 성장 과정과 그에게 영향을 준 정치인 및 친인척에 관한 세미나가 열렸다. 이는 시진핑의 개인성과 성향을 깊게 이해하려는 노력의 일환으로 볼 수 있다. 그가 최고 지도자로서 집권한 지 10년이 지났지만, 여전히 전문가들의 그에 대한 평가는 엇갈리고 있기도 하다. 처음에는 많은 분석가들이 시진핑을 개혁주의 지도자로 보았다. 그러나 11년 후 오늘, 그 예측이 틀렸다. 그런데 시진핑에 대해 틀리기는 미국 정부도 마찬가지였다.

2009년, 주중 미국대사관에서 본국으로 보낸 비밀 전문은 나중에 위키리크스에 공개되었다. 이 자료를 통해서 심지어 미국 정부도 새로 중국 최고지도자가 될 시진핑의 정치적 성향에 대해 오해를 하고 있었음이 확인되었다.[15] 시진핑의 아버지 시중쉰(習仲勳)은 잘 알려진 개혁주의자로, 덩샤오핑과 함께 일하기도 했다. 그 때문에 많은 사람들이 시진핑도 그와 유사한 정치적 경향을 가질 것으로 예상했다. 그러나 그들은 시진핑이 아버지와는 다른 삶의 궤적을 따랐음을 놓쳤다.

위키리크스에 유출된 내용을 보면, 시진핑의 어린 시절 친구들은 그가 야심만만하고(ambitious) 실용적이지만(pragmatic)[16] 동시에, 진짜 속마음을 알기는 어려웠다고 말한다. 이 특성은 다른 정치 지도자들에게도 흔한 것인지, 아니면 시진핑만의 특징인지는 확실하지 않다. 그렇지만 그는 주의 깊은 지도자로 평가받는다. 2000년 중국공산당 공청단 산하 월간지 '중화아녀'(中華兒女)에 게재된 인터뷰에서는 그의 젊은 시절의 경험과 그의 리더십에 대한 신념을 알 수 있다.[17]

시진핑은 최근의 다른 중국 지도자들보다 사회주의 이데올로기를 강조한다. 이러한 접근은 현대에 있어서는 이례적이다.

1979년 덩샤오핑이 텍사스를 방문하며 카우보이 모자를 쓴 순간은 관중들의 환호 속에서 미국을 모방하려는 중국의 개방 정책의 상징으로 여겨졌다. 그러나 시진핑은 덩샤오핑과 다른 길을 택하고 있으며, 이는 중국이 미국을 모방하기보다는 미국보다 독립적이며 우월한 자신만의 길을 나아갈 것임을 보여준다. 시진핑은 3선 집권 이후 '중국식 현대화'를 강조하며, "중국식 현대화는 '현대화=서방화'의 미신을 깨뜨렸다."(中國式現代化, 打破了 "現代化=西方化" 的迷思)라고 했다.[18]

시진핑은 중국의 역사적 부흥을 중요하게 생각하며, 그는 "백년 동안 경험하지 못한 큰 변화"(百年未有之大變局)라고 강조했다. 그는 이를 공산당의 승리와 중국의 역사적 기회로 본다.[19] 그의 궁극적인 목표는 사회주의의 우월성을 입증하는 것이며, 이를 위해 다양한 정책을 펼쳐 왔다.

서방에서는 이러한 시진핑의 정책에 대한 당혹감을 가졌다. 중국의 제로코로나 정책, 빅테크 기업에 대한 탄압, 부동산 시장 단속 등이 그 예이다. 서구 재계는 중국의 이런 행동을 제 발등을 찍는 '자해'로 볼 수 있지만, 시진핑의 진정한 목표는 21세기의 사회주의 부활이다. 시진핑의 많은 정책 결정은 경제적 필요성보다는 정치적 고려와 그의 사회주의 부활에 대한 비전에 더 큰 영향을 받는다. 그는 명백한 경제 침체에도 경제 부양 대책을 적극적으로 펴지 않는다. 심지어 경기가 명백하게 하강한 2023년 12월에 개최된 중앙경제공작회의에서도 시장이 기대했던 경기부양책은 발표되지 않았다. 그의 이러한 접근은 시진핑의 긴축적 정책과 국가 정책의 '안보 우선' 순위 재조정 경향을 나타내며, 그의 정책이 경제 확장보다는 국가 안보와 영토 보전 등의 국가 목표에 더 비중을 두고 있음을 시사한다.

종합적으로 볼 때, 중국의 현재 경제적 어려움은 실상 더 큰 정치적 위기를 나타낸다. 시진핑의 리더십은 경제적 실용주의보다 정치적 목표를 중시하며, 이는 중국이 기대했던 경제 회복을 위한 적절한 대응책을 제시하지 않는 것과 연관되어 있다.

⋈ 왜 중국은 경제 부양책 카드를 버렸을까

2023년 초에만 해도 중국의 경제 재개가 '리오프닝'과 함께 팬데믹 이전 상태로 빠르게 복원될 것이라는 예측이 많았다. 그러나 이는 실현되지 않았다. 중국 정부는 수개월 동안 경제 활력을 부여하는 정책과 성장 지향적 정책을 암시하는 일련의 연설을 통해 부양 정책을 펼 것이라는 낙관적인 암시를 보이긴 했지만, 그들은 여전히 실질적인 재정 및 제도적 정책을 실행하는 데 주저하고 있다. 이러한 상황이 바뀌기 전까지 민간 경제 분위기의 개선은 어려울 것으로 보인다.

중국 정부의 말이 행동으로 연결되지 않는 이 모순은 외부 관찰자에게는 이해하기 어려울 수 있다. 예를 들면, 중국 정부는 왜 경제적 피해를 빠르게 반전시키기 위해 과거처럼 부동산 산업을 부흥시키지 않는 것일까? 일부 해외 전문가들은 그 피해가 너무 심각하여 당국에게 선택의 여지가 제한되었다고 주장한다. 경제 활력 패키지의 도입은 부동산 부문에서 거품 경제를 다시 촉발할 위험이 있다고 본다. 이 상황은 중국 정부의 현재의 '무(無)행동'을 설명할 수 있는 한 방법으로 사용되기도 한다. 마치 중증 질환에 대한 조심스러운 치료와 유사하게 중국 정부가 매우 조심스럽게 접근한다는 것이다.

그렇다고 해서 중국이 아무것도 하지 않는 것은 아니다. 중국 정부가 미묘하게 경제의 초점을 옮기고 있는 모습노 감지된다. 그중 하나로 중점을 두고 있는 것이 반도체로 보인다. 최근 중국을 방문한 인사들의 관찰에 따르면 중국은 기술적 우위를 차지하기 위한 핵심 분야로 간주되는 반도체와 인공 지능에 더 큰 열정을 보이고 있다. 과거에는 중국의 기술 인큐베이터가 알리바바, 바이두, 텐센트와 같은 주요 민간 기업의 지원을 받았다. 이제는 정부 연구 기관들이 나서서 이 같은 중요한 역할을 하고 있다는 것이다. 즉, 첨단 산업을 민간이 주도하기보다는 정부가 나서서 적극적으로 주도하고 있다는 것이다.

반도체에 대한 이러한 집중은 중국이 부동산 대신 반도체에서 새로운 성장 동력을 개발함으로써 미국과 중국 간의 기술 경쟁에서도 경쟁 우위를 차지하려는 의도를 나타낸다. 결국 중국이 구조적 경제 성장 개선을 추구하는 현재 상황에서 거품이 낄대로 낀 부동산을 경제 복구의 최전선에 다시 놓기는 어려울 것으로 보인다. 오히려 '질서 있는' 부동산 산업의 퇴진(혹은 도산)을 통해서 경제발전을 개도국형 경제발전 형식에서 벗어나 첨단 산업 굴기를 통해 국가 발전과 국방 산업에 새로운 동력을 모색하고 있는 듯

보인다. 이 전략적 방향성은 시진핑이라는 지도자가 경제보다 안보를 우선시하는 방침과도 궤를 같이한다.

대만 침공 가능성에 대한 논쟁

중국의 부흥을 추구해야 한다는 시진핑의 역사적 의무감에는 필요하다면 무력으로 대만을 통일하겠다는 의지도 포함된다. 이러한 분위기는 대만을 둘러싼 군사적 충돌 가능성에 대한 소문과 두려움을 촉발시켰다. 아래에 부연하겠지만 미국 언론 등에서 보이는 '대만 위기설'과 달리, 본고 작성을 위해 접촉했던 대부분의 대만 내의 분석가들은 (군 장성을 포함) 실제 침략 가능성을 낮게 보고 있다. 그럼에도 불구하고 중국 국민은 최악의 상황에 대비하고 있는 것 같다.

대만 침공 가능성과 관련, 미국인, 대만인, 중국인 모두들 나름대로의 근거를 가지고 있다. 예컨대, 중국 내부에서는 시진핑 같은 '통일 지향적' 지도자라면 뭔가 두려운 일을 감행할 수도 있을 것이라는 불안감이 크다. 이런 참에 중국에서 보이는 식량 비축, 전쟁 사상자를 위한 병원 배정 등 중국 정부가 보이는 준비는 그것이 '대만 겁주기' 선전전의 일환으로 대만에 대한 경고 차원일지라 하더라도 그것을 목도하는 중국인들의 불안을 가중시키기에는 충분하다.

'대만 위기설' 관련 가장 많은 담론이 나오는 곳은 미국이다. 미국이 가장 우려하는 것은 우발적 충돌이 대규모 군사적 충돌로 이어지는 상황이다. 이는 특히 양국 간 군사 소통 채널이 제대로 작동하지 않을 경우 발생할 수 있다. 바이든 행정부가 미·중 간 군사 핫라인 채널 복원에 힘쓰는 이유다.

또 하나 이유는 중국 정책결정 과정 불투명에서 오는 불확실성이다. 서방에서는 '오늘은 우크라이나, 내일은 대만'이라는 우려가 있다.[20] 러시아의 푸틴 대통령은 주변 참모들조차 그의 결정을 예측하지 못하게 했다. 시진핑 역시 예측하기 어려운 지도자로, 그의 결정 과정은 공개되지 않아 중국의 행동에 불확실성을 증가시킨다. 이러한 불확실성을 고려할 때, 국가 안보의 관점에서 가장 안전한 대비책은 최악의 시나리오를 먼저 고려하고 그에 맞는 준비를 하는 것이다.

중국 인민해방군의 능력에 대한 평가도 다양하다. 인민해방군은 고도의 기만전술을 보유하며 현대화된 무기와 장비를 갖추고 있다. 그러나 실전에서의 실력은 미지수이다. 러시아군의 우크라이나 전장에서의 저조한 능력을 보며, 대만군은 자신들의 강력한 보복 능력을 강조하고 있다.

대만인들은 왜 전쟁 가능성을 낮게 보는가?

현재 중국의 대만 침공 가능성에 대한 인식은 다양하다. 미국인들 중에서는 이 가능성을 높게 평가하는 경향이 있으며, 반면에 대만인들은 이러한 가능성을 낮게 평가한다. 이는 주로 다음과 같은 이유에 기반한다. 첫째, 중국의 대만 침공이 상당한 예측 가능성을 가진다는 것이다. 이 공격은 대륙과 대만이 가까이 마주보고 있는 푸젠성(福建省)을 통해 이루어질 것으로 예상되며, 이를 위해서는 약 1백만 명으로 예상되는 상당한 인력과 지원 부대가 필요하다. 미군과 대만군은 중국군의 병력 이동을 감시하고 있지만 아직까지는 실질적인 인민해방군의 병력 이동 이상 동향이 보이지 않고 있다.

둘째, 우크라이나와 대만의 상황은 다르다는 것이다. 우크라이나와 러시아 간의 교전은 주로 우크라이나 동부 지역에 집중되었지만, 대만의 경우 공격 가능 지역은 대만 해협과 중국의 연안 도시까지 확대될 가능성이 높다. 이로 인해 중국의 해상 무역이 중단되고, 국제 제재가 가해질 것으로 예상된다. 이는 중국에게 상당한 어려움을 초래할 것이다.

셋째, 중국의 목표는 대만을 획득하는 것이지 파괴하는 것이 아니라는 것이다. 대만의 주요 산업 시설과 인프라를 파괴하면 중국은 이로 얻는 이익이 없을 뿐더러, 대만을 더욱 종속화시키고 경제적으로 더욱 의존하게 하는 것이 합리적이다. 중국 정부도 이를 인식하고 있다고 본다.

넷째, 미국의 지원을 믿고 있는 측면도 있다. 미국은 대만을 인태전략의 중요한 부분으로 여기고 있으며, 대만을 방어하지 않을 경우 인태전략이 위험에 빠질 것으로 여겨진다. 바이든 대통령이 대만을 지키겠다는 의지를 표명한 것은 이를 뒷받침한다.

마지막으로, 전쟁을 시작할 때는 승리 가능성을 고려해야 하며, 위에서 언급한 이유들로 인해 중국의 대만 침공은 쉬운 결정이 아니다. 이러한 이유로 중국의 대만 관련 공세적 발언은 국내 정치적인 구호로 인식되는 경향이 있다.

종합적으로 볼 때, 대만인들은 현재로서는 전쟁 가능성을 낮게 평가하고 있지만, 이는 예측과 가정에 기반한 견해이며, 정치적인 변화나 예상치 못한 사건에 따라 상황이 변할 수 있음을 염두에 두어야 한다. 예를 들어, 중국의 지도자가 합리적인 결정을 하지 않을 경우, 그 지도자가 어느 정도의 희생을 감수하면서까지 대만을 통일하기 위한 의향을 보인다면 어떻게 대처할 것인지에 대한 논의도 고려되어야 할 것이다. 워싱턴에서는 시진핑에 대한 성정 분석을 하면서 그가 대만 문제에 관련 '합리적인 결정'을 하지 않을 우려를 가지고 있다.

21세기에 사회주의 부흥을 위한 엉뚱한 여정을 시작한 중국 지도자

돌이켜보면 일각에서는 시진핑이 일단 3연임을 확보하면 그가 이데올로기에 덜 집착하고 또 경제 운영 면에서도 좀 더 개혁개방으로 융통성 있게 나갈 것이라는 예측도 있었다. 시진핑에 대한 이러한 예측은 과거가 마찬가지로 '또' 틀렸다. 적어도 현재까지 그런 예측은 실현되지 않고 있다.

시진핑 3기 대내외 정책의 특징은 다음을 지향하고 있다. 정치적으로뿐만 아니라 경제, 사회적으로도 가장 중요한 것은 공산당이 모든 것의 중심이 되는 것이다. 사회 전반 모든 것에 대한 '당의 영도'라는 이름 아래에서 중국 사회의 모든 부문에 대한 공산당의 통제가 강화되고 있다. 시진핑은 말했다. "동쪽, 서쪽, 남쪽, 북쪽, 중앙: 공산당이 모든 것을 이끈다."(東西南北中, 黨是領導一切的)[21]

경제적으로, 중국의 국내 수요를 강화하기 위한 쌍순환(雙循環) 전략이 더 강력하게 실행되고 있다. 어떤 이들은 '쌍'(雙)을 '국내와 국제'의 의미로 오해하며, 수출과 국내 소비를 위한 생산을 확대하는 의미로 받아들인다. 하지만 실제로는, 이것이 세계 두 번째로 큰 경제 체제가 미국 주도의 세계 공급망의 영향에서 덜 받도록 국내 시장 중심으로 퇴각하고, 외국 무역과 외국 공급망에 덜 의존하는 '자립적인 경제'로 변화하려는 의미다. 즉, 중국의 슬로건 정치를 분석할 때 용어 자체의 의미에 너무 집착해서는 안 된다.

사회적으로, '공동 부유'(共同富裕)라는 용어가 다시 중심에 있다.[22] 이 슬로건은 대체로 경제 불평등 개선을 지칭하며, 빅테크 기업에 대한 단속을 정당화하기 위해서도 사용되었다. 코로나19 대유행 동안 이것은 잠시 뒷전으로 밀렸다.

중국의 외교 정책에서는 '신형대국관계'(新型大國關係)가 여전히 주요 테마가 되고 있다.[23] 2023년 항저우 아시안게임을 송출하는 중국 관엉 TV 스크린 하단에 '신형대국관계' 구호가 붙어 있었딘 점은 시진핑 중국 정부가 미국과 대등한 관계를 추구하려는 국가 전략이 여전함을 대외에 천명한 것이다.

시진핑은 2013년 바락 오바마 대통령에게 처음으로 이 아이디어를 제시했다. "태평양은 미국과 중국을 모두 수용하기에 충분히 크다."(太平洋足夠大, 容得下中美兩國)라고 시 주석은 당시 설명했다. 그후 이 표현은 중국 관방 인민일보를 포함하여 중국 언론에 자주 인용되고 있다.24 오바마의 보좌관들이 시의 실제 의미를 깨닫는 데는 시간이 걸렸다. 그는 미국에 서태평양을 포기하도록 양보하라고 요청했다. 세 번째 임기에서도 시진핑이 미국과의 '신형대국관계'를 확립하는 그의 비전을 포기하였다는 증거는 보이지 않고 있다.

대만에 관해 부연하자면, '국가 통일'을 실현하는 것이 중국의 국가 명령의 지속적인 초점이 될 것이다. 대만 해협을 두고 미·중간의 긴장이 심화되는 가운데 중국의 외교부장 왕이는 대만을 '핵심 중의 핵심 이익'으로 묘사하며 그 중요성을 다시 강조했다. 중국이 전쟁을 일으킬 만큼 중요하게 생각하는 문제를 확인하고 싶을 때마다 '핵심 이익'이라는 용어를 사용한다. 대만의 경우, 왕 부장은 대만을 지칭하며 이를 '핵심 이익 중의 핵심'(核心利益中的核心)이라고 '핵심'이라는 단어를 두 번 사용했음은 주목할 만하다.25 핵심이익에는 또한 '영토의 완전성'(領土完整)이 포함되어 있다. 시진핑이 대만에 대해 군사력을 사용할지는 모르지만, 적어도 이 문제와 관련해 우려와 불확실성은 더욱 커지고 있다.

아이러니한 점은, 이상을 자세히 살펴보면, 이러한 사항들은 사실 모두 지난 시진핑 1기와 2기에서 추진된 내부 및 외부 정책이다. 즉, 시진핑의 정책들은 모두 장기적인 목표이며, 그는 새로운 제3기 임기에서도 이를 지속하고 있음을 알 수 있다.

ⓜ 사회주의 '우월성'을 입증하고자 하는 시진핑

시진핑의 성격을 연구하는 사람들은 그를 '이념적 순수주의자' (ideological purist)라고 부르기도 한다.[26] 즉, 시는 정말로 사회주의를 믿는 사람이라는 것이다. 시는 또한 중국의 역사적 부흥에 대한 믿음을 가지고 있다. 앞서 언급한 대로 그는 종종 "우리 세상은 백년에 한 번 볼 수 없는 깊은 변화를 겪고 있다."고 한다. 시는 백년에 한 번의 역사적 기회를 느끼며 공산당이 승리를 거둘 운명이라고 믿는 것이다.

시진핑은 최근의 그의 전임자들과는 달리 자신이 미국과의 갈등을 주저하지 않는다는 것을 수차례 보여주었다. 그는 2021년 9월 공산당 중앙당교에서 열린 가을학기 중년·청년 간부 교육과정 개강식 연설을 통해 "중화민족의 위대한 부흥이 중요한 시기에 들어섰다."며 "환상을 버리고 용감하게 투쟁하며 원칙의 문제에서 조금도 양보해서는 안 된다."(不想鬥爭是不切實際的. 要丟掉幻想、勇於鬥爭. 在原則問題上寸步不讓)고 말했다.[27] 그의 발언은 미·중 경쟁 국면에서 대만 등 '핵심이익'으로 규정한 영역에서 미국의 압박에 물러서지 않겠다는 의지를 재확인한 것으로 풀이된다. 또한 시는 "동쪽은 일어나고, 서쪽은 하락하고 있다."(東升西降)고 했다.[28] 중국의 정치 담론에서 '동쪽'은 중국을 가리키며 '서쪽'은 종종 미국을 표시하는 암시로 사용된다.

큰 틀에서 볼 때, 시진핑의 세 번째 임기에서 그는 공산당의 '사회주의 현대화'(社會主義現代化) 목표를 위한 기반을 마련하는 데 중점을 둘 것이다.[29] 그의 목표는 사회주의의 우월성을 증명하고 중국을 서방이 경탄하게 할 세계적인 강국으로 바꾸는 것이다. 이것은 또한 시진핑의 외교 정책이 경제, 군사 및 기술 경쟁 외에도 미국과의 이념적 경쟁을 추구할 것이라는 것을 의미한다.

한편, 기존 중국에 대한 관성적 분석법은 공산당은 경제 발전을 통해 정권의 합법성을 강화함으로써 공산당 1당 제도를 유지하는 것이라는 주장이었다. 시진핑은 이 '공식'을 어느 정도 무효화시켰다. 그의 더 크고 더 중요한 임무는 경제발전 등의 고려사항보다 사회주의의 우월성을 입증하는 것이다. 서방은 민영 대기업에 대한 단속과 중국의 부동산 시장에 제동을 건 시진핑의 정책, 그리고 중국의 경제를 심하게 약화시킨 엄격한 제로코로나 정책 등 그의 비전의 이러한 측면에 놀라며 이러한 행동들이 중국의 경제 발전을 저하시켜 중국 정부가 스스로 정권 합법성을 약화시키는 것이라고 본다. 하지만 시진핑은 입장은 다르다. 그는 경제 발전보다 사회주의 이념을 더 중시한다. 그리고 그는 '세속적인' 목표보다는

국제질서의 변곡점에 선 한국외교의 고뇌

21세기에 사회주의를 부흥시키기 위한 더 크고 웅대한 역사적 임무에 나선 것이다.

도전자 중국, 그리고 미·중 관계의 미래

미국과 중국의 관계 미래는 불확실한 것이 확실하다. 조심스러운 낙관보다는 조심스러운 비관이 미국 현지에서는 우세한 듯하다. 미·중 관계를 이해하려면 미·중 관계의 현상 변경을 시도하는 중국을 이해해야 하고, 중국을 이해하려면 현 중국의 지도자가 누구인지를 이해해야 한다. 특히 그 지도자가 전임 지도자들보다 더 이념지향적이거나 독특한 성정을 지녔다면, 이는 주목해야 한다. 이것이 중국의 대외 행동과 정책에 영향을 주기 때문이다.

반대로 이는 미국이 중국을 상대하는 방식에도 영향을 준다. 2023년 11월 개최된 바이든-시진핑 정상회담은 이러한 미·중 관계의 한계를 여실히 노정하였다. 시진핑과 회담을 마친 바이든은 따로 기자회견을 가졌다. 약 20분간의 기자회견을 마치고 떠나려는 그에게 한 기자가 추가 질문을 던진다. "대통령님, 오늘 이후에도 시 주석을 '독재자'라고 부르실 건가요? 올해 초에 사용하셨던 용어입니다." 바이든이 대답한다. "글쎄, 그렇죠. 그는 말하자면 독재자입니다. 그는 우리와 전혀 다른 형태의 정부를 기반으로 한 공산주의 국가를 운영하는 사람입니다."[30]

미국은 여전히 중국을 '주요 도전'으로 인식하고, 중국을 국제질서에 대한 가장 심각한 '장기적 도전'으로 정의하며, 반중국 전선에 동맹국과 파트너 국가들을 참여시켜 연합전선을 펼치는 '통합 억제'라는 전략을 채택하고 있다. 이러한 전략은 일관적으로 유지되고 있다.

분석적 측면에서, 미국은 중국이 비현실적인 '제로코로나' 정책으로 입은 경제적 내상이 알려진 것보다 더 크다고 본다. 더구나 코로나 기간 동안 중국 곳곳에서 반정부 시위가 발생했고, 심지어 '시진핑 하야하라!'(習近平下台)라는 최고 지도자에 대한 불만이 공개적으로 표출된 것을 주목하고 있다. 중국에선 매우 드문 일이다.

더불어 사회불안의 기폭제가 될 수 있는 청년 실업률은 20.8%를 기록했고, 중국 지방정부 부채 규모가 위험 수준에 도달했으며, 고령화·노동인구 감소로 인해 중국이 성장 동력을 잃고 '중진국 함정'에 빠질 가능성이 높다고 본다. 경제·사회적 위기다. 게다가 미국이 동맹들과 펼치고 있는 중국에 대한 반도체 수출 제한이 이미 상당한 조기 성과를 보이면서 중국의 기술 굴기를 압박하고 있다.

이 때문에 미국은 미·중 관계의 파국을 막는 동시에 현재 '중국 열세' 기조를 꾸준히 이어가면 중국의 도전을 원만하게 좌절시킬 수 있다고 보고 있다. 이러한 차원에서 미국은 중국에 대한 '관리 모드'에 들어가고, 그것은 최근 미·중 간 '소통의 증가'로 나타나고 있다. 한국 일각에서는 이를 '미·중 데탕트'로 오해하기도 했다.

미·중 고위급 소통 재개는 긴장을 완화시키는 데 도움이 될 수

국제질서의 변곡점에 선 한국외교의 고뇌

있지만, 양국 관계의 본질적인 특성은 여전히 변하지 않고 있다. 따라서 양국 간의 관계가 질적인 변화로 이어질 가능성은 낮다. 미·중 갈등은 여전히 주요한 동력이며, 미국의 중국 부상 억제 전략은 여전히 변하지 않고 있다. 바이든은 시진핑과 악수하며 활짝 웃었지만, 회담 중 시진핑에게 다음과 같이 말했다. "미국은 중국과 치열한 경쟁을 계속할 것입니다."(The United States will continue to compete vigorously with the PRC)[31] 그 유명한 '독재자' 발언은 그 후에 나온 것이다.

미주

1 "U.S.−Chinese military hotline hasn't been restored a month after Biden−Xi summit," *CNBC*, December 11, 2023. https://www.nbcnews.com/investigations/us−chinese−military−hotline−hasnt−restored−month−biden−xi−summit−rcna129137

2 "JPMorgan CEO Jamie Dimon on IPOs, AI, 3−Day Work Weeks, 8% Interest Rates." *Bloomberg*, October 2, 2023. https://www.youtube.com/watch?v=qp7KGRYjFvY&ab_channel=BloombergTelevision

3 "Hillery Clinton and President Bill Clinton." *The David Rubenstein Show*, Podcasts, September 28, 2023.

4 일각에서는 시진핑 건강 문제를 거론하는데 이는 주로 한국 내 담론에서 발견된다. 중국을 면밀히 지켜보고 있는 미국 전문가들은 시진핑 건강 문제로 보지는 않는 듯하다.

5 김현종, "중국, '경제'가 아니라 '정치' 위기다."『피렌체의 식탁』(2023. 09.06.) https://www.firenzedt.com/news/articleView.html?idxno=29253

6 Lingling Wei. "China's Forgotten Premier Steps Out of Xi's Shadow as Economic Fixer." *Wall Street Journal*, May 11, 2022. https://www.wsj.com/articles/china−premier−li−keqiang−xi−jinping−11652277107

7 "Explosive Claim: LI Keqiang 'Poisoned' by XI's Faction, Plotter Shanghai Police Chief Chen Yuan Gone," *China Observer*, Youtube, December 9, 2023. https://www.youtube.com/watch?v=R_HvNSmJoSQ&ab_channel=ChinaObserver

8 "World Bank downgrades developing East Asia growth forecast, weighed by a slowing China," *CNBC*, October 1, 2023. https://www.cnbc.com/2023/10/02/world−bank−october−2023−east−asia−china−growth−forecast.html#:~:text=The%20World%20Bank%20left%20its%202023%20economic,2024%20estimate%20to%204.4%%20from%204.8%%20previously.

9 "Global Economic Outlook 2024 to 2036: China Edition," Conference

Broad, November 28, 2023. https://www.conference−board.org/pub
lications/AP−TCB−CHINA−Global−Economic−Outlook−2024−
China−Edition−November−2023#:~:text=We%20forecast%20China'
s%20real%20GDP,spending%3B%20and%20deteriorating%20external%20
demand.

10 "Xi Disappoints Investors by Skipping Signal for Big Stimulus,"
   Bloomberg, December 12, 2023. https://www.bloomberg.com/news/
   articles/2023−12−12/china−wraps−key−economic−meeting−
   to−determine−2024−growth−goal

11 "Hu Jintao escorted out of party congress," *Reuters*, October 22,
   2022. https://www.reuters.com/world/china/former−chinese−president
   −hu−jintao−escorted−out−party−congress−2022−10−22/#:~:te
   xt=BEIJING%2C%20Oct%2022%20(Reuters),ruling%20Communist%20Pa
   rty%20on%20Saturday.

12 중국어 원문은 '역사경험의 결의'(历史经验的决议)이다. "中共中央关于党
   的百年奋斗重大成就和历史经验的决议." 中华人民共和国中央人民政府, 2021.
   11.16. https://www.gov.cn/zhengce/2021−11/16/content_5651269.htm

13 "腐败是社会毒瘤," 党建网, 2023.08.17. http://www.dangjian.cn/shouye/
   sixianglilun/xuexiyuandi/202308/t20230817_6652652.shtml

14 "历史决议与马克思主义中国化时代化发展," 中国中央党史和文献研究院,
   2022.08.09. https://www.dswxyjy.org.cn/n1/2022/0809/c219000−3249
   8578.html

15 "Special Report: Cables show U.S. sizing up China's next leader,"
   Reuters, February 17, 2011. https://www.reuters.com/article/us−wiki−
   china−xi/special−report−cables−show−u−s−sizing−up−chinas
   −next−leader−idUSTRE71G5WH20110217

16 "Special Report" Reuters, 2011.

17 "习近平14年前谈如何跨入政界," 新浪财经, 2015.01.09. https://news.si
   na.cn/gn/2015−01−09/detail−iawzunex8828613.d.html

18 "中国式现代化打破"现代化＝西方化"的迷思," 党建网, 2023.07.10. http://
   www.dangjian.cn/shouye/sixianglilun/lilunqiangdang/202307/t2023071
   0_6633467.shtml

19 "如何理解"百年未有之大变局", 党史学习教育官网, 2021.05.25. http://dang
   shi.people.com.cn/n1/2021/0525/c436975−32112281.html

20 "Ukraine Today, Taiwan Tomorrow?," Harvard Kennedy School, May 2, 2022. https://www.belfercenter.org/event/ukraine-today-taiwan-tomorrow

21 "党政军民学，东西南北中，党是领导一切的"，党史学习教育官网，2022.02. 14. http://dangjian.people.com.cn/n1/2022/0214/c117092-32351226.html

22 "镜观·领航丨扎实推进共同富裕，"新华网，2023.09.25. http://www.news. cn/politics/leaders/2023-09/25/c_1129885194.htm

23 "新型大国关系与中美博弈，"经济导刊，2023.09.26. https://www.jingjida okan.com/icms/null/null/ns:LHQ6LGY6LGM6MmM5ZTg0M2Y4YTdkMj QzNjAxOGFkMDwOGZlMzAwMGYscDosYTosbTo=/show.vsml

24 "习近平：地球足够大，容得下中美各自和共同发展，"人民网，2021.11.16. http://politics.people.com.cn/n1/2021/1116/c1001-32284138.html

25 "王毅在亚洲协会发表演讲，"外交部，2022.09.23. https://www.mfa.gov. cn/wjbzhd/202209/t20220923_10770512.shtml

26 Kevin Rudd, "Xi Jinping, the Rise of Ideological Man, and the Acceleration of Radical Change in China," Asia Society Policy Institute, October 24, 2022. https://asiasociety.org/policy-institute/xi-jinping-rise-ideological-man-and-acceleration-radical-change-china

27 "坚持原则 敢于斗争，"人民网，2021.09.05. http://opinion.people.com.cn/ n1/2021/0905/c1003-32217710.html

28 "习近平的"东升西降"世界观与现实的矛盾，"VOA，2021.3.14. https://www. voachinese.com/a/xi-nationalistic-rhetoric-and-its-implications-20210314/5813777.html

29 "习近平：中国式现代化是中国共产党领导的社会主义现代化，"新华网，2023. 05.31. http://www.news.cn/politics/leaders/2023-05/31/c_1129659348.htm

30 "Remarks by President Biden in a Press Conference ｜ Woodside, CA," *The White House*, November 16, 2023. https://www.whitehouse. gov/briefing-room/speeches-remarks/2023/11/16/remarks-by-president-biden-in-a-press-conference-woodside-ca/

31 "Readout of President Joe Biden's Meeting with President Xi Jinping of the People's Republic of China," *The White House*, November 14, 2023. https://www.whitehouse.gov/briefing-room/statements-releases/ 2022/11/14/readout-of-president-joe-bidens-meeting-with-president-xi-jinping-of-the-peoples-republic-of-china/

한 · 미 · 일 3국 협력의 새로운 장

[최병구]

한·미·일 3국 협력의 새로운 장

　윤석열 대한민국 대통령, 조 바이든 미국 대통령, 기시다 후미오 일본 총리는 2023년 8월 캠프 데이비드에서 한·미·일 3국 협력의 '새로운 장'을 열었다.[1] 캠프 데이비드에서의 합의는 3국협력 제도화의 길을 열었다는 점에서 중요한 전략적 함의를 가지고 있으며, 특히 한국의 안보 환경 증진에 획기적인 전환점이 되었다.

　바이든 대통령은 캠프 데이비드 정상회의를 "시대의 변곡점에서 역사적 순간을 만든 일"이었다고 평가하였으며, 윤석열 대통령은 "전 세계의 복합 위기와 도전을 기회로 바꾸기 위해 공동의 리더십과 책임 의식을 발휘하기로 약속한 회의였다."고 언급했다. 바이든 대통령은 3국 정상회의가 역사적인 것임을 부각하기 위해 1978년 카터 대통령이 이스라엘의 베긴 총리와 이집트의 사다트 대통령을 초청해 중동평화 협상을 성공시킨 장소인 캠프 데이비드를 정상회담 장소로 택했다.

　캠프 데이비드 정상회의의 핵심은 한·미·일이 하나가 되어 협력하는 시스템과 제도를 만든 것이다. '캠프 데이비드 원칙'은 "우리는 대한민국·미국·일본이 하나가 될 때 더 강하며, 인도·태평양 지역이 더 강하다는 것을 인식한다."라고 했다.[2] 실무급에서 정상급에 이르기까지 각 레벨에서 다양한 이슈를 놓고 정례적으로 만나 협의할 수 있는 시스템이 만들어졌다는 것은 획기적인 일이다.

캠프 데이비드 합의가 '사실상의 동맹'(de facto alliance without a formal treaty)이라는 주장도 있다. 크리스토퍼 존스톤 미국 전략국제문제연구소(CSIS) 일본석좌는 이 합의는 "공식적인 동맹에는 훨씬 못 미치지만 캠프 데이비드 공약들을 통해 그 방향으로 분명하게 나아가기 시작했다."고 진단했다. 그러면서 공동성명에 명시된 실시간 정보 공유, 방어 훈련 대폭 확대, 다양한 전략적 문제에 대한 대화를 실제로 이행한다면 공식적인 조약 없이도 사실상의 동맹을 구축할 수 있을 것으로 전망했다.[3] 미국은 실제로 사실상의 3국 동맹 관계를 구상했던 것으로 알려졌다.[4] 이런 사실에 비추어 캠프 데이비드에서 탄생한 한·미·일 협력체는 상당한 구속력을 가진 협의체로 볼 수 있다.

블링컨 국무장관이나 설리번 국가안보보좌관 등은 한·미·일 공조 체제가 '아시아의 NATO'를 추구하는 것은 아니라고 했지만 향후 그런 방향으로 진전될 가능성이 있다는 주장도 나왔다. 마이클 그린 전 백악관 선임보좌관은, 어느 한 국가가 공격을 받으면 즉각 3국이 협의하기로 공약한 것은 사실상 궁극적으로는 집단안보로 가는 길이라고 했다.[5] "미국과 파트너국가들이 당장은 '아시아의 NATO'를 추구할 의향이 없지만, 이 지역에서 전개될 지정학적 현실은 그럴 가능성을 높일 것이며, 그것이 현실화 되느냐의 여부는

국제질서의 변곡점에 선 한국외교의 고뇌

시진핑 주석에 달려 있다."고 분석했다.[6]

게리 세이모어 전 백악관 조정관은 "전통적으로 북한에 초점이 맞춰져 있던 한·미·일 안보협력 기조가 중국으로 확장되었다."는 분석을 내놓았다. 그러면서 3국은 금후 중국의 강압적인 행동이 계속된다면 추가적인 조치로 대응할 것으로 전망했다.[7] 제임스 프르지스텁 허드슨연구소 선임연구원도 윤석열 정부의 대중국 정책상 변화가 없었으면 캠프 데이비드 합의도 없었을 것이라며, 캠프 데이비드 협력체가 성립됨에 따라 한·미·일의 중국에 대한 공조가 긴밀해질 것으로 예상했다.[8]

3국 합의 핵심 내용

캠프 데이비드 공동성명(이하 '공동성명')은 한·미·일 3국 협력의 구체적인 방향과 방법을 상세하게 기술하고 있다. 크게 보면, 한미동맹과 미일동맹 간 전략적 공조를 강화하고, 3국 안보협력을 새로운 차원으로 끌어올리는 것이다. 아울러, 자유롭고 열린 인도·태평양을 한·미·일 3국의 공동 목표로 설정했다. 이 목표를 달성하기 위해 '3자 인도·태평양대화'(Trilateral Indo-Pacific Dialogue)를 창설했다. 연례적으로 개최될 이 대화는 인도·태평양에 대한 접근법의 이행을 조율하고 협력 가능 분야를 지속적으로 발굴하는 기능을 담당하게 된다.[9]

'공동성명'은 또한 한·미·일 3국의 "공동의 이익과 안보에 영향을 미치는 지역적 도전·도발·위협에 대한 대응을 조율하기 위해 신속하게 협의"하며 "이러한 협의를 통해 정보를 공유하고, 메시지를 동조화하며, 대응 조치를 조율한다."고 규정했다. 이는 3국 중 어느 한 나라가 다른 나라로부터의 도발이나 위협에 놓일 경우 공동으로 대응한다는 것이기 때문에 핵심적으로 중요한 내용이다. 이 부분을 중국을 공동으로 견제하는 사실상의 집단안보 체제를 상정하는 의미가 있다고 보는 학자도 있다.[10] 과잉 해석이라고 하기 어렵다. 많은 전문가들이 이런 내용과 표현이 들어간 것에 근거하여 캠프 데이비드 합의를 동맹에 버금가는 협력체로 보는 것이다.

'공동성명'은 중국이 추구하고 있는 해양패권 전략에 관해서도 다루고 있다. 즉, 한·미·일 3국이 "역내 평화와 번영을 약화시키는 규칙기반 국제질서에 부합하지 않는 행동에 대한 우려를 공유한다."며, "남중국해에서의 중화인민공화국에 의한 불법적 해상 영유권 주장을 뒷받침하는 위험하고 공격적인 행동과 관련하여, 인도·태평양 수역에서의 어떤 일방적 현상변경 시도에도 강하게 반대한다."고 천명하고 있다. 중국이 남중국해에서의 불법적인 행동을 중지할 것을 분명한 언어로 요구한 것이다. 해당 국가를 특정한 것은 이 문제에 대한 3국의 입장이 그만큼 분명하고 강경함을 말해준다. '항행의 자유'는 한·미·일 세 나라가 공히 어떤 경우든 양보할 수 없는 국제법 질서다. 미국으로서는 중국이 이를 부인하면 무력 사용도 불사할 정도로 중대한 일이다.

캠프 데이비드 정상회의 3개 문건 중의 하나인 '캠프 데이비드

국제질서의 변곡점에 선 한국외교의 고뇌

원칙'에서는 "힘에 의한 또는 강압에 의한 그 어떠한 일방적 현상 변경 시도에도 강력히 반대한다."고 천명했다. 또한 "대만 해협에서의 평화와 안전의 중요성을 재확인"하면서 "양안 문제의 평화적 해결을 촉구"했다. 미·중 사이에 심각한 충돌이 생길 수 있는 대만 문제에 대한 입장을 다시 한번 분명히 한 것이다.[11]

░ 캠프 데이비드에 이르는 길

미 버락 오바마 행정부는 2011년 군사·외교력의 중심축을 중동에서 아시아로 옮기는 '아시아 중심 전략'(Pivot to Asia)을 채택했다. 이 지역에서의 중국 팽창을 염두에 둔 것이었다. 이 전략에서 중요한 것은 한·미·일 3국이 긴밀하게 협력하는 것인데, 한·일 관계가 걸림돌이 되었다. 한미동맹과 미일동맹은 원활하게 작동했지만, 한·일 관계는 그렇지 못했다. 한·일 두 나라 외교장관이 같은 방에 있는 것조차 피했을 정도였다. 2014년 3월 핵안보정상회의를 계기로 오바마 대통령이 주선해 한·미·일 정상회의가 열렸으나 박근혜 대통령과 아베 총리는 냉랭한 양국 관계를 확인하는데 그친 것도 이런 사실을 말해준다.

문재인 정부 들어 한·일 관계가 악화되면서 한·미 관계에도 영향을 미쳤다. 2018년 11월 '화해치유재단'을 해산, 전임 정부가 성사시킨 '한·일 일본군 위안부 합의'를 형해화했다. 한 달 전에는 대법원이 일제 강점기 강제징용피해자들이 신일본제철을 상대로 낸

손해배상 청구소송에서 원고 승소 판결을 내림으로써 한·일 관계를 더욱 어렵게 했다. 2019년 8월에는 한미동맹과 미일동맹의 연결 고리 역할을 하던 한·일 군사정보보호협정(GSOMIA)을 폐기하고자 했다. 워싱턴의 반발은 엄청나 의회까지 나섰을 정도였다. 한·미·일 안보협력의 표상이 사라지는 것을 수수방관할 수 없었던 것이다. 미국은 앞서 2017년 10월 한국이 중국에 대해 '사드3불' 입장을 확인해 준 데 대해서도 불만이 많았다. '사드3불'이란 사드(THAAD)를 추가 배치하지 않고, 미국의 미사일방어(MD)에 참여하지 않으며, 한·미·일 안보협력을 하지 않는다는 것인데, 미국으로서는 불만스런 일이 아닐 수 없었다.

이명박 대통령의 2012년 8월 독도 방문으로 악화된 한·일 관계는 2022년 5월 윤석열 정부가 들어서기까지 '잃어버린 10년'이었고, 이런 상황에 한·미·일 협력을 제도화한다는 것은 현실적으로 기대할 수 없는 일이었다.

윤석열 대통령은 고르디우스의 매듭을 끊는 것과 같이[12] 한·일 관계의 얽히고설킨 매듭을 단번에 끊었다. 그는 먼저 한미동맹을 강화해 미국의 신뢰를 얻는 전략적인 접근 방안을 택하였는데 2022년 5월 바이든 대통령 방한과 2023년 4월 윤 대통령의 방미를 계기로 한미동맹은 건강한 모습을 되찾았다. 윤 대통령은 방미 시 상·하원 연설을 통해 미국에 대한 확고한 신뢰를 강조했고, 정상회담을 통해 '워싱턴선언'을 이끌어냈다. '워싱턴선언'은 미국이 한국에 제공하는 확장억제 공약의 의지와 내용을 획기적으로 강화하는 것이다.

국제질서의 변곡점에 선 한국외교의 고뇌

윤 대통령은 한·미 관계를 다진 데 이어 한·일 관계 정상화에 나섰다. 2023년 3월 강제징용 배상 해법을 제시해 일본의 긍정적인 반응을 이끌어냈다. 윤 대통령의 이러한 시도는 국내정치적으로는 무모한 것으로 보였는데 여론 정지 작업이 없었고, 야당의 반발 가능성도 무시한 것이었으며 일본이 어떻게 나올지도 미지수였다. 기시다 정부가 적절히 호응하고 한·일 정상회담이 개최되면서 얼어붙었던 한·일 관계가 괄목할 만한 진전을 보였다.

한·미·일 정상의 단독(stand alone) 정상회의는 바이든 대통령의 강한 의지와 노련한 정지작업이 없었더라면 성사되기 어려웠을 것이다. 그는 상원의원 36년, 부통령 8년(2009~2017년)을 역임하면서 외교 경험과 식견을 쌓았고, 오바마 행정부 시절부터 미국의 대아시아 정책에 있어 한·미·일 협력이 긴요하다는 소신을 갖고 있었다. 2021년 1월 대통령 취임 직후부터 전임자가 약화시킨 동맹 네트워크를 복원하기 시작했으며 러시아의 우크라이나 침공을 계기로 북대서양조약기구(NATO)와의 관계도 완전히 정상화했다. 미국·인도·일본·호주가 참여하는 쿼드(Quad)를 정상급 협의체로 격상시켰으며, 미국·영국·호주가 참여하는 안보협의체(AUKUS)를 창설했다. 2022년 2월 러시아가 우크라이나를 침공했을 때에는 자유민주주의 동맹·파트너 국가들과 연대하여 대응하는 리더십을 보여주었다.

이와 같은 맥락에서 바이든 대통령은 한·미·일 3국 공조를 제도화하고자 했다. 취임 후 공동성명이나 정부 문건 등을 통해 한·미·일 협력 필요성을 강조하였으며 2022년 5월 한국과 일본을 방문히면서 한국을 먼저 찾아 환경을 조성하는 한편 2023년 4월에는 윤 대통령의 미국 방문이 성공할 수 있도록 배려함으로써 양국 정상 간 신뢰가 쌓였다. 윤 대통령과 기시다 총리는 2년 연속 나토 정상회의에 참석했으며 윤 대통령이 2023년 5월 히로시마 G7 정상회의에 참석한 배후에도 바이든 대통령의 역할이 있었다.

급변하는 국제정세도 3국이 캠프 데이비드로 가는 길을 재촉했다. 푸틴 러시아 대통령은 우크라이나에 대한 침공을 감행하면서 핵무기 사용 가능성까지 내비쳤으며 침공 직전에는 시진핑 중국 주석과 '제한 없는 협력'에 합의했다. 유엔 안보리 상임이사국인 러시아와 중국의 안보리에서의 거부권 행사로 G7과 NATO의 존재감이 상대적으로 커지고, 가치와 지역적 유대를 토대로 한 국가들 간의 결속 현상이 두드러지기 시작했다.

중국의 지역 패권과 세계적 리더십 추구와 미국과의 첨예한 경쟁도 미국으로 하여금 중국을 최대 지정학적 경쟁자로 규정하고, 동맹·파트너국과 연대하여 중국에 대응[13]토록 하는 결과로 이어졌다. 시진핑 주석은 2012년 등장 이래 '중화민족의 위대한 부흥'을 내세우며 세계 질서 재편을 꿈꾸었고 남중국해 군사화와 영유권 주장 그리고 대만 무력 통일 위협 등으로 지역 정세의 불안을 조성하고 있다.

김정은 위원장은 2019년 2월 트럼프 대통령과의 톱다운 방식에 의한 협상이 실패하자 핵미사일 능력 고도화에 박차를 가해 북한

국제질서의 변곡점에 선 한국외교의 고뇌

은 2027년까지 200개 이상의 핵무기를 보유할 것으로 예상된다.[14] 중앙정보국(CIA) 출신 존 사노 교수는 2022년 3월 북한이 2027년 까지 최소 200개의 핵무기를 보유할 가능성이 있다고 분석했다.[15] 북한의 핵미사일 공격에 고스란히 노출되어 있는 한국과 일본으로 서는 이에 적극적으로 대응하지 않을 수 없었다.

일본의 기시다 총리는 "오늘의 우크라이나가 내일의 동아시아가 될 수 있다."며 대서양 안보와 인도·태평양 안보와의 연계성을 강 조하면서 발 빠르게 대응했다. 국방비를 2027년까지 GDP 2% 수 준으로 증액하기로 했는데, 이 경우 세계 3위 규모 국방예산 국가 가 될 것으로 예측된다.[16]

캠프 데이비드 정상회의 평가와 의의

캠프 데이비드 3국 정상회의에 대한 한국 내 평가는 양분된 양 상이다. 비판적인 평가는 '얻는 것보다 잃는 것이 많다'는 것이다. "한·미·일의 국익구조가 다른데 미국의 국익을 우리 것인 양 일 치시키는 합의를 했다."거나, "한미동맹만으로도 북한 위협에 충분 히 대응할 수 있는데 성급하게 한·미·일 준군사동맹을 맺었다."는 주장이다. 또한 "한·미·일 준동맹화로 중국과의 긴장이 고조되어 가장 큰 비용을 치러야 하는 것은 한국"이라고 한다.[17]

문재인 정부 당시의 한 관계자는 캠프 데이비드 합의를 "냉전시 대로 돌아가는 과거회귀적인 것"으로 규정하면서, "미국은 원하는 모든 것을 얻었고, 일본도 잃은 것은 없고 얻은 것은 많은데, 한국은 준 것은 많은데 얻은 것은 별로 없다."고 주장했다.[18] 또 다른 교수는 "중국 견제가 핵심인 '팀 바이든'의 인도·태평양 전략을 윤석열 정부가 적극 수용함으로써 한국 외교의 자율성은 심각하게 훼손되고 한반도를 둘러싼 국제환경의 군사적·이념적 진영화는 심화할 것"이라며, "남·북 또는 한·미·일 대 북·중·러 군사적 대립 구도가 분명해지고 여기에 한·중의 경제적 갈등이 더해진다면 한국외교는 총체적인 위기에 빠질 것"이라고 주장했다.[19]

한·미·일 공조를 부정적으로 평가하는 사람들은 이것이 북·중·러 결속을 유발해 한·미·일과의 충돌 가능성을 높일 것이라고 우려한다. 김정은 위원장이 2023년 9월 푸틴 대통령과 회담하면서 군사협력을 논의한 것도 한·미·일 공조 움직임에 대한 대응이라는 것이다. 이는 맞지 않다. 북·러 밀착은 푸틴이 우크라이나 전쟁에 필요한 무기를 북한으로부터 들여오기 위한 목적에서 캠프 데이비드 협력 체제 이전부터 추진된 것으로 봐야 한다.

대한민국은 자유주의 국제질서를 기반으로 세계 10위 권 경제대국으로 성장한 나라이며 한반도의 지정학적 현실에 비추어 보아도 자유진영 국가들과 연대하는 것이 당연한 일이다. 앞에 예시한 주장들은 더 나은 선택지가 없음에도 마치 그런 선택지가 있는 것으로 착각한 데서 나온 것으로 보인다.

긍정적인 평가도 많다. 한 일간지는 사설에서 "한국이 캠프 데이비드 합의로 명실상부하게 미국과 일본의 대등한 파트너로 동아시아는 물론 신세계질서 구축의 동반자가 됐다.며, "가장 큰 성과는 정보·안보에서 산업·기술에 이르기까지 중요한 분야를 망라한 협력 방안을 문서로 제도화한 것"이라고 했다.[20] 한 언론인은 "전쟁의 폐허를 딛고선 한국이 불과 70년 만에 최정상의 나라들과 함께 글로벌 안보질서의 한 축을 담당케 된 상징적 사건으로 본다."고 평가했다.[21]

반기문 전 유엔 사무총장은 2023년 9월 "전쟁을 예방하는 첩경은 강력한 억지력을 갖추는 것"이라며 "강력한 억지력의 가장 높은 단계, 가장 실효성 있는 단계는 가치와 신념을 함께하는 국가 간 동맹"이라고 강조했는데, 캠프 데이비드에서 탄생한 한·미·일 협력체가 바로 이런 성격의 동맹이다.[22] "우리는 대한민국, 미국, 일본이 하나가 될 때 더 강하다."('캠프 데이비드 원칙')라는 표현은 공동 대응 의지를 의미한다. 한국으로서는 한미동맹만으로는 부족하다. 그렇다고 일본과 동맹을 맺을 수도 없다. 그러니 미국을 매개로 한 한·미·일 준동맹을 맺는 것이 북한·중국에 대한 대응 능력을 높이는 일이다. 미국 입장에서 중국·북한의 도전에 대응함에 있어 한국은 전방기지이고 일본은 후방기지이며 이를 하나로 묶는 것은 중요하다.[23] 한국·일본 입장에서는 미국을 배경으로 중국과 북한을 상대해야 효과적이다. 특히 중국의 경우, 한·미·일 관계가 공고하면 할수록 한·일과 더 건설적으로 대화할 가능성이 커진다.

캠프 데이비드 공조 체제로 한국이 관여해야 하는 지역 안보의 범위가 인도·태평양으로 확대되었다. 한국이 미국·일본과 함께 이 지역의 평화를 파괴하는 행위를 막는 데 응분의 역할을 할 것임을 약속한 것이다. 예컨대, 미·일과 하나가 되어 남중국해 문제에 대응하기로 한 것은 한국의 의무와 역할이 이처럼 확장되는 것을 의미한다.

캠프 데이비드 정상회의와 이 회의가 탄생시킨 한·미·일 3국 공조체제는 한국에게는 상징적으로나 실제적으로 다음과 같은 의의가 있다.

무엇보다도, 한국이 국력에 상응하는 또는 국력 이상의 위상을 확립했다는 사실이다. 미국·일본에 비하면 상대적으로 국력이 약한 한국이 정삼각형의 세 꼭짓점 중 하나를 차지한 것이다. 캠프 데이비드 정상회의 면면들은(optics) 대한민국이 미·일과 대등한 파트너가 되었음을 확인해 주었다. 3국 정상회의를 연례적으로 갖는다는 것은 한국이 명실상부하게 톱클래스 선진국의 하나가 되었음을 세계에 공표한 것이라고 보는 인사도 있다.[24]

캠프 데이비드 3국 공조 체제는 한국에게는 좀 더 각별한 의의가 있다. '셋이 있을 때 혼자되지 말라'는 외교금언처럼 미국과 일본이 한국 어깨너머로 한국의 이해관계가 걸려 있는 문제를 다룰 가능성을 줄일 수 있게 되었다. 종래 한국은 주요 논의에서 배제되었고 중요한 정보를 제공받지 못했는데, 이제 이럴 가능성이 줄어든 것이다. 한국의 외교공간이 넓어졌고, 이는 곧 한국 외교가 한

국제질서의 변곡점에 선 한국외교의 고뇌

단계 업그레이드됨을 의미한다.

　좀 더 긴 시각으로 볼 때 한·미·일 3국 공조 체제는 역사적 의의가 있다. 한국은 대륙보다 해양지향적일 때 더 큰 기회를 잡을 수 있었다. 캠프 데이비드 공조 체제는 해양세력 간의 연합이다. 이 선택이 훗날 어떤 평가를 받게 될지는 현재로선 알 수 없지만, 이승만 대통령의 한·미 상호방위조약(1953)과 박정희 대통령의 한·일 국교정상화(1965)와 더불어 탁월한 선택으로 평가될 수 있다.

한국에 대한 효과

　캠프 데이비드 공조 체제를 통해 한국이 얻을 수 있는 효과로서, 첫째, 국가안보 및 북핵 대응 측면의 긍정적인 변화이다. 한·미·일 안보 협의가 제도화·정례화됨으로써 안보협력이 새로운 수준으로 격상되었다. 3국 중 어느 한 나라에 대한 위협이나 도발을 공동의 위협이나 도발로 간주해 대응하기로 한 것은 그 효과가 크다. 북한의 핵미사일 위협에 가장 심각하게 노출되어 있는 한국에게 특히 그러하다. 또한 북한핵 문제에 대응하기 위하여 한·미·일 3국은 북한 미사일 경보정보를 실시간으로 공유하기로 했다.[25] 그동안 한·일 간에는 미사일 정보 공유가 어려웠는데, 앞으로 북한 미사일의 발사·상승·정점도달·낙하와 같은 다양한 위치에서 타격이 가능해진다. 핵억제·미사일방어 전문가인 로버트 피터스 헤리티지재단 연구원에 의하면, 북한 미사일 경보정보 실시간 공유로 미사일 발사 시도 자체를 억제하는 효과까지 기대할 수 있다.[26] 한·미·일은 여기서 그치지 않고 증강된 탄도미사일 방어 협력을 추진하기로 함으로써, 북한 핵미사일 위협 대응 능력을 한층 강화할 수 있게 되었다.

둘째, 한·미·일은 연례적으로 연합군사훈련을 실시하기로 함으로써 군사적 대응태세를 적극 갖추게 되었다.[27] 이의 일환으로 한·미·일은 2023년 10월 한반도 인근 상공에서 처음으로 연합공중훈련을 실시했다. 핵무장이 가능한 B-52H 폭격기가 훈련에 참여하면서, 한국 공군기지에도 1950년대 이후 처음으로 착륙했다. 일각에서는 한·미·일 군사훈련을 두고 일본이 한반도 군사 상황에 개입하게 되는 상황을 우려하나, 한반도 유사시 일본과의 협력은 필수불가결하다. 유엔사 기지 7개가 일본에 있고, 이 기지들이 병참 역할을 하기 때문이다. 한·미·일 공조 체제는 북·러, 북·중·러 군사협력에 대응하는 데 있어서도 더없이 유용하다.

셋째, 경제안보의 발전적 변화이다. 한·미·일 3국은 각기 운영하고 있는 조기 경보시스템을 상호 연계하여 핵심 공급망의 조기 경보체계를 업그레이드하고, 아울러 핵심 광물 수급 안정화를 위한 공급망 연대를 강화하기로 했다. 3국 중 어느 한 나라에 반도체 등 전략 물자 조달에 차질이 생기면 공동으로 대응하는 시스템을 구축한다는 것은 우리의 경제안보 능력을 강화시켜 주는 일이다.

3국은 에너지안보·금융협력 등 경제안보 주요 사안에 대해서도 포괄적으로 협력하기로 했다. 예컨대, 한국이 갑작스런 외환 부족 사태에 직면할 경우 신속히 대응할 수 있는 장치가 마련되었다. 3국 재무장관 회의를 갖기로 한 것도 이런 합의를 이행하기 위한 것이다. 캠프 데이비드 회의의 경제 산업적 의미에 대해 윤 대통령은 "우리 국민의 위험은 확실히 줄고 기회는 확실히 커질 것"이라고 강조했다.

한국의 경우, 경제안보 면에서의 가장 큰 리스크는 중국으로부터 온다. 대중국 의존도가 과도하기 때문이다. 이런 상황에서 한국이 세계 반도체 제조 장비를 독점하고 있는 미·일을 우군으로 두면 이런 리스크를 줄일 수 있다. 2차전지 분야도 3국 공조가 이뤄지면 중국 리스크를 줄일 수 있다. 예를 들어, 미국이 주도하는 '핵심광물안보 파트너십'은 2차전지 원자재의 중국 의존도를 낮추어 줄 수 있다. 미·일과의 경제안보 분야 협력은 중장기적으로 보아 특히 한국에 유익한 것이 틀림없다.

넷째, 과학기술 분야에서의 협력으로서 한·미·일 3국은 반도체·배터리·바이오·우주산업·인공지능(AI)·양자 컴퓨터 등 핵심·신흥 기술 분야에서 광범위한 협력 플랫폼을 구축하기로 했다. 국제표준 및 AI 거버넌스 협력을 강화하는 것은 한국경제의 미래를 위해 반드시 필요한 일인데, 초기 단계부터 미·일과 기술을 공동 개발하고 국제 표준 제정에 참여하는 것은 중장기적 관점에서 대단히 중요한 일이다. 과학기술력이 곧 국가 경쟁력이고 기술경쟁이 갈수록 첨예화하는 상황에서 한국이 세계적인 과학기술 강국인 미·

일과 긴밀히 협력하는 것은 국익과 직결된다.

다섯째, 통일문제, 한·일 관계, 한·중 관계 등 동북아 안보 지형의 긍정적 변화이다. 캠프 데이비드 합의가 '통일 한반도'를 설정한 것도 3국 합의의 미래지향적 특성을 말해 준다. '공동성명'은 "자유롭고 평화로운 통일 한반도를 지지한다."라고 명시하고 있는데 정상 간 합의 문건에서 이런 내용이 들어간 것은 처음이며, 특히 일본이 한반도 통일에 대해 명시적으로 지지를 표명한 것은 이례적인 일이다.

캠프 데이비드 합의는 한·일 관계에도 긍정적으로 영향을 줄 것이다. 미국을 매개로 양국의 외교·국방·산업·재무·국가안보실 등이 소관 이슈를 긴밀하게 논의하게 되어 있기 때문에 한·일이 안정적인 관계를 유지하는 데 크게 기여할 수 있다. 한·중 관계 측면에서는 한·미·일 3국이 하나가 되어 외부 도전에 대응한다는 것은 중국 리스크를 안고 있는 한국의 경우 특히 중요하다. 중국에 대한 지렛대를 높여주는 일이기 때문이다. 중국공산당이나 시진핑은 '힘이 전부'라고 믿는다. 이런 중국을 상대함에 있어 한·미·일 3국 중 한국이 가장 취약하다. 중국은 강하지 않은 나라에 대해서는 강압적이다. 한·미·일 3국 공조가 긴밀해지면 중국이 한국을 압박하는 것이 어려워진다. 중국이 한국의 사드배치를 문제삼아 무차별적인 경제 보복을 자행한 적이 있는데, 그런 일이 쉽지 않게 된다.

⊠ 한·미·일 공조 체제는 지속가능한가?

바이든 대통령은 새로운 한·미·일 공조 시스템을 "수십 년을 염두에 두고 한 일"이라고 했다. 3국 협력을 제도화했다는 것은 한·미·일 어느 나라에서 정권 교체가 있더라도 이 시스템은 유지될 수 있도록 고려했다는 의미다.

문제는 현실적으로 그렇게 될 것인가이다. 이에 관하여는 낙관론과 비관론이 팽팽하다. 지속가능하다고 보는 사람들은 이 체제가 가치를 공유하는 자유민주주의 국가들의 연합체(coalition)이고 그 좌장이 미국이라는 데에 근거를 둔다. 미국에게는 이 연합체가 아태지역 동맹 네트워크의 중추이기 때문에 워싱턴에 어떤 행정부가 들어서더라도 미국 국익에 반하는 일을 하지 않을 것이라는 것이다. 민주·공화 양당이 정쟁을 벌이면서도 중국 견제에는 초당적인 자세를 보여 온 사실에 비추어 정권 변화와 관계없이 한·미·일 협력은 계속될 것으로 예상하는 것이다. 물론 미·중 관계에 따라 한·미·일 협력의 강도에 차이가 날 수는 있겠지만, 중국의 도전이 가까운 장래에 끝날 것이 아니므로 미국 국익에 부합하는 한·미·일 공조 체제를 유명무실한 것으로 만든다는 것은 터무니없는 일이 아니냐는 것이다. 대통령이라고 해서 외교권을 전횡으로 행사할 수 없다. 그럴 경우 국내정치적 불이익이 따를 것이며 여론의 비판을 면할 수 없을 것이다.

지속가능성을 회의적으로 보는 사람들도 많다. 이들은 2024년

11월 미국 대선에서 누가 당선될지를 주목한다. 트럼프 전 대통령이 재집권할 경우 그의 대내외 정책은 ABB(Anything But Biden)가 될 가능성이 적지 않다. 바이든 대통령이 펼쳤던 대내외 정책을 대부분 뒤집을 가능성이 크고, 이 경우 한·미·일 3국 공조 체제도 예외가 되지 않을 것이라는 예측이다. 트럼프 전 대통령은 반(反)세계화, 반(反)동맹, 반(反)중국, 반(反)이민 정책을 폈다. 그는 국가 관계도 거래 관점에서 접근하면서 국제질서를 흔들어 놓았다.[28] 푸틴 러시아 대통령, 북한 김정은 위원장, 시진핑 중국 국가주석이 트럼프 재선을 고대하고 있다는 농담까지 나왔다.

앞에서 지적했듯이, 캠프 데이비드 공조 체제를 만든 세 나라 지도자들은 이 가능성을 사전 염두에 두었다.[29] 3국 협력 제도화가 중국·북한만 겨냥한 것이 아니고 도널드 트럼프까지 겨냥한 것이며[30] 정권 교체와 무관하게 3국 공조 시스템이 유지될 수 있도록 그 구조를 촘촘하고 단단하게 짰다는 것이다. 한·미·일 정상회의와 고위급 협의를 정례화하고, '공동성명'과 '캠프 데이비드 원칙' 문건에 담긴 내용의 일부를 '캠프 데이비드 공약'이라는 문건에 추가적으로 담아낸 것은 3국 어느 나라에서 어떤 정권이 들어서더라도 이 약속을 지켜야 한다는 메시지이다.

캠프 데이비드 협력체의 지속성에 타격을 줄 수 있는 또 다른 요인으로 한·일 관계를 빼놓을 수 없을 것이다. 한·일 관계가 악화되면 필시 3국 협력도 타격을 받게 될 수 있다. 많은 사람들이 한·일 관계가 악화될 경우 한국에 의해 야기될 가능성이 높다고

국제질서의 변곡점에 선 한국외교의 고뇌

보면서 2024년 4월 한국 총선, 2027년 3월 한국 대선을 주목한다. 특히 대선에서 정권이 바뀌는 경우 전임 정부가 추진한 정책들이 대폭 수정 또는 폐기되면서 한·일 관계가 또다시 악화될 가능성을 우려한다. 이런 우려가 현실로 나타날 경우 한·미·일 공조가 공동화(空洞化)될 수 있다고 본다.

M 풀어야 할 과제들

캠프 데이비드 3국 공조 체제는 한국 외교에 든든한 지지대(支持臺)가 될 수 있지만, 향후 예상되는 도전도 만만치 않다. 이런 점에서 다음과 같은 과제가 놓여 있다.

첫째, 북한핵 문제 및 북한의 상황변화에 대응하는 것이다. 북한은 우크라이나 전쟁과 하마스–이스라엘 전쟁이 발발한 가운데 2023년 11월 '9·19 남북군사합의'를 파기하면서 "이 합의에 따라 지상·해상·공중에서 중지했던 모든 군사적 조치를 즉시 회복하겠다."고 일방적으로 선언했다. 앞서 김정은은 2023년 8월 계룡대 타격을 상정한 훈련에서 '남반부 영토 점령'을 강조하며 한국의 군사 지휘 거점, 군항·비행장, 혼란 사태를 연발시킬 수 있는 곳에 대한 동시다발적 타격을 지시했다. 북한의 향후 움직임을 엄중하게 보아야 한다는 견해가 나왔다. 일례로, 존 에버라드 전 북한주재 영국대사는 한 콘퍼런스에서 "북한이 실제 핵무기를 사용하지 않을 것이라는 믿음은 매우 위험하다."며 "(북한에 의한) 핵 공격 가

능성이 정말 있다."고 단언했다.[31]

이러한 상황에서 한·미·일 3국은 캠프 데이비드 합의에 따라 운영되는 각종 협의체를 통해 비상 대비계획을 수립하고 이에 따른 훈련을 강도 높게 실시해야 한다. 이 문제에 있어서는 한국 측이 적극 나서야 한다. 그리고 3국 간 정보공유를 강화해야 한다.

한편, 북한 급변 사태 발생 가능성에 대해서도 대비해 두어야 한다. 조태용 국가안보실장은 2023년 9월 "우리 정부가 끝나기 전에 북한이 더 버티기 어려운 시점도 올 수 있다."고 밝혔다.[32] 볼튼 전 백악관 국가안보보좌관도 2023년 10월 "북한 정권이 오래 버티지 못할 것으로 전망한다."며, 한국과 미국이 "단순히 북한과의 대화에만 집중할 것이 아니라, 한반도 통일 목표에 더 집중해야 한다."고 주장했다.[33] 빅터 차 전략국제문제연구소(CSIS) 부소장 역시 2023년 10월 "북한 붕괴와 통일은 필연"이라며, "북한이 주말 사이에 붕괴했다는 소식을 월요일에 듣는다 해도 놀라지 않을 것"이라고 말한바 있다.[34]

둘째, 우리의 핵 잠재력을 확보하는 것이다. 윤석열 대통령과 바이든 대통령은 2023년 4월 '워싱턴 선언'을 통해 핵 협의그룹 설치·운용, 미 전략자산의 정례적인 한반도 전개 확대, 핵 억지력 실행을 위한 연합훈련 강화 등에 합의했다.[35]

문제는 김정은이 '핵 그림자(nuclear shadow) 전략'을 실행할 가능성이다. 러시아가 우크라이나를 침공하면서 이 전략을 사용하는 선례를 남겼다. 북한이 고도화한 핵미사일 능력을 바탕으로 한국을 강압하거나 한국에 대해 재래식 공격을 감행해도 한·미가 강력한 대응을 하지 못하도록 위축시키는 상황을 우려하지 않을 수 없다. 브루스 베넷 미 랜드(RAND)연구소 선임연구원은 2023년 10월 "북한이 핵무기를 200개 혹은 300개 보유하게 된다면 향후 5~10년간 하마스의 이스라엘에 대한 공격과 같은 양상이 한국에서 벌어질 수 있다."고 예상했다.[36] 아산정책연구원과 랜드연구소는 북한이 최소 300~500개의 핵전력을 계획하고 있는 것으로 보고 있으며, 북한이 최소 수준을 능가하는 규모로 핵무기를 늘리는 데에는 공격적인 목적이 있음을 의미한다고 분석했다.[37] 북한 김여정은 2022년 4월 담화를 통해 한국에 대해 핵무기 사용 가능성을 위협한바 있다.[38]

이러한 상황하에서 한국 국민들은 점점 미국이 제공하는 확장억제만으로는 안심할 수 없으며 보다 중대한 대응이 필요하다고 믿는 경향을 보이고 있다.[39] '핵이 있어야 핵을 막을 수 있다.'는 이론은 역사적으로 증명된 것이며, '억제가 최상의 방어'라는 관점에서도 최상의 억제는 한국도 핵을 갖는 것이다. 당장은 그렇게 할 수 없으므로 어쩔 수 없는 상황이 도래할 가능성에 대비해야 한다.

한국인들에게는 트럼프 트라우마가 있다. 트럼프는 2018년 6월 싱가포르에서 김정은과 회담하는 과정에서 한·미 연합군사훈련 중단을 일방적으로 선언했다. 한국 정부는 말할 것도 없고 자신의 국방장관과도 상의가 없었다. 트럼프는 주한미군 철수도 고려했는데,

국방장관 등의 만류로 포기했다. 미 공화당 정치인들과 공화당 지지자들이 갖고 있는 고립주의적 대외정책관이 점점 더 강해지고 있는 추세다.[40] 시카고국제문제협의회(CCGA)가 2023년 9월 실시한 조사에 의하면, 응답자의 50%만이 북한이 한국을 침공할 경우 미군을 동원하는 데 찬성했다(반대 49%). 2년 전 조사에서는 찬성이 63%였다.[41]

이런 사실 등에 비추어, 한국은 핵 비보유를 전제로 한 핵 잠재력(nuclear latency)을 확보해야 한다. 핵확산금지조약(NPT)을 탈퇴하지 않고서는 한 핵개발에 들어갈 수 없으므로 핵 보유 직전까지 도달해 있자는 것이다. 이를 위해서는 우라늄 농축과 핵연료 재처리를 할 수 있어야 한다. 일본의 경우에는 1988년 우라늄 농축과 재처리 권한을 얻어 지금까지 핵무기 6,000여 개를 만들 수 있는 플루토늄(47t)을 보유하고 있다. 윤석열 정부도 이 문제를 잘 알고 있다. 조태용 국가안보실장은 2023년 8월 TV조선에 출연, "일본은 우리보다 먼저 원자력 협정을 맺어서 재처리나 농축을 합법적으로 하지만 우리는 그런 권리를 갖고 있지 않다. 앞으로 풀어나가야 할 과제다."라고 말한바 있다.

이 문제는 결국 2015년 개정된 한·미 원자력협정을 재개정해야 하기 때문에 미국의 손에 달려 있다. 협정 만료 연도인 2035년까지 기다릴 수 없다. 현실적으로, 사용 후 핵연료를 안전하게 보관할 장소가 없다. 한·미 간 신뢰와 윈-윈 협력이 이 때문에도 중요하다. 한국이 핵 잠재력을 갖는다는 것은 미국 입장에서도 득이 되는 일이다. 한국의 핵 잠재력은 대북 억지력을 강화할 수 있고, 중국에 메시지를 전달하는 부수적 효과도 기대할 수 있다. 한·미 원자력협정 개정은 국가 정상급의 결단이 있어야 하므로 2024년 대선에서 바이든이 재선되면 이 문제를 심도 있게 다룰 수 있는 기회가 올 수 있다.

셋째, 한·일 관계를 한층 강화하고 한·중 관계를 원만하게 관리하는 것이다. 캠프 데이비드 선언으로 한국과 일본은 이제 하나가 되어 한반도에서의 억지력을 강화해야 한다. 한·일 공조는 한·미·일 공조에 필수다. 한·일 관계 관계는 정상(正常)을 찾아가고 있지만, 일본 입장에서는 한국에 대한 불신이 아직 남아있다. 한·일 관계를 어렵게 만들 수 있는 문제들이 잠복해 있는 것이다. 이런 문제들은 한국에게 국내적으로 예민한 것들이어서 자칫 갈등으로 이어질 수 있다. 한·미·일 공조를 제도화했듯이 한·일 공조도 제도화하는 노력이 필요하다.[42] 2025년 한·일 국교정상화 60주년을 계기로 양국 협력관계의 향후 비전과 공약을 담은 선언 같은 것을 추진하면 양국 관계를 중장기적으로 관리해 나가는 데 큰 도움이 될 수 있을 것이다.

중국은 캠프 데이비드 공조 체제의 이완을 지속적으로 추구할 것이다. 종래 한국을 약한 고리로 보고 미국으로부터 떼어내는 전략을 썼듯 이번에는 한·미·일 고리에서 한국을 떼어내는 전략을 쓸 것이다.[43] 중국은 한미동맹과 미일동맹을 동아시아 패권 추구에 가장 큰 장애물로 인식해 왔다. '캠트 데이비드 원칙'이 "한·미·일은 하나가 될 때 더 강하다."고 천명했듯이 한국은 종전보다 나아진 여건에서 중국을 상대할 수 있게 되었다. 미·일과의 긴밀한 조율 가운데 중국관련 문제를 다루어야 중국의 각개격파(divide and rule) 전술을 무력화시킬 수 있다. 한국은 어떤 경우든 중국에 대해 사용할 수 있는 지렛대를 하나하나 만들어 가야 한다. 지렛대 없이는 중국의 강압을 막을 수 없다.

넷째, 우리의 G7 가입 가능성에 대한 주요국의 입장에 주목해 볼 만하다. 세계 10위권 경제 대국이자 활기찬 자유민주주의 국가인 한국은 G7에 정회원이 되어도 손색없는 선진국이다. 캠프 데이비드 한·미·일 3국 공조 체제 수립은 미국과 일본이 이 문제를 전향적으로 인식할 수 있는 분위기를 만들어 주었다. 종래 일본은 한국 가입에 부정적이었지만, 한·일 관계가 정상화되었고, 미국도 동맹 네트워크를 중요시하므로 한국 가입 분위기가 좋아졌다.

앤마리 트리벨리언 영국 외교부 부장관은 2023년 5월 "한국의 G7 정상회의 참여는 중요한 덧셈이 될 것"이라고 말한바 있는데, 최근 미국 인사들로부터도 비슷한 견해가 나오고 있다. 빅터 차 미 전략국제문제연구소(CSIS) 부소장은 2023년 9월 "한국은 G7 가입을 서둘러야 한다."며, "한국이 G8 혹은 호주까지 포함한 G9의 하나가 된다면 이른바 '글로벌 중추국가' 전략의 가장 큰 성과가 될 것"이라고 했다.[44]

로널드 클레인 바이든 대통령 고위자문(전 백악관 비서실장)도 2023

년 11월 "지금은 G7에 몇 나라를 추가해야 할 때"라며 구체적으로 한국과 호주를 거명했다.[45] 그는 이들 두 나라의 가입은 '훌륭한 추가'(excellent additions)가 될 것인데, 특히 한국의 가입은 충분히 납득할 수 있는 일로 보인다고 주장했다. 현재 일본이 G7의 유일한 아시아 회원국이어서 중국의 도전을 고려할 때 이 지역 국가를 G9으로 추가하는 것이 타당하다는 것이다. 그는 또 "한국이 일본과 동일한 조건으로 G7 테이블에 앉게 되면 한·일 관계 개선에 대한 한국 내 반대를 완화하는 데도 도움이 될 것"이라고 했다. 알렉산더 버시바우 전 주한 미대사도 "한국과 호주를 G7에 추가하는 것은 오늘날의 지정학적 환경에서 많은 의미가 있다."며 "이들 나라는 이미 대중 전략적 경쟁 관리에 중요한 역할을 하고 있으며, G9에 포함되면 러시아와 북한의 안정 저해 활동을 억제하려는 노력이 배가 될 수 있다."고 했다.[46]

한국이 G8이나 G9의 일원이 된다면 안보상 잠재력 강화와 함께 국제적 위상과 영향력이 높아져 명실상부한 '글로벌 중추국가'가 될 수 있을 것이다.

다섯째, 한·미·일 3국 외교에 대한 정책홍보가 중요함에도 충분히 추진되지 못하고 있어 개선이 요구된다. 캠프 데이비드 공조 체제가 한국 외교·안보·경제에 갖는 의미가 다대함에도 불구하고 이에 관한 국민들의 이해와 인식은 매우 저조하다. 동아시아연구원(EAI)이 2023년 8~9월 실시한 여론조사에 의하면, "한·미·일 군사안보협력이 강화되어야 한다."고 생각하는 응답자는 60.6%로 나왔는데, 이는 전년(72.4%)보다 대폭 감소한 것이다.[47] 여러 이유가 있겠지만, 응답자들이 캠프 데이비드 합의의 중요성이나 한·미·일 안보협력에 미치는 영향에 관해 잘 이해하지 못하고 있을 가능성이 크다. 〈연합뉴스〉와 〈연합뉴스TV〉가 2023년 9월 실시한 여론조사에서도 '캠프 데이비드 정상회의가 한반도 안보에 도움이 될 것'이라고 응답한 사람은 45.1%, '도움이 되지 않을 것'이라고 응답한 사람은 44.8%로 나타나 긍정과 부정에 별 차이가 없음을 보였다.[48]

그동안 있었던 다수 여론조사에서 '대통령 직무수행'에 관해 물었을 때, 긍정적으로 답한 사람들이나 부정적으로 답한 사람들 공히 그런 답을 한 가장 큰 이유로 '외교, 안보'를 들었다. 이는 국민들의 인식이 과도할 정도로 정파적 시각에서 형성되고 있음을 말해준다. 여론은 정부가 정책을 결정하는 과정에서, 그리고 결정된 정책에 대한 지지를 확보함에 있어 중요한 역할을 한다. 여론을 무시하면 국민적 지지를 받기 어렵고, 국민적 지지를 받지 못하는 정책은 성공하기 어렵다. 국내 여론 분열은 외교 상대국의 한국과의 협력 의욕도 저하시킬 수 있다. 다른 나라들이 한국 국내정치 상황이나 여론 동향을 예의 주시하고 있으므로 우리 정부도 이 문제를 소홀히 다루어서는 안 된다. 외교안보 사안에 대한 국민적 이해(awareness)를 높이는 일은 이런 이유에서도 매우 중요하다.

국제질서의 변곡점에 선 한국외교의 고뇌

미주

1   *The Spirit of Camp David*: Joint Statement of Japan, the Republic of Korea, and the United States, Camp David, Maryland, 2023.08.18.

2   *Camp David Principles*, Camp David, Maryland, 2023.08.18.

3   Christopher Johnstone, VOA한국어, "미·한·일 정상회의 결산(1)", www.voakorea.com, 2023.08.22.

4   Scott Snyder, 위 VOA 보도

5   마이클 그린, "북·중·러가 자극한 한·미·일 결속", 『중앙일보』 (2023. 08.15.)

6   Michael J. Green, "Never Say Never to an Asian NATO", *Foreign Policy*, 2023.09.06.

7   Gary Samore, VOA한국어, "미·한·일 정상회의 결산(2)", www.voakorea. com, 2023.08.23.

8   James Przystup, 위 VOA 보도

9   *The Spirit of Camp David*: Joint Statement of Japan, the Republic of Korea, and the United States, Camp David, Maryland, 2023.08.18.

10   김정, "캠프 데이비드 정상회의 결과를 돌아보며", 『서울신문』 (2023.09. 01.)

11   *Camp David Principles*, Camp David, Maryland, 2023.08.18.

12   '고르디우스의 매듭'은 고대 그리스 알렉산더 대왕이 얽히고설켜 풀어낼 수 없는 매듭을 칼로 베어 문제를 해결했다는 전설에 나오는 것이다.

13   시진핑 주석은 2023년 11월 샌프란시스코에서 바이든 대통령과 4시간 회담하면서 눈에 띄게 낮은 자세를 취했다. 종전과 다른 모습이었는데, 이는 다분히 전술적 조정으로, 목표 자체가 변한 것은 아니다.

14   Bruce Klingner, "North Korea's Increasing Nuclear and Missile Threat to the U.S. and Its Allies", Heritage Foundation, 2022.11.21.

15   The Institute of World Politics, "North Korea: The Continuous and Growing Threat", www.iwp,edu, 2022.03.30.

16 한국일보, "일본, 국방비 지출 세계 3위로…중국 겨냥해 안보정책 '대전환'", 2022.12.17.

17 경향신문, "(사설) 한·미·일 유사시 협의 의무화, 이런 '준군사동맹' 반대한다", 2023.08.19.

18 한겨레, "美 모든 걸 얻고, 日 얻은 게 많아 … 한국은 안보위험 떠안아", 2023.08.24.

19 한겨레, "보수언론·재계도 우려하는 '반국익 가치외교' 위험한 질주", 2023.08.26.

20 조선일보, "(사설) 한·미·일 안보·경제 공동체, 위상 달라진 한국의 기회와 책임", 2023.08.19.

21 박종진, "그날 '캠프 데이비드'는 섬뜩했다", 『머니투데이』 (2023.08.23.)

22 연합뉴스, "반기문, 북·러 군사협력 강화에 한·미·일 강력 대응해야", 2023.09.18.

23 송민순 전 외교통상부 장관은 한·미·일을 묶은 미국의 의도는 한반도와 동아시아 유사시 미국의 부담을 일본에 일부 분양하려는 것이라고 본다. "한미동맹 강화하되, 의존도 너무 높지 않게 '자립형' 발전시켜야", 『서울신문』 (2023.09.28.)

24 조선일보, "전성철의 글로벌 인사이트", 2023.09.08.

25 한·미·일은 2023년 12월부터 북한 미사일 경보정보를 실시간 공유하기 시작했다.

26 VOA한국어, 미·한·일 정상회의 결산(4), www.voakorea.com, 2023.08.26.

27 한·미·일 국방장관은 2023.11.12. 첫 단독 국방장관회의를 열어 2024.1. 부터 체계적인 3자 훈련을 실시하고 다양한 영역으로 3자 훈련을 확대해 나간다는 데 합의했다.

28 영국 경제주간지 이코노미스트는 트럼프가 재선될 경우 이는 세계에 가장 큰 위험이 대두되는 것을 의미한다고 썼다. The Economist, "Donald Trump poses the biggest danger to the world in 2024", 2023.11.16.

29 Josh Rogin, "The U.S. is back in East Asia— but for how long?", *Washington Post*, 2023.08.22.

30 Peter Baker and Zolan Kanno—Youngs, "Looming Over a New Security Pact: China, North Korea and Donald Trump", *New York Times*, 2023.08.18.

31 최종현학술원, "한미동맹 70주년과 앞으로 70년", 2023.10.20.

32 세계일보, "대북 압박 유지 팬 尹 정부서 北 못 버틸 수도", 2023.9.25

33 VOA한국어, "한반도 통일 목표 삼아야...북한 정권 오래 못 버틸 것", www.voakorea.com (검색일: 2023.10.3.)

34 VOA한국어, "한국, 중국에 '올바른 접근' … 북한 붕괴는 필연", www.voakorea.com (검색일: 2023.10.7.)

35 바이든 대통령은 '워싱턴 선언'을 발표하며 "미국이나 동맹국 또는 파트너에 대한 북한의 핵 공격은 용납할 수 없으며, 그런 행동을 취한다면 정권의 종말을 초래할 것"이라고 말했다. 이처럼 단호한 입장은 미국 대통령으로서는 처음이었다.

36 Bruce Bennett, VOA한국어, 미 전문가들 "북한, 과거 하마스에 무기 제공 정황...중동에 무기 판매 확대 우려", www.voakorea.com (검색일: 2023.10.09.)

37 아산정책연구원, 한국에 대한 핵보장 강화 방안, 2023.8.

38 댄 리프 전 미 태평양사령부 부사령관(예비역 공군 중장)은 한반도가 "한 번의 나쁜 결정이나 오해가 수백만 명을 죽일 수 있는" 일촉즉발의 상황이라고 주장했다. Dan Leaf, "I know How Nuclear War is Waged, So I'm Calling for Peace With North Korea", *New York Times*, 2023.03.30.

39 아산정책연구원과 랜드연구소는 '4단계 절차를 통한 미국 전술핵 도입'을 대안으로 제시했다. B61 핵폭탄 100기에 대한 현대화 비용(20~30억 달러 소요 예상)을 한국이 부담하고 이를 '한국 안보 지원용'으로 지정하는 방안이다. 2023.10.30. '한국에 대한 핵보장 강화 방안' 보고서 발표회

40 *The Economist*, "American power: indispensable or ineffective?", 2023.10.28.

41 CCGA, "Americans See South Korea's Influence at All—Time High", p. 3, 2023.10.

42 김호섭, "한·일 협력 '전방위 제도화' 절실하다", 『문화일보』 (2023.11.20.)

43 중국은 2023.11. 샌프란시스코 APEC 정상회의를 계기로 미국·일본과는 정상회담을 했으나 한국과는 하지 않았다.

44 조선일보, "빅터 차 미 CSIS 부소장 인터뷰", 2023.09.11.

45 Ronald Klain, "It's Time for the G9", www.carnegieendowment.org/ (검색일: 2023.11.09.)

46 VOA한국어, 바이든 측근 "한국·호주 포함해 G9으로 확대해야", www.voakorea.com (검색일: 2023.11.11.)

47 동아시아연구원, 『EAI이슈브리핑』, No. 683, 684, 2023.10.12.

48 연합뉴스, "한·미·일 정상회의가 韓안보에 도움될까? 긍정 45.1% 부정 44.8%", 2023.09.06.

아세안, 미래지향의 전략적 파트너

[한동만]

아세안, 미래지향의 전략적 파트너

미·중 경쟁으로 더욱 부각되는 아세안의 전략적 가치

아세안이 포괄하는 동남아시아 지역[1]은 아시아의 동남부 지역을 가리키며, 크게 인도차이나 반도와 말레이 제도로 구성된다. 이 지역은 해양이 80%를 차지하며 해상무역의 핵심인 태평양과 인도양 사이에 위치한다. 특히 남중국해[2]는 세계 물동량의 50% 이상이 지나가는 가장 붐비는 해로로 한국에게도 매우 중요한 수송로다. 중국과 베트남, 필리핀 간의 영유권 분쟁은 아세안 자체의 안보상 해결이 시급한 사안임과 동시에 대만 위기와 함께 미국에게도 가장 큰 전략적·군사적 도전 과제의 하나로 인식되고 있다. 남중국해 문제는 중국이 이 해역에서 영유권 주장과 군사훈련을 계속하고 아세안과 분쟁을 미연에 방지하기 위한 예방외교에 동의하지 않는 한, 앞으로도 상당기간 분쟁수역으로 남게 될 것이다.[3]

베트남·라오스·캄보디아·태국·필리핀·미얀마는 중국에 있어 남중국해와 인도양을 잇는 중요한 통로에 위치해 있다. 따라서 중국의 해양진출과 영향력 확장을 저지하려는 미국에게 있어서도 동남아 지역의 지정학적 위치는 큰 의미를 갖는다. 미국은 중국의 영유권 주장뿐 아니라 항행 자유에 대한 위협과 군사화, 동남아 국가에 대한 압박 등이 확대되는 상황에서 아세안을 끌어들여 중국의 공격적 부상을 견제하고 지역 평화와 안정을 꾀하는 전략을 취하고 있다. 이러한 차원에서 미국은 인도·태평양 전략을 통해 아세안의 해양안보, 재난대응, 평화유지, 초국경범죄 대응 역량 강화를 지원하고 있다.

한편, 2023년 9월에는 인도네시아, 브루나이, 말레이시아, 싱가포르 함정이 인도네시아 나투나섬 인근에서 공동 해상 순찰, 재난 대비 훈련을 한 것으로 알려졌다. 아세안 회원국 중 일부가 미국, 중국 등과 남중국해에서 개별적으로 연합 훈련을 한 경우는 있었으나 아세안 의장국인 인도네시아가 주도하고 '아세안 연대 훈련'으로 명명된 이번 연합훈련과 같이 아세안 차원의 독자 해군 연합 훈련은 아세안 창립 이후 이번이 처음이다. 전투 훈련은 실시하지 않았으나 남중국해에 대한 광범위한 영유권을 주장하는 중국을 견제하려는 움직임으로 해석된다.[4]

치열하게 전개되는 미국의 인도·태평양 전략이나 대척점에 선 중국의 일대일로 정책에 대해 아세안은 아세안의 중심성(ASEAN centrality)이 확보되어야 아세안의 자주성과 독립성을 유지하면서 지역 내에서 벌어지는 강대국 간 패권경쟁에 휩쓸리지 않을 것으로 인식하고 있다.[5] 그렇다면, 아세안 지역에서 미국과 중국의 대립이 격화되는 이러한 상황에서 한국은 어떠한 자세를 취해야 하며 아세안과는 어떠한 협력관계를 구축할 수 있을 것인가?

첫째, 비전통적 분야의 안보위협에 아세안과 함께 선제적으로 대응할 수 있을 것이다. 인도·태평양 지역에서 미국과 중국 간 상호 배제적·배타적인 경쟁을 완화하고, 양국이 모두 참여할 수 있는 포용적인 지역 협력 구도와 규범 형성에 아세안과 함께 기여하도록 노력하여야 한다. 이를 위해서는 한국이 가치에 기반한 규범 설정 역할을 수행할 수 있어야 하고, 동시에 자유주의 질서를 바탕으로 한 포용적인 지역 공동체 구축이 이루어지도록 중견국 입장에서 교량적 역할을 할 수 있는 정책을 입안해야 할 것이다.

이 과정에서 아세안 전체와의 다자관계뿐만 아니라 동남아 각국과의 양자 관계를 획기적으로 강화해야 하는데, 아세안 중심성을 지지하고 아세안과 전략적으로 협력한다는 관념의 확립은 이를 추진하는 데 필요 불가결한 외교적 발판이다. 패권을 지향하지 않는 한국은 책임 있는 중견 국가로서 동북아와 동남아를 아우르는 동아시아의 안정과 평화에 기여할 수 있는 최적의 이해 관계국(stakeholder)이 될 수 있다. 환경, 기후위기, 해양 안전과 오염방지, 사이버 안보, 테러 등 비전통적인 안보와 연성 의제(soft issues)를 다자차원에서 효과적이고 효율적으로 다룰 수 있도록 비전통적 안보이슈의 협력틀을 만들어 거버넌스를 강화하는 방향으로 나가야 한다.[6] 특히, 아세안이 직면한 기후변화와 환경 악화, 기후위기로 인한 식량 안보위기, 그리고 전력난으로 인한 신재생에너지와 원자력 도입에 적극 기여할 수 있도록 노력해야 한다.

둘째, 아세안과의 관계를 다층적으로 심화할 필요가 있다. 한반도익 안정과 평화, 번영을 위한 아세안의 전략적 중요성은 매우 크다. 미·북 정상회담이 2018년과 2019년 싱가포르와 하노이에서 개최된 것은 아세안의 지리적 중립성뿐만 아니라 아시아-태평양 지역의 유일한 안보협의체인 아세안지역안보포럼(ARF) 창설과 운영으로부터 오랫동안 축적된 아세안의 전략적 위상과 회의 소집 능력(convening power), 그리고 규범 설정자로서 협력적 파트너십과 리더십을 발휘한 결과라 할 수 있다.[7]

아세안 10개국은 모두 북한과 외교 관계를 가지고 있고 베트남 등은 평양에 대사관을 두고 있어 북한 비핵화 등 필요시 한반도 문제해결을 위한 성실한 중재자(honest broker)로서의 역량과 잠재력을 지니고 있다. 통일 후에도 지리적 위치나 지정학적 연계성, 근현대사의 유사한 경험 등에 비추어 통일 한국에 정치, 안보, 경제 면에서 천혜의(natural) 동반자가 될 수 있다. 이러한 아세안의 역할을 감안하여 지금부터 한반도 및 동남아 지역 '공동의 안보위협에 공동대응'하는 협력 경험과 인식을 축적해 나가야 한다.

아세안은 미국, 중국, 일본, 독일에 이어 세계 5위 경제권(GDP 약 3조 6,577억 달러)으로서, 한국의 제2위 수출 시장이며, 전기자동차에 필요한 니켈 등 자원이 풍부한 자원 대국이다. 젊은 생산노동층이 많고(평균 연령 30세), 연평균 6% 수준으로 성장하고 있다. 한국의 아세안에 대한 인프라 투자는 이미 중동을 추월하였으며, 아세안은 해외지역 중 한국인이 가장 많이 방문하고, 한류 붐이 가장 크게 일고 있는 지역이기도 하다. 탈세계화와 공급망 교란의 가속화에 대비하면서 경제안보와 위험 경감(de-risking)의 전략을 함께 모색해 나갈 파트너로서 가장 적절한 대상으로 우리와 협력과 상생의 시너지를 누릴 수 있다.

Ⅲ '한-아세안 연대구상'과 '한국판 인도·태평양 전략'

한국은 아세안 국가들과의 협력 네트워크 확대를 통해 외교적·전략적 활동 공간을 넓힘으로써 미·중 간 지정학적 경쟁이 야기하는 행동의 제약을 극복하고 자율적으로 숨쉴 공간 확보를 위한 외교 다변화를 추구해 왔다. 문재인 정부는 아세안, 인도와의 관계를 강화하는 '신남방정책'을 추진하였으나, 아세안으로서 무역적자에 대한 불만이 누적되어 왔고, 한국이 아세안과의 경제·통상 확대에 치중하여 중상주의 정책이라는 비판이 제기되었다. 지역 안보문제에 있어서도 북한과의 평화협상에 주력한 나머지 아세안이 중시하는 남중국해 문제에 대해서는 제대로 목소리를 내지 못했다.

이러한 점을 의식하여 윤석열 정부는 협력 범위를 인도·태평양 국가들로 확대하는 가운데 2022년 11월 캄보디아에서 개최된 한-아세안 정상회의에서 '한국판 인도·태평양 전략'(Strategy for a Free, Peaceful and Prosperous Indo-Pacific Region)과 새로운 아세안 정책인 '한-아세안 연대구상'(KASI, Korea-ASEAN Solidarity Initiative)을 발표하였다. 윤석열 대통령은 '자유, 평화, 번영'의 3대 비전과 '포용, 신뢰, 호혜'의 3대 원칙을 바탕으로 한 '인도·태평양 전략'에 있어 아세안이 한국의 핵심적 전략 파트너가 될 것임을 표명하였다.

'한-아세안 연대구상'의 핵심은 규칙기반 국제질서를 증진하고, 역내 평화와 안정에 기여하기 위해 아세안과의 외교·국방 공조를 심화하며, 해양안보와 해양안전 협력을 강화하고, 북핵 문제 대응을 위한 공동의 노력을 확대하는 것이다. 또한, 공동의 번영과 발전을 추구하기 위해 통상·투자, 디지털 협력을 확대하고 미래산업 협력을 강화하는 것이다. 아울러, 지역적·국제적 도전에 대한 공동대응을 강화하기 위해 탄소 중립 및 녹색성장을 향한 기후변화 협력을 강화하는 한편, 대기오염·환경 문제 공동대응 및 극복 노력을 확대하고 백신·바이오 분야 협력 증진을 통한 아세안의 보건 역량을 강화하며, 한-메콩 수자원, 농·어업, 녹색성장, 환경 협력을 꾸준히 발전시켜 나가야 한다.[8]

윤 대통령은 또한 한국의 인도·태평양 전략이 아세안 중심성과 아세안의 인도·태평양 전략인 '인도·태평양에 대한 아세안의 관점(AOIP)'을 확고히 지지한다는 점을 강조하였다. 윤석열 정부 출범 후 한미동맹 외교를 강조하면서 아세안 국가들 사이에서 한국이 미국의 인도·태평양 전략에 동조하여 아세안에 대한 정책이 약화되는 것이 아닌가 하는 우려가 존재하였으나, '한-아세안 연대구상'으로 그 우려가 불식되었다. 윤 대통령은 2024년 한-아세안 대화 관계 수립 35주년을 맞이해 양측 간 관계를 '포괄적 전략 동반자 관계'[9]로 격상할 것도 제안했다. 앞으로 정권의 변화에 상관없이 아세안을 중시하는 공약을 구체적이고 실질적으로 꾸준히 이행해 나가는 노력과 의지가 중요하다.

'한-아세안 연대구상'이 강조한 아세안과의 전략·안보 협력 확대와 경제안보 네트워크 강화는 한국이 기존의 교역·투자 중심의 협력을 넘어 아세안과의 전략적 파트너십을 더욱 강화할 것이라는 점을 시사한 것으로써[10] 한-아세안 관계에 있어 차원 높은 진전으로 평가할 수 있다. 한국의 인도·태평양 전략을 '한-아세안 정상회의'에서 공개함으로써, 아세안이 한국의 핵심 파트너라는 메시지를 명확히 전달한 것도 의미가 있다. 윤석열 대통령은 2023년 9월 인도네시아에서 개최된 '한-아세안 정상회의'에서도 이러한 점들을 재차 강조했다.

윤 대통령은 2023년 4월 '한미동맹 70주년 기념 정상 공동성명'에서 아세안 중심성에 대한 한국 정부의 공약을 최초로 천명한 데 이어 2023년 8월 캠프 데이비드 한·미·일 정상회의에서 3국이 아세안이 주도하는 지역 구조(ASEAN-led regional architecture)에 대한 전적인 지지를 바탕으로 각국의 인도·태평양 전략을 조율키로 함으로써 아세안에 대한 연대는 한·미·일 지역 협력 차원으로 확대 중이다.

🅼 한국의 아세안 맞춤형 협력 전략은 무엇인가?

우리나라는 미국, 중국, 일본에 비해 아세안 진출에 있어서 후발 주자이다. 1989년 아세안의 대화상대국이 된 이래 경제협력, 투자

와 인저교류가 괄목할 만하게 증가하였으나 교역면에서 우리나라
가 대규모 무역흑자를 누리고 있다. 따라서 이러한 불균형 관계를
시정하고 아세안과 중장기적으로 호혜적인 미래지향적 협력관계를
구축하기 위해서는 아세안과 비전그룹을 구성하여 맞춤형 전략도
마련하고 미래 협력 청사진을 마련해야 한다.

포스트 코로나 이후 각국은 국내외적으로 국제정치와 경제의 불
확실성 속에서 미래를 준비해야 하는 도전에 직면해 있다. 특히,
미국과 중국은 변화해 가는 국제질서의 주도권을 잡기 위한 전략
경쟁을 가속화 할 전망이며, 한국과 아세안은 대만 해협이나 남중
국해 문제 등 전통적인 안보 이슈뿐만 아니라 기후변화와 같은 글
로벌 위협이나 신기술 개발, 공급망 재편에 대한 '선택의 압박'을
받게 될 것이다. 국내적으로는 모두 지속적인 경제성장을 도모하
고 사회안전망을 강화하며, 미래 신성장 동력산업을 육성해야 하
는 부담을 느끼고 있다. 전통적, 비전통적 안보위협은 초국가적인
문제로 어느 국가 혼자 또는 느슨한 형태의 지역연합체로 대응하
고 문제를 해결하는 데 한계가 있다. 이러한 상황을 고려하면 지정
학적, 지경학적 도전에 공동으로 직면한 한국과 아세안이 현인 그
룹(EPG: Eminent Persons Group)과 같은 비전그룹을 구성해 앞으로
2030년까지의 중기과제, 그리고 2050년까지의 장기 협력 과제를
발굴하여 협력 비전과 청사진을 만들 필요가 있다.

한-아세안 대화 관계 수립 30주년을 맞아 2019년 부산에서 개
최된 한-아세안 특별정상회의에서 참석 정상들은 정치, 경제, 문

화 분야에서 향후 30년의 협력방안을 마련하기로 한 바 있다. 변화하는 국제정세와 환경 변화에 대응하여 우선 2030년까지 실천 가능한 중기적 과제를 선정하여 협력을 확대하고, 장기과제는 기존의 한-아세안 싱크탱크 대화체와 정부 관리, 현인들이 참여하는 비전그룹에서 마련하여야 한다.

한국과 베트남이 수교한 지 30주년이 된 2022년 양국이 현인 그룹을 만들어 미래비전을 제안한 것도 참고할 수 있다. 2023년은 인도네시아와 수교한 지 50주년이 되는 해였다. 2024년은 필리핀과 수교한 지 75주년, 아세안과 대화 상대국이 된 지 35주년이 되는 해이다. 장기적인 협력강화를 위해 아세안 전체와의 비전 수립에 착수하는 것이 필요하다. 비전(Vision)을 제시하면 이를 제도화(Institution)하고 구체적으로 실행하는 프로그램(Program)을 만드는 'V.I.P'가 삼위일체로 이루어져야 할 것이다. 동남아와 한반도를 넘어 동아시아 평화 달성을 위한 파트너로서 비전을 공유하여 인태 지역 내 평화 균형자로서의 역할을 수행해야 한다.[11]

특히, 인도네시아와 양자, 다자 협력을 강화하고 미래 비전을 같이 해 나가는 것이 중요하다. 인도네시아는 2023년 아세안 의장국인 동시에 중견국 그룹인 믹타(MIKTA) 의장국이었다. 중국, 인도, 미국에 이어 세계 4위(2억 7,753만 명)의 인구 대국이며 세계 최대의 무슬림 국가로서 2045년 세계 7대 경제권으로의 도약을 준비하고 있다. 세계은행의 '아세안 리포트 2030'에 따르면 인도네시아 경제성장률이 향후 5~6% 이상 지속할 경우, 1인당 국민소득은 1만 달러를 상회하고 중국, 인도에 이어 아시아에서 세 번째 경제대국으로 올라설 것으로 예측하였다.

역내 최대면적과 인구에 더하여 풍부한 부존자원을 보유한 인도 네시아는 전 세계 개발도상국 중에서도 가장 성장 가능성이 큰 국 가로 평가된다. 한국과 인도네시아가 정치, 경제, 국방, 문화 등 다 방면에 걸쳐 긴밀한 협력을 유지해 온 배경에는 한국의 상부상조 정신과 인도네시아의 고통로용(Gotong Royong) 정신이 일치하는 데 에서도 잘 드러난다. '함께 어깨에 지다.'라는 뜻의 고통로용 정신 은 1만 7,000여 개의 섬과 1,300여 개에 달하는 다양한 종족으로 구성된 인도네시아 국민을 화합할 수 있게 한 중요한 가치로 작용 해 왔다. 2023년 양국수교 50주년을 맞아 윤석열 대통령의 인도네 시아 방문을 계기로 앞으로 50년 아니 100년 이상 양국 간의 발전 뿐 아니라 지역 평화와 경제번영을 위해서도 서로 어깨를 나누며 긴밀히 협력하는 미래 협력 파트너로 여정을 같이해 나가야 한다.[12]

아울러, 소지역 다자 협력체와 동아시아 안보협의체 설립을 추 진해야 한다. 한국과 아세안이 소속한 동아시아에서의 공동체 형 성은 동아시아 지역의 공동번영과 발전을 위하여 추구해 나아가야 할 목표라고 할 수 있다. 그러나 동아시아 지역은 다양한 문화적 배경, 역사적인 관계, 현존하는 군사·안보적인 갈등으로 인하여 탈냉전 이후 오히려 군사적 긴장이 지속되고 있다. 이는 역설적으 로 이 지역에 있어서 안보공동체 형성의 유인이 되는 동시에, 성공 을 불투명하게 만드는 요인이 되고 있다.

국제질서의 변곡점에 선 한국외교의 고뇌

그러나 동아시아 지역에 있어서 안정된 안보 환경의 조성 없이는 경제적, 정치적 협력이 성공을 거두기 힘들며, 따라서 우선 동아시아는 자체의 안보협력 메커니즘을 가져야 하며, 중견 선진국가인 우리가 선의의 동반자(benign partner)인 아세안과 함께 이를 추진해 나갈 수 있다. 소극적인 자세에서 벗어나 동남아시아 및 인도·태평양 지역의 평화와 안보 이슈에서 적극적인 목소리를 내는 것으로부터 시작할 수 있다. 특히, 남중국해 문제를 비롯한 인도·태평양 지역의 해양안보 등 역내 평화, 안보와 관련된 이슈들에서 한국이 독자적으로 이바지할 수 있는 방안을 적극적으로 모색함으로써 한국의 전략적 존재감(strategic presence)을 높여 나가야 한다. 한국의 글로벌 중추 국가 비전과 2024년의 유엔안보리 비상임이사국 수임 계기를 적극 활용할 수 있다.

V.I.P(Vietnam, Indonesia, Philippines) 국가로 부를 수 있는 베트남, 인도네시아, 필리핀은 한국으로서 동맹국인 미국의 인도·태평양 전략과 궤를 같이하면서 외교, 군사, 경제 지평을 동북아에서 동아시아, 나아가 인도·태평양까지 넓힐 수 있는 지정학적·전략적 협력 파트너 국가이다. 이들 국가들은 남중국해 등 중요한 해로에 위치해 있고 군사, 경제, 인구 규모를 고려 시 그리고 중견국으로서 아세안과 국제사회에서의 영향력, 북한과의 관계 등을 고려하면 통일을 완수하는 데 조력자가 될 수 있다. 통일 이후에도 동아시아에서 패권을 추구할 중국을 견제하며 지역 질서 형성의 균형자 또는 협력자가 될 잠재성이 크다. 우리가 G20 내 중견국 그룹인 믹

디(MIKTA: Mexico, Indonesia, Korea Turkey, Australia) 창설을 주도한 것처럼 V.I.P.국가와 호주를 연계하여 비프카(VIPKA: Vietnam, Indonesia, Philippines, Korea, Australia)라는 소지역 다자협의체를 신설하는 구상도 가능할 것이다.

언젠가 통일 한국이 실현된다면 동북아 지역 비핵지대 설정, 군비 통제와 군비감축 등 지역 내 실질적인 평화 구축을 위한 '동북아 안보협의체' 구성을 상정해 볼 수 있을 것이나 그 이전이라도 1994년 ARF에서 제의하였으나 중국 측의 소극적인 태도로 무산된 동북아 다자안보대화(NEASED: Northeast Asia Security Dialogue)를 확대하여 동북아국가와 아세안이 참여하는 동아시아 협력대화(EASD: East Asia Security Dialogue) 창설 제안도 고려할 필요가 있다. 이 경우, 기존의 동북아 방역협의체처럼 우선 비전통적 안보 이슈별로 별도의 협의체를 만들어 동아시아 지역 내 논의를 주도해 나가야 한다.

아세안과의 국방 및 방산, 해양안보도 잠재성이 큰 협력 분야이다. 글로벌 차원은 물론 특히 인도·태평양지역에서의 지정학적 경쟁의 격화로 동아시아 국가들은 군사력 증강과 군 현대화 및 방산 기지의 건설을 통해, 안보와 외교 정책상의 실질적인 자유를 획득하려고 노력하고 있다. 앞으로 수십 년간 미·중 간의 패권전쟁이 가속화되고 남중국해와 한반도를 둘러싼 지정학적인 불안요인이 지속된다면 각국은 군비증강에 나설 것으로 예상된다. 동남아 국가들의 군 현대화 계획에 맞추어 이들 국가들과 국방협력뿐 아니라 방산 협력의 전기를 마련할 수 있는 장기적인 전략을 수립해야 한다.

국제질서의 변곡점에 선 한국외교의 고뇌

필리핀은 2015년 이후 한국으로부터 12대의 경공격기(FA 50), 6대의 상륙돌격 장갑차(AAV), 호위함과 초계함 각각 2척을 구매하였으며 잠수함 도입도 추진 중이다. 또한, 2022년 필리핀이 주관한 카만닥 연합해상훈련에 우리 해병대가 최초로 참가했다. 앞으로 필리핀과 방산, 국방협력 이외에도 우리 상선도 피해를 입은 적이 있던 필리핀 남부 해협 지역에서 해적퇴치와 대테러 합동 훈련을 확대 실시할 필요가 있다. 인도네시아는 한국으로부터 잠수함 6척 도입에 이어 차세대 전투기를 공동으로 개발하고 있다. 방산 분야는 무기체계의 호환성을 통해 상대국과의 국방협력을 강화할 뿐 아니라 미래 성장 동력으로 기여도가 높다. 공동훈련과 현지 무기 생산 및 공동개발도 함께 추진한다면 아세안은 우리의 중요한 미래 군사협력 동반자가 될 것이다.

아세안 국가와의 국방협력을 강화하기 위해서는 아태지역 국방부 장관 모임인 샹그릴라 대화와 아세안 확대국방장관 회의(ADMM+)에도 계속 적극적으로 참여하고, 아세안이 운영하는 국방 핫라인인 ADI(ASEAN Direct Communication Infrastructure)에 우리도 가입하여 해적, 해양안보, 사이버 안보 분야에서 협력을 증진시켜 나가야 한다.

2013년 하이엔 태풍 재난 시 필리핀 정부의 요청으로 파견한 아라우 부대의 복구 활동이 양국 간 국방 및 방산 협력으로 이어진 바 있다. 아세안에서의 대규모 자연재해나 분쟁 발생 시 전투병력이 아닌 복구와 재건을 담당하는 평화유지군 파병을 적극 실시하여 '평화 유지국'(peace keeping nation)을 넘어 '평화 구축국'(peace making

또는 peace building nation)으로 비전을 확대할 수 있다. 캄보디아, 라오스의 지뢰 제거와 향후 미얀마 정국이 개선될 경우 미얀마의 재건 등 국제협력이 필요로 하는 요구에도 적극적으로 부응하여 기여외교를 확대해 나가야 한다.[13]

한국과 아세안은 모두 해상교통로의 안정성과 해양무역, 해양개발 등 해양을 통해 얻는 국익이 상당하다는 측면에서 꾜괄석 해양안보 분야도 양측의 정치안보 협력증진을 위한 시작점으로 적절한 이슈라 할 수 있다. 아세안과 해양안보협력을 위해서는 중요한 수송로인 남중국해에서 항행의 자유를 위해 공동노력하고 아울러 아세안이 필요로 하고 실질적 이익을 얻을 수 있는 해상사고 대응, 수색 및 구조, 해양쓰레기 분야로 협력을 확대해야 한다.

2022년 11월 22일 개최된 한-필리핀 정상회담에 이어서 양국 정상은 해양안보 역량 강화를 위한 협력을 계속 확대해 나가기로 했다. 동남아시아 국가 중 최초로 설립한 해양 분야 관련 정례 대화체인 제1차 한-필리핀 해양대화가 2022년 9월 부산에서 양국 외교부 국장들이 참석한 가운데, 2차 회의는 2023년 9월 마닐라에서 각각 개최되어 어업 및 해운을 포함한 해양 경제분야 협력을 강화해 나가기로 했다.

한국국제협력단(KOICA)은 2021년부터 필리핀 마닐라만에 해양쓰레기 모니터링과 청항선 운영 시스템을 지원하면서 플라스틱 폐기물 관리 개선 활동을 진행하고 있는 미국 국제개발처(USAID)와 협력 양해각서를 체결했다. 앞으로 해양 환경보호를 위해 한·미·필리핀 삼각 협력 분야를 더욱 확대하는 것이 중요하다. 특히, 광대한 해양에 면하여 해양안보의 취약성에 노출되어 있는 필리핀과 필리핀 남부 해협 지역에서의 해적퇴치와 대테러 합동 훈련, 해양 자원 공동 개발을 추진하여야 한다.

소다자·지역 차원의 맞춤식 협력도 중요하다. 주요 해양국가 협력지대인 브루나이－인도네시아－말레이시아－필리핀 동아세안 성장지대(BIMP-EAGA)와 협력을 위한 기금을 활용하는 한편[14], 향후 한-해양 동남아 소지역 협력분야를 해상 안보분야로 발전시켜 나가면서 아세안과 해양안보 협력정책을 중장기적으로 내실있게 발전시킨다면 '지속가능한 해양경제, 청색경제 성장의 파트너십 구축'이라는 비전을 실현하는 데 도움이 될 것이다.[15]

무한한 가능성, 경제 분야 상생 협력 어젠다

국방, 방산분야의 협력과 더불어 경제분야에서도 상생의 공동번영을 이루도록 노력해야 한다. 이미 아세안 지역에서 미국, 중국, 일본이 장기간에 걸쳐 아세안시장을 공략하면서 아세안 국가들의 발전에 기여하기보다는 풍부한 천연자원과 저렴한 인적 자원을 활용하여 자국 이익확보에 몰두해 온 바 있다. 우리나라는 이와 차별화하여 아세안 국가들의 발전에 기여하는 진정성 있고 신뢰할만한 호혜적인 협력파트너로서의 역할을 확대해 나가야 한다.[16]

이를 위해서는 첫째, 안정적인 자원확보, 인프라와 전자상거래 분야의 협력 확대를 통해 한국과 아세안이 공히 미래 성장동력을 창출하는 협력 파트너 관계를 만들어 나가야 한다. 제1의 교역상 대국인 중국에 대한 과도한 경제의존도를 줄이고, 디지털 경제로 의 전환, 그린 인프라, 바이오산업 육성 등 미래산업 동반자 관계 구축을 통해 미래 성장동력 분야에서 공동 번영하도록 협력을 강화해야 한다. 전자정부 도입 등 디지털 경제로 전환할 수 있도록 아세안의 정보통신 인프라에 대해서도 중점 지원하여야 한다. 아세안도 저출산 고령화에 직면할 것이기 때문에 노동력 감소에 따라 이를 대체할 수 있는 기술개발이 시급한 상황이며, 특히 4차 산업혁명시대의 흐름을 따라가기 위해 인공지능이나 로봇산업을 육성할 계획[17]이기 때문에 이러한 아세안의 수요에 적극 협력하는 것이 중요하다.

아시아 개발은행(ADB)에 따르면 아세안의 V.I.P 국가(Vietnam, Indonesia, Philippines)는 2030년까지 인프라 건설에 총 1조 7,633억 달러가 필요한 것으로 조사되었다. '아세안 연계성 마스터플랜 2025'에 따르면 2030년까지 아세안의 교통과 전력, 통신 등 인프라 분야 수요가 3조 3천억 달러에 이를 것으로 전망된다. 2018년 말 기준, 한국의 아세안 지역 인프라 수주는 98억 9천만 달러로 중동지역의 85억 7천만 달러를 제치고 최대 수주처로 자리매김하였다.[18] 아세안 인프라 시장에 중국과 일본이 치열한 경쟁을 벌이고 있다. 한국은 물류비용을 줄이고 관광산업 육성을 위해 항만, 교량, 공항 등 인프라 건설에 적극적으로 참여하여 미래 성장의 발판을 마련하도록 지원하고, 친환경 사업인 태양광, 풍력, 지열 등 재생에너지 분야에 적극적으로 진출해야 하며, 이를 위해 아세안 인프라에 대한 경제개발 협력기금(EDCF) 지원을 대폭 확대하여야 한다.

코로나19 이후 아세안에는 오프라인 소비 규모 축소, 가정 내 온라인 소비 증가, 전자상거래 시장 활성화, 스마트폰 애플리케이션 다양화 및 사용량 증가 등의 현상이 나타나고 있다. 최근 동남아 국가들은 디지털 인프라에 많은 투자를 하면서 인터넷 보급률이 높아지고 있다. 더불어 스마트폰 사용자 수도 급증하면서 이러한 환경은 동남아 국가의 전자상거래 시장을 발전시키고 있다. 대한무역투자진흥공사(KOTRA)가 2020년 1월 발행한 〈2020 권역별 진출전략 동남아〉 보고서에 따르면 아세안 전자상거래 시장은 2015~2025년 연평균 32%의 성장률을 기록하며 2025년 880억 달러(약 104조 3,000억 원) 규모까지 성장할 전망이다. 특히, 한류와 중산층 확산으로 한국의 화장품 온라인 구매가 폭발적으로 증가하고 있다. 코트라에 따르면 전자상거래의 중요성을 인지한 아세안은 2018년부터 전자상거래 협정을 체결하고 협력을 도모하고 있다. 앞으로 아세안에 대한 디지털 경제로의 전환을 도우면서 전자상거래 분야에 적극적으로 진출하는 것이 필요하다.[19]

둘째, 아세안 친환경 산업을 지원하여 인류 공동과제인 기후변화에 공동 대응하고 탄소배출을 경감할 수 있는 태양광, 풍력 등 재생에너지 산업을 적극 지원하고 육성하여야 한다. 아세안 주요

국가들은 기후변화루 인한 자연재해에 대처하기 위해 화석연료 의존도를 줄이고 재생에너지 등 친환경 에너지 정책과 전기차 도입[20]을 추진하고 있으나, 그린 인프라에 많은 자금이 필요한 상황이어서 말레이시아, 인도네시아는 이슬람 국가에서 자금 조달을 위해 발행하는 채권인 수쿠크 그린 채권을 발행하고 있다.[21] 자연재해 다발 지역인 동남아 국가들은 이에 대한 대처에 소요되는 막대한 자금 조달을 위해 기존의 자체 정부 재원 충당 이외 국채 발행과 자본 투자 유치에 필요한 금융 시장의 투명성을 높이는 한편, 규제를 완화하여 외국인 투자자에 대한 문호를 계속 넓힐 것으로 예상된다. 대규모 녹색 프로젝트를 개발하기 위해서는 타당성 조사가 선행되어야 하는데, 한국국제협력단(KOICA)이 수자원이나 기후변화 분야에서 구체적인 부문별로 시범사업(pilot projects)을 지원하고 있음을 잘 활용하는 것이 중요하다.

기후환경 분야의 협력을 강화하기 위해서는 그린 인프라 분야의 공적 개발원조(ODA) 확대, 한국 정부의 그린 뉴딜 사업 성공을 위한 아세안과의 협력, 한국에 본부가 있는 글로벌 녹색성장기구(GGGI), 녹색기후기금(GCF), 아시아산림협력기구(AFoCO), 녹색기술센터(GTC)와 녹색 정책 수립, 녹색분야 정책 금융, 녹색기술 이전을 위한 구체적인 협력사업을 진전시켜 나가야 한다.

셋째, 아세안과 연관된 지역 차원의 다자 무역협정에 적극적으로 참여하여 무역 시장을 다변화함으로써 경제영토를 넓혀 나가는 것도 매우 중요한 과제이다. 중국 주도의 역내 포괄적경제동반자

협정(RCEP: Regional Comprehensive Economic Partnership)이 2022년 1월 1일 발효되었다. RCEP는 아세안 10개국에 한국·중국·일본·호주·뉴질랜드 5개국을 더한 아시아·태평양 지역 15개국이 체결하는 세계 최대 규모의 자유무역협정(FTA)으로서 RCEP 서명국의 무역 규모는 5조 6,000억 달러(약 6,581조 원)로 전 세계 교역량의 31.9%를 차지한다. 국내총생산(GDP)은 전 세계의 30.8%에 달하는 26조 달러(약 3경 555조 원)이다. 2019년 기준 한국의 전체 수출에서 이들 15개 국가가 차지하는 비중은 49.6%(약 282조 원)에 이른다. 앞으로 아세안 양자 및 다자 차원뿐만 아니라 더 넓은 범위에서 RCEP 국가와 경제통상협력을 확대하고 국제 통상규범 마련에 적극적으로 동참해 나가야 한다.

미국은 중국 주도의 RCEP에 대응하는 성격의 환태평양경제동반자협정(TPP: Trans-Pacific Strategic Economic Partnership)을 추진했지만, 양자 무역을 선호하는 도널드 트럼프 전 대통령 시절 탈퇴했다. 그 후 TPP는 일본 주도의 협상을 통해 일부 아세안 국가도 참여하는 포괄적이고 점진적인 환태평양 경제동반자 협정(CPTPP: Comprehensive Progressive Trans-Pacific Partnership)22으로 바뀌었는데 한국도 CPTPP에 가입하여 수출 시장을 확대하고 새로운 첨단 통상규범을 도입해 국내 비즈니스 환경을 개선해야 한다. 전략 물품에 대한 미·중 경쟁과 대립, 자연재해 등에 따른 공급망 차질로 생산 설비가 지장을 받는 사태가 빈번해짐에 따라 공급망 안정화는 각국의 최대 관심 사항이 되고 있다. CPTPP에 포함된 무역 자유화와 무역 원활화를 위한 각종 특혜 조치는 회원국 간의 공급망을 탄탄하게 구축하는 효과를 내게 된다. 세계무역기구(WTO) 기능이 마비되고 있는 현 상황에서 CPTPP 가입은 의미가 크다. 더구나 일본이 공급망 확충 파트너로 선택한 대만이 CPTPP에 가입할 경우 우리나라의 불참 비용은 더 커지게 될 것이다.23 또한, 미국이 주도하며 아세안 주요 국이 참가하는 인도 태평양 경제파트너십(IPEF: Indo-Pacific Economic Partnership)에도 적극적으로 참여하여야 한다. 아울러 우리나라가 2025년 아시아태평양 경제협력체(APEC)의 의장국이 되므로 신 무역 규범이나 디지털 규범 수립을 위해 더욱 지도력을 발휘해야 한다.

넷째, 국제개발 협력은 국가전략뿐만 아니라 외교전략의 틀 속에서 중요한 역할을 하고 있다. 국제 개발 협력 프로젝트는 공여국과 파트너 국가 간의 유대 관계를 상징적이며 실질적으로 보여주는 외교 관계의 주요 요인이다. 아세안의 많은 국가들은 아세안의 빈곤퇴치와 유엔 지속가능 개발목표(UN SDGs) 달성을 위해 한국이 도움을 주기를 기대하고 있다. 인간 안보(human security) 차원에서도 한국의 국제개발 협력은 이들 국가의 빈곤퇴치와 삶의 질 향상에 기여할 수 있다. 아울러 개발도상국이 공통으로 직면하고 있는 농업 및 농촌, 인프라개발, 교육 및 개발, 기후변화와 환경 분야, 코로나 시대 보건 및 방역 분야 도전에 대한 개발지원을 강화하여 수원국과의 전략적인 동반자 관계를 강화해야 한다.

세계에서 유일하게 수원국에서 공여국으로 변모한 대한민국이 선진국과 개도국의 교량 역할을 할 수 있는 것은 한국이 지닌 최대 장점이자 기여외교의 자산이다. 이 과정에서 한정된 재원을 효율적으로 사용하기 위한 체계적이고 종합적인 국가별 원조전략이 필요하다. 공적개발원조(ODA) 정책의 효율성 및 효과성을 높이기 위해서는 동남아시아 지역에 대한 개발수요를 분석하고 분야별 개발 협력방안을 마련하여야 한다. 한국의 공여역량과 수원국의 필요성을 고려하면 농업 및 농촌 개발, 인프라 확충 및 지역개발, 기후변화 및 환경 분야에 중점을 둘 필요가 있다.

대상 국가의 특성을 반영한 선택과 집중의 맞춤형 외교전략이 수립되어야 하는데, 캄보디아나 라오스, 동티모르 등 최저 개발국의 경우에는 우선 농촌 개발을 통한 빈곤퇴치와 식량안보 해결이 중요하므로 식량 지원과 함께 우리의 새마을 운동 전수를 확대해 나가고, 필리핀과 인도네시아 등 후발경제권 국가들의 경우, 전자학습(e-learning)을 포함하여 중장기적인 교육 분야 원조를 통해 경제발전에 필요한 인재 양성으로 선발 중견국으로 발전할 수 있도록 교육 인프라 구축을 지원해 나가야 한다.[24]

M '한류의 힘' … 아세안 청년이 뽑은 가장 신뢰하는 국가 한국

끝으로, 한류와 아세안류 간 쌍방향 문화교류와 소통을 통해 차세대 간 미래 협력의 기반을 다져 나가야 한다. 전 세계에 열풍이 불고 있는 한류 영향 등으로 아세안 청년들이 가장 신뢰하고 미래에 도움이 될 국가로 '한국'을 들었다.[25] 한-아세안 센터가 설문

조사한 결과에 따르면 현지 아세안 청년의 93.6%, 한국 거주 아세안 청년의 96.7%가 가장 신뢰하는 국가(중복응답 가능)로 '한국'을 들었다. 이어 현지 아세안 청년은 일본(92%)과 호주(87.6%), 주한 아세안 청년도 일본(88.2%)과 호주(91.7%)를 신뢰할 수 있다고 답했다. 미국은 그 다음이었다. 그러나 중국에 대한 신뢰도는 현지 아세안 청년(57.9%)과 주한 아세안 청년(38.9%) 모두 매우 낮게 나타났다. 한국 청년들의 아세안에 대한 신뢰도 64.4%에 달해 일본(39%)과 중국(16.7%)보다 훨씬 우위에 있었다.

자국의 미래에 가장 도움이 될 국가는 어디인가를 묻는 질문에 현지 아세안 청년들은 '아세안 지역'(92.5%)을 1순위로 선택했으며, 주한 아세안 청년들은 '한국'(96.9%)을 선택했다. 특이한 것은 중국에 대한 낮은 신뢰도를 보였던 아세안 청년 다수(현지 78.5%, 주한 61.7%)가 중국을 도움이 될 국가로 본 점이다. 이는 세계 경제에서 갈수록 커지는 중국의 위상과 중국과 아세안 국가의 경제적 협력관계 등을 반영한 것으로 해석된다. 반면에 한국 청년들은 미국(89.9%), 아세안(82.2%) 등을 미래에 도움이 될 만한 국가라고 보았으며, 중국은 38.1%에 불과했다.

한국에 대한 관심을 묻는 질문에 현지 아세안 청년 90.4%, 주한 아세안 청년 97.7%가 '관심 있음'으로 답했다. 이 같은 높은 관심이 한국 유학과 취업에 영향을 미쳤을 것이라는 분석이 나온다. 한국 청년은 52.8%만이 아세안에 대해 '관심 있다'고 답해 상대적으로 낮은 관심도를 보였다. 특히 아세안 청년의 50% 정도가 한국에

국제질서의 변곡점에 선 한국외교의 고뇌

'매우 관심'이 있다고 답했지만, 한국 청년은 5.5%만 같은 반응을 보였다. 한국과 아세안 청년 간 서로에 대한 관심의 정도에 있어 불균형이 있음을 알 수 있다.

아세안 청년들은 소셜미디어(SNS), 인터넷과 같은 온라인 매체를 통해 한국 관련 정보와 콘텐츠를 주로 접하는 것으로 나타났다. 현지 아세안 청년은 SNS(61.2%), 인터넷(51.3%), TV와 라디오(35.3%), 온라인 동영상 서비스(OTT, 11.3%), 신문과 잡지(10.8%) 순으로 답했다. 주로 접하는 콘텐츠로는 한국의 음식(59.5%), 여행(49.7%), 문화예술(43.3%) 등을 들었다.

이는 한류의 영향으로 동남아 지역에서 유행하는 김치, 떡볶이, 라면, 치킨 등 한국 음식의 인기와 한국 여행에 대한 욕구를 반영한 것으로 볼 수 있다. 대부분 유학생으로 구성된 주한 아세안 청년들은 여행(48.9%), 문화예술(42.4%), 음식(40.3%) 등에 이어 교육과 취업 관련 정보에 대한 수요(34.9%)도 많았다. 한국 청년의 경우 아세안 여행(64.6%) 관련 콘텐츠를 가장 많이 찾았으며, 음식(54.6%)이 그 뒤를 이었다. '한국' 하면 떠오르는 이미지에 대해 아세안 청년들은 거주 지역과 관계없이 모두 'K-팝', '드라마', '김치' 등 한류 관련 내용을 떠올렸다.

아세안과 한국 청년들은 민간 차원의 상호 교류 확대와 경제협력 관계 강화, 정부 수준의 소통과 신뢰 증진, 교육 및 인적 교류 확대를 지속 가능한 관계 발전을 위한 우선 과제로 들었다. 4차 산업 분야에서 서로 협력해야 한다는 응답도 많았다.[26] 상기 여론조사를 보면 아세안 청년들은 한국에 대한 인식이 좋고 한국을 협력 국가로 여기고 있지만 한국 청년들은 아세안에 대해 충분한 지식을 갖지 못하고 있음을 알 수 있다. 결국, 이 조사는 한국과 아세안 차세대 간 문화교류, 인적 교류를 확대하여 신뢰와 우정을 쌓고 미래 세대 주역으로서 동아시아 미래 발전의 비전을 공유하고 실천해 나가는 파트너십을 구축하는 것이 중요함을 나타내 준 것으로 볼 수 있다.

한류가 번성하는 아세안과 한류와 아세안 음악과 영화, 음식과 문화 등 아세안류의 쌍방향 문화교류와 소통을 통해 차세대 간 더불어 발전하는 우정의 미래 동반자 관계를 구축해야 한다. 이를 위해 한류를 확산하고, 통일을 포함한 우리의 한반도 정책을 적극적으로 홍보하기 위해 많은 청년이 청년 공공외교 대사로서 활동할 수 있도록 지원하고, 아세안 차세대 지도자들을 대규모 초청하여 차세대 리더 간 교류와 소통을 확대하며, 아세안 장학생 초청도 대폭 확대해야 한다.

미래 세대의 주역인 청년들이 한글교육과 봉사활동을 통해 리더십을 함양하고, 아세안 청년들과 교류와 협력을 통해 장기적으로 양국관계 발전에 도움이 되는 풀뿌리 공공외교를 전폭 지원하는 것도 필요하다. 이를 위해 현재 한국국제협력단이 진행하고 있는 해외 청년 봉사단 규모를 매년 수백 명에서 수천 명으로 확대하여야 한다. 경제문화교류 창구인 한-아세안 센터와 아세안 문화원의 인력과 예산도 대폭 확대하여 온라인과 오프라인에서 한국과 아세안 국가 청년들의 교류가 더욱 활성화되도록 지원하는 것이 필요하다.

⋈ 협력의 제도화를 향하여

아세안은 단일성과 단결(unity and cohesion), 아세안 중심성(ASEAN Centrality)을 바탕으로 아세안의 설립 목적인 지역의 평화와 안정 유지 및 증진, 경제적인 번영, 사람 중심의 정책을 위해 아세안 국가 간뿐만 아니라 역외국가들과도 협력적 파트너십과 리더십을 발휘하고 있다. 아세안은 지속적인 경제성장 가능성, 젊고 역동적인 노동력, 풍부한 천연자원뿐만 아니라 미래 성장동력도 다양하게 갖춘 잠재력이 많은 지역이다. 이러한 차원에서 미국은 인도·태평양 정책을 추진하는 데 있어서 아세안을 중심지역으로 보고 있으며, 중국은 일대일로를 통해 아세안과 정치, 경제관계를 확대하고 있고 일본 역시 아세안을 중시하면서 투자와 교류를 확대하고 있으며 최근 들어서는 유럽연합도 아세안을 중시하고 특히 기후환경 분야에서 협력을 한층 강화해 나가고 있다.

당연히 아세안은 우리에게도 지정학적, 지경학적, 전략적으로 매우 중요한 지역이다. 우리의 두 번째 큰 무역 및 투자 상대라는 경제적인 측면과 더불어 한반도의 평화와 안정, 그리고 통일 후에도 동북아시아를 포함한 동아시아의 평화와 번영을 이루는 데 매우 중요한 역할을 할 수 있다. 아울러 아세안의 청년들이 한류로 인해 한국을 가장 선호하는 국가로 꼽고 있기 때문에 한국과 아세안은 미래지향적이며 지속적인 발전 가능성이 더욱 높다.

아세안과 정치, 군사, 안보, 경제, 문화 등 다방면에 걸쳐 진정한 의미의 포괄적 전략적 동반자 관계로 성장하기 위해서는 진정으로 아세안의 친구가 되어 호혜적인 협력관계를 구축하도록 노력해야 한다. 이를 위해서는 아세안을 중시하는 정책의 연속성, 한국과 아세안 관계를 장기적으로 지속 발전시켜 나갈 정책집행자들의 집단 지성과 통찰력, 민간분야의 적극적인 협력 유도, 그리고 공공외교, 국민외교를 통해 양국 국민 간의 신뢰와 소통, 인적교류가 더욱 확대될 수 있도록 제도적인 틀을 공고히 마련하는 것이 더욱 절실한 때이다.

국제질서의 변곡점에 선 한국외교의 고뇌

1 　동남아시아(동남아)와 아세안(ASEAN: Associan of Southeast Asian Nations, 동남아 국가연합)은 개념상 개별 국가와 그 연합체인 지역기구로 구분할 수 있으나, 정체성과 행동양식, 지향성 등 행태를 감안하여 편의상 이를 혼용하여 사용하는 경향이 있으며 본 논고도 이를 따른다. 아세안은 냉전기인 1967년 창설 후 수차례 확장 과정을 거쳐 현재 동남아 10개국(브루나이, 캄보디아, 인도네시아, 라오스, 말레이시아, 미얀마, 필리핀, 싱가포르, 태국, 베트남)이 참여하고 있으며, 동티모르가 가입을 추진 중이다.

2 　남중국해를 베트남은 동해, 필리핀은 서필리핀해라고 부른다.

3 　Amitav Acharya, 〈*ASEAN and Regional Order: Revisiting security community in Southeast Asia*〉, (2021, Reutledge), p. 69.

4 　한겨레, 2023.09.20.

5 　아세안의 중심성에 대한 상세한 자료는 Elizabeth P. Buensuceso, *ASEAN Centrality*, (2021, ISEAS), pp. 32-37 참조.

6 　Melly Caballero-Anthony, Lina Gong, *Non-Traditional Security Issues in ASEAN- Agenda for action*, (2020, ISEAS), pp. 16-17.

7 　Marty Natalegawa, *Does ASEAN matter?-A View from Within*, (2018, ISEAS), p. 229.

8 　우리 정부는 '한-아세안 연대 구상'을 바탕으로 ① 보편적 가치에 기초한 규칙기반 질서를 수호하기 위한 국방, 방산, 사이버 안보, 마약, 테러 등 초국가범죄 대응, 남중국해의 평화와 안정을 위한 아세안 해양법 집행 역량을 지원, 아세안과 연합훈련 공조 확대와 해양안보 협력, ② 아세안의 새로운 성장동력 창출을 위한 「한-아세안 디지털 혁신 플래그십 사업」, 디지털, 전기차, 배터리, 스마트시티 등 미래산업 분야 지원, '메콩강 위원회'에 대한 신규 기여, ③ 기후변화 대응과 보건 분야에서의 '한-아세안 메탄행동 파트너십', 아세안과 백신 생산, 치료제 개발 협력 등을 구체적으로 제시했다.

9 　포괄적 전략 동반자 관계(CSP: Comprehensive Strategic Partnership): 아세안이 대화 상대국과 맺는 최고 단계 파트너십: 총 11개의 대화대상

국 중에서 현재까지 중국(2021), 호주(2021), 미국(2022) 및 인도(2022)가 아세안과 CSP를 수립하였다. 기시다 일본 총리는 2023.9.6. 인도네시아 자카르타에서 개최된 일본-아세안 정상회의에 참석하여 일본과 아세안 관계를 '포괄적 전략적 동반자 관계'로 격상하는 공동성명을 채택했다.

10 "2022년 아세안 관련 정상회의 주요 내용과 시사점", 『KIEP 세계 경제 포커스』 (2022.12.09.)

11 한동만, "아세안과 미래지향적 파트너십을 강화하기 위한 정책제언", 부산외국어대학교, 『아세안연구원 이슈페이퍼』 *No. 8* (2022.04).

12 한동만, "韓 상부상조와 印尼 '고똥로용' 정신의 융합", 『세계일보』 (2023. 09.11.)

13 한동만, "동남아의 안보위협에 대한 한국의 미래전략", 서울대 아시아 연구소, 『아시아 브리프』 제2권 제15호 (2022.02.28.)

14 우리 정부는 한-동남아 해양국가와의 협력기금을 2027년까지 700만 달러로 증액할 계획이다.

15 한동만, "필리핀과 해양협력을 강화해야 하는 이유", 『내일신문』 (2023. 01.25.)

16 주영섭, "세계 각축장된 아세안, 차별화 전략으로 끌어안자", 『아주경제』 (2023.10.14.)

17 Amitav Acharya, 앞의 책, p. 37.

18 한동만, 『대한민국의 신 미래전략, 아세안이 답이다』, (글로벌콘텐츠, 2019), pp. 166-167.

19 일본은 2023년 일본-아세안 우호 협력 50주년을 맞아 '일본-아세안 포괄적 연결성 이니셔티브'를 통해 아세안과 교통인프라의 정비, 디지털 분야, 해양협력, 공급망 강화, 전력 공급, 인적 교류 등 6개 분야에서 협력을 추진할 것이며, 이러한 분야에서 향후 3년 동안 5천 명의 인재를 육성할 계획이라고 발표한바 있다.

20 2019년 2,400대의 전기차 생산량이 2025년에는 34만 대로 전기 자동차의 비중이 35%까지 성장할 것으로 예상된다.

21 유엔개발계획(UNDP)은 앞으로 30년 후인 2050년 경에는 아세안을 비롯한 개발도상국 국가의 연간 자연재해 피해액이 2,800~5,000억 달러(한화 약 309조 1,500억~552조 1,500억 원)에 이를 것으로 추정된다는 보고서를 발표하고, 이러한 피해 규모를 감당하기 위해서 아세안 국가들이 그린 수쿠크 발행을 지속적으로 늘려야 할 필요가 있다고 하였다(*UNDP, Pioneering the Green Sukuk in Indonesia, 11 Nov. 2020*).

22 2018년 12월 일본·뉴질랜드·오스트레일리아·싱가포르·브루나이·말레이시아·베트남·캐나다·멕시코·페루·칠레 등 11개국으로 출범하였으며, 2013년 7월 유럽 국가로는 영국이 처음 가입했다. 중국 등도 가입 신청을 해 참가국은 앞으로도 늘어날 것으로 전망된다.

23 정인교, "8년 전 놓친 '무관세 동맹', CPTTP", 『서울경제』 (2021.12.31.)

24 한동만, "아세안과 경제 및 개발 협력을 통한 미래지향적 관계발전을 위한 정책 제언", 서울대 아시아 연구소 브라운백 세미나 발표자료 (2023.05.30.)

25 한-아세안 센터가 수행한 '2021 한-아세안 청년 상호 인식도 조사'는 2020년 8~9월 미얀마를 제외한 아세안 9개국 현지 청년 1천 800명과 한국에 거주하는 아세안 청년 500명, 한국 청년 1천 명 등 3천 300명을 대상으로 했다.

26 연합뉴스, 2022.01.25.

중동, 분쟁과 개혁의 혼재

[조윤수]

중동, 분쟁과 개혁의 혼재

2010년 아랍의 봄 사태와 연이은 시리아 내전으로 혼란스러웠던 중동에 2019년 이후 협력과 개혁의 바람이 불고 있었다. 2020년 아브라함 협정을 통해 이스라엘과 일부 중동 국가 간에 관계가 개선되어 왔고 2022년 카타르 월드컵이 개최되었다. 2023년에는 수니파 이슬람과 시아파 이슬람을 대표하는 사우디아라비아와 이란 간의 관계가 정상화되고 나아가 이스라엘과 사우디 간의 관계 정상화도 가시권에 들어오고 있어 문명 간의 협력도 이루어질 것이라는 청신호도 깜빡이고 있었다.

그러나 2023년 10월 하마스의 이스라엘 공격과 이스라엘의 전방위적 대응으로 완전히 다른 양상을 보이고 있다. 하마스의 군사 공격으로 다수의 이스라엘 민간인이 살상되고 많은 인질이 억류되자, 이스라엘군은 이에 대한 보복조치로 가자 지역 내 대규모 공습 및 지상공격을 감행하여 무고한 시민들을 포함하여 많은 팔레스타인들이 목숨과 삶의 터전을 잃었다.[1] 이스라엘은 하마스를 완전히 와해시키겠다는 목표로 공격을 지속하고 있다.

⋈ 이스라엘-하마스 전쟁과 팔레스타인 문제

2022년 2월 시작된 우크라이나 전쟁으로 전 세계가 양분된 가운데, 또다시 이스라엘-하마스 전쟁이 일어나 국제사회가 휘청거리고 있다. 이에 이스라엘-하마스 전쟁의 배경, 확전 여부, 출구전망, 하마스 대체세력의 가능성과 해법 등이 주요 관심사이다.[234]

하마스가 이 시점에 분쟁을 야기한 목적은 무엇인가? 하마스 측은 이스라엘의 오랜 압제와 성지 모독을 이유로 들고 있는데, 이는 이슬람권 단합을 위한 명분이 되고 실제 그러한 양상이 나타나고 있다. 혹자는 이스라엘과 사우디아라비아 간의 수교 교섭에 초조해진 하마스와 이란의 역습이라고도 한다. 그런데 이번과 같은 대규모 기습공격에는 오랜 준비기간이 필요하고 특히 500㎞에 달하는 땅굴을 파기에는 수년이 소요됨을 고려할 때, 사그라져 가는 팔레스타인 주민들의 투쟁정신을 되살려 보려는 것이 목적이라는 주장에 더 힘이 실린다.

그러면 이란과 그 대리세력은 어느 정도의 수준으로 개입할 것인가? 제5차 중동전으로 확대될 것인가? 최근 중동정세 변화의 가장 큰 요인은 이란 핵문제다. 아브라함 협정으로 중동 외교에 새로운 지평이 열리게 된 것도 이란의 핵무기 개발로 불안해진 수니 아랍국들의 정책 변화라는 분석이 타당하다. 이란으로서는 핵개발로 인한 경제 제재로부터 벗어나고자 안간힘을 쏟고 있다. 뿐만 아니라 지난 네 차례에 걸친 중동전쟁은 모두 이스라엘과 아랍 국가 간의 전쟁이었지만 이번 전쟁은 이스라엘과 하마스 간의 전쟁이며, 미국과 EU로부터 테러단체로 지정된 하마스에 대해 일부 아랍국들이 일정한 거리를 두고 있다. 이러한 상황을 감안할 때, 이란이나 헤즈볼라 등의 시아 세력이 스스로 감당하기 어려운 확전을 불사할 가능성은 그리 커 보이지 않는다.

이스라엘은 언제까지 하마스를 밀어붙일 것인가 하는 의문이 생긴다. 과연 출구 전략을 갖고 있기나 한가? 바이든 대통령이 "이스라엘의 가자지구 재점령을 반대한다."는 입장을 수차례 밝힌 반면 네타냐후 이스라엘 총리는 "가자지구에 대한 이스라엘의 전반적 안보책임을 무기한 지겠다."고 하였다. 그러나 이는 상호 반대되는 내용이 아니다. 이스라엘 측의 안보책임이란 팔레스타인에 대한 통치 행위를 배제한 순수한 안보관리만을 의미하는 것으로 보인다. 또한 이스라엘군에 의한 점령이나 장기주둔 할 가능성은 낮아 보인다.

하마스와 권력투쟁을 벌여 온 팔레스타인 자치정부의 입장은 무엇인가? 2006년 팔레스타인 총선에서 하마스는 가자 지역에서 승리하여 가자지구는 하마스가, 서안지구는 파타가 분리 통치하여 왔다. 이번 하마스 사태도 이러한 라이벌 구도에서 팔레스타인 대의(大義)를 위한 선명성을 기치로 내건 하마스가 주도권 확보를 위해 감행했다는 분석이 있다.

국제사회가 궁극적 해결책으로 밀고 있는 '두 국가 해결법'(the

Two States Solution)은 실현 가능한 것인가? 바이든 대통령은 이번 사태를 계기로 여러 차례에 걸쳐 '두 국가 해결방안'을 내세웠다. 이는 기본적으로 '1967년 전쟁 이전의 국경선으로 되돌아가 두 개의 국가로 평화공존하게 하는 체제'를 일컫는다. 바람직한 방안이기는 하지만 실현되기 위해서는 양측 간에 국경 문제, 정착촌 문제, 난민 문제, 그리고 예루살렘 문제 등 과제가 선결되어야 하는 어려움이 있다.

이러한 전체적인 흐름 하에서 전력의 상당한 열세인 하마스가 2023년 10월 공격을 취한 배경에 대한 의문이 가시지 않지만 전문가들의 여러 분석에는 공통점이 있다. 즉, 가자 지역에 대한 이스라엘의 비인간적인 조치, 서안지구 내 이스라엘 불법정착촌의 확대, 네타냐후 정권의 비도덕성 및 사법개혁과정에서의 내부 분열 상황, 서안지구 내 팔레스타인 자치정부의 무력화, 이스라엘과 사우디 간의 관계정상화 시 팔레스타인 문제의 방기 가능성, 사우디·이스라엘의 역할 상승에 대한 이란의 견제 등을 그 이유로 들고 있다.[5 6 7] 이러한 측면에서 본다면 하마스는 어느 정도 목표를 달성하였다. 이스라엘의 비인도적인 처사에 대한 국제적 비난이 확산되고 아랍계 국가·국민들의 이스라엘 비난으로 이스라엘의 사우디 등 아랍국가와의 관계가 정체되거나 재차 대립적인 상황으로 변하였다. 또한 이스라엘 내부 분열상황과 네타냐후 정권의 팔레스타인에 대한 불법적이고 비인도적인 조치가 적나라하게 드러나면서 네타냐후 총리에 대한 비난도 증가하고 있다.

그렇다고 하마스에 반드시 유리하게 전개되는 것은 아니다. 이스라엘은 민간인 살상에 대한 국제여론의 비판에도 불구하고 하마스를 궤멸시키기 위하여 가자 지역에 대규모 공격을 감행하였다. 이스라엘은 그동안 팔레스타인 자치정부와 하마스를 분리 상대하였으나 이제는 하마스의 가자 통치를 인정하지 않고 팔레스타인 자치정부를 협상 대상자로 상대할지 고민할 것이다. 국제사회 역시 이번을 계기로 이스라엘의 정착촌 확대 등 팔레스타인 지역에 대한 불법 조치나 비인도적인 조치 대신 두 국가 해결방안에 따라 팔레스타인과의 협상을 적극 제기할 것이다.[8][9][10]

각국의 반응을 살펴보면 미국은 이스라엘에 대한 지지를 표명하고 있으나 팔레스타인에 대한 네타냐후 정부의 억압적 조치를 더 이상 용인하기는 어렵게 되었으며, 이스라엘의 새로운 정부 구성이 필요하고 이를 통하여 두 국가 해법을 추진해야 한다는 여론이 확산되고 있다. 이번 전쟁으로 팔레스타인 문제에 대한 미국의 영향력이 제한적인 것이 드러나 중국이 중동에서 그 역할을 확대할 수 있는 여건이 형성되었지만 실현 여부는 두고 보아야 한다. 중국은 전쟁 발발 후 중립성향을 표명하면서도 이스라엘을 비판하는 경향인데, 그 결과 이스라엘과의 관계를 개선해 온 그간의 노력이 성과를 거두지 못하게 될 가능성이 높아지게 되었다. 오히려 러시아는 우크라이나 전쟁에 대한 국제적 관심과 지원이 대폭 줄어들어 커다란 수혜국이 되었다.[11] 러시아는 이스라엘이 우크라이나 전쟁 이후 서구의 러시아 제재에 참가하지 않는 등 중립적인 입장을 견지하여 러시아와 이스라엘 간 상호 관계가 좋았고, 푸틴 대통령과 네타냐후 총리가 10차례 이상 접촉하는 등 신뢰가 증진되는 과정이었다. 그러나 이번 전쟁 후 러시아는 아랍을 지지하는 입장을 표명하여 러시아·이스라엘 관계는 당분간 소강될 가능성이 크다.[12] [13]

사우디·이집트·UAE 등 아랍국가는 팔레스타인 문제 해결에 대하여 공동의 목소리를 내지만 무슬림 형제난의 한 시파인 하마스에 대하여 적극적인 지원을 하기는 어렵다. 또한 아랍국가들과 이스라엘과의 관계가 당분간 정체되겠지만 완전히 관계를 단절하기는 어려울 것으로 보인다.[14] 하마스가 무슬림 형제단의 일파로서 왕정 및 군정에 대한 강한 비판세력이었고 하마스가 강해질 경우 소위 저항의 주축인 이란을 중심으로 헤즈볼라·하마스·후티 등 세력이 사우디 등을 둘러싸는 형국이 되어 이를 용인할 수는 없다. 특히 이집트의 알 시시 정권은 무슬림 형제단 세력이었던 모르시 정권을 축출하고 집권하였기에 인접한 하마스 세력이 강력한 무장 정파로 부상하는 것을 받아들이기는 어렵다.

이에 반하여 무슬림 형제단을 지원하는 튀르키예와 카타르는 하마스 정파에 대하여 우호적이지만 군사적인 지원이나 전쟁에 참여하지는 않을 것이다. 하마스의 공격 배후 세력으로 이란이 대두되는데 그동안 군사훈련 및 군수물자 등의 지원이 있었다고 추정되지만 군사공격을 이란이 알았다는 증거는 없다. 그럼에도 하마스 공격 이후 사우디 등 아랍국가들이 이스라엘과의 관계 증진을 중지하였다는 점에서 이란은 수혜를 보았다고 할 수 있다. 다만 최근

이란의 아랍국가들과의 관계가 호전되고 바이든 정부와 핵협정 재개 등이 논의될 수 있는 시점에서 전쟁이 발생하여 바이든 정부는 이란과의 관계를 회복하는 조치를 당분간 하기는 쉽지 않아 이는 이란에게도 악재일 수 있다.

이번 전쟁에서 드러난 문제는 지도력의 부재이다. 이스라엘의 네타냐후 총리는 사법개혁 등을 명분으로 자신의 부패와 비리를 덮고자 극우세력을 장관으로 등용하고 이 세력이 서안지구의 불법 정착촌 확대하여 팔레스타인의 정체성을 말살하려 하였는데 이것이 전쟁의 중요한 원인이기도 하다. 이에 서구 언론도 네타냐후의 퇴진이 팔레스타인 문제 해결의 시발점이 될 것으로 분석하기도 한다.[15][16][17][18] 이런 가운데 하마스 지도자, 헤즈볼라 지도자가 강경도 일변도이고 팔레스타인 자치정부의 압바스 대통령은 부패하고 무능하다. 민감한 국제적 문제를 해결할 능력이 없는 지도자들이 국가·세력을 이끌고 있었다는 점이 문제 해결을 더욱 어렵게 만들고 있다.

중동 국가 간 역학구조의 변화

이스라엘-하마스 전쟁 이전의 국제사회는 미국과 중국 간의 갈등과 우크라이나 전쟁으로 양분되는 양상이었다. 이러한 가운데 중동 국가들은 어느 한 편에 편입되었던 냉전 시대의 경향과는 달리 자국의 이해 중심으로 움직이는 모습을 보여 왔다. 이러한 중동의 변화를 읽기가 쉽지 않은데 그 이유는 중동 25개 국가들의 관계가 복합적이기 때문이다. 그럼에도 25개 국가들 가운데 사우디아라비아, 이란, 튀르키예 등 주도적인 국가의 동향을 살펴보면 큰 흐름에 대한 가닥이 잡힌다.

지난 80여 년간 미국과 가장 긴밀하게 협력해 왔던 사우디아라비아는 최근 러시아에 대한 제재 및 석유생산규모 등에서 미국과 입장을 달리하고 있다.[19] 나토 회원국으로서 막강한 군사력을 보유하고 있는 튀르키예도 서구와 입장을 같이하기보다 오히려 러시아와 협력하고 있고, 미국과는 10여 년 이상 긴장관계이다. 튀르키예 대선 이후 미국과 튀르키예 간 소통하는 분위기가 있었지만 이스라엘-하마스 전쟁에 대해서는 완전히 상반된 입장이다. 중동 정세의 핵심국인 이란은 서구의 경제제재를 계속 받고 있는 가운데 중국·러시아와 협력하면서 중동국가와 새로운 관계를 모색하고 있다.

강대국의 중동에 대한 입장이 변화한 것은 미국중심의 국제질서가 점차 다극화되어 가는 점과도 관련이 있다. 오바마 정부 이후 미국은 중동에서 역할을 줄이고 아시아에 중점을 두는 정책을 취하여 왔고, 중동 핵심국인 세 나라 역시 미국과의 협력에서 이완되는 양상을 보이고 있다. 러시아는 시리아 내전을 활용하여 중동에서 역할이 확대되었으나 우크라이나 전쟁으로 예전보다 중동에 신경 쓸 여력이 없게 되었다. 이러한 가운데 그동안 경제협력에 중점을 두었던 중국이 미국·러시아의 공백을 틈타 사우디·이란 간 복교에 중재역할을 하는 등 정치·안보 분야에서도 그 역할을 점진적으로 확대해 나가는 추세이었다.

중동국가들 간의 관계에서도 큰 변화를 보이고 있다. 전후 중동국가 가운데 주요국들은 상호 견제·반목하는 관계였으며, 큰 줄기는 사우디아라비아·이집트를 중심으로 이란 및 이스라엘에 대립하는 양상이었다. 그러나 미국의 이라크 공격과 아랍의 봄 사태가 발생하면서 중동의 역학구도에 변화가 생겼다. 2003년 사담 후세인 이라크 대통령의 실각 이후 이라크에서 시아파가 장악하고 이란－이라크－시리아 간 시아파 연대가 형성되어 이란의 영향력이 확대되었다. 2010~2011년 아랍의 봄 이후에 장기간 집권하였던 리비아·이집트 지도자들이 실각하였으며, 시리아 내전으로 여러 나라가 혼란에 빠졌다. 걸프국가협의체(GCC) 내에서도 이란에 대한 포용입장을 나타내는 카타르에 대하여 사우디 및 UAE 등이 2017년 단교조치를 하면서 상호 갈등이 심각하게 나타났다.

그러나 2019년 이후 확연히 변화하는 양상을 보여 왔는데 미국의 안보제공에 대하여 중동국가들의 불신이 표면화되고 중동국가 간 상호 긴장 및 갈등 관계가 협력하는 분위기가 변하고 있다는 점이다. 사우디 중심으로 살펴보면 이란 및 카타르와 관계를 정상화하였고, 오랫동안 소원했던 튀르키예와도 협력하는 분위기로 전환되고 있다. 이란 역시 지속되는 경제악화로 기존의 협력국인 중국·러시아와의 관계를 더욱 강화해 나가면서도 적대관계였던 사우디 등 역내국가와의 관계를 개선해 왔다. 이와 같이 최근 중동 변화의 큰 특징은 미국의 역내 영향력 감소, 우크라이나 전쟁 이후 러시아의 중동내 역할 약화, 이러한 공백을 대체하는 중국의 진출과 함께 사우디·이란·튀르키예 등 역내 중추 세력간의 협력 등으로 요약될 수 있을 것이다.[20]

🕎 사우디아라비아: 무함마드 빈 살만(MBS)의 획기적인 개혁정책

사우디의 변화는 첫째, 왕위승계과정의 급격한 변화와 MBS의 권력장악, 둘째, MBS에 의한 국내 개혁정책, 셋째, 미국과의 관계 이완 및 이란과의 관계개선[21] 등으로 나타난다.

2015년 살만 국왕의 취임 이후 그동안 시행되던 사우디 왕가의 승계 원칙은 완전히 무너졌다. 이븐 사우디 초대 국왕 이후 현재의 살만국왕까지 형제승계원칙에 따라 차기 국왕은 먼저 왕세제로 임명된 이후 국왕직을 맡던 체제였다. 이러한 원칙에 따라 각 형제간 합의와 세력균형을 통하여 안정적인 국가 운영이 이루어져 왔지만, 고령화된 국왕이 운영하는 나라여서 역동성을 상실한 체제였다. 이에 대응하여 새로이 취임한 살만 국왕은 기존의 권력승계 원칙을 무시하고 자신의 친자인 MBS를 2017년 왕세자로 임명하였다. MBS는 당시 불과 32세였지만 행정효율화 및 부패 척결을 내세워 국방장관·내무장관·정보부장 직을 일원화하고 권력을 장악하였다.[22]

MBS는 국정운영방식을 완전히 달리하고 있다. 그는 기존의 권력구조와 석유에 의존한 경제구조로는 사우디의 미래를 장담할 수 없다는 인식을 가지고 대대적인 개혁을 추진하였다. 우선 기득권을 누리던 왕가 일족을 소환하여 부정부패 등 이유로 재산을 압류하고 그들의 직위를 박탈하여 기득권 세력을 무력화하였다. 또한 UAE(아랍에미리트)와 카타르의 개혁과 성과를 주시하여 정부조직의 장관을 40대 전문가 중심으로 구성하여 일하는 정부로 방향을 설정하였다. 이는 그동안 집단적인 통치와 노령자의 경험을 중시하면서 왕가 중심의 국정이 이루어지는 구조와 달랐다.

그는 사우디가 직면하는 경제상황을 인식한 지도자였다. 정부예산의 80%, GDP의 40%를 석유에 의존하는 사우디 경제는 유가의 급격한 변동에 따라 국가재정이 급등락하여 불안한 구조였다. 나아가 2010년대 전후하여 미국의 셰일 석유 생산으로 사우디의 국제적 위상이 약화되어 가 경제구조를 재편할 필요성이 점증해 가고 있었다. 기간산업인 석유산업의 특성상 자본이 집중되는 구조로 고용효과가 미미한 가운데 3,500만 인구 가운데 65%가 30세 이하로 젊은 사회임에도 이들이 일할 수 있는 작업장이 절대적으로 부족하였다. 더욱이 점차 유정이 고갈되어 가고 지구온난화 등 기후환경에 대응하기 위하여 각국이 재생에너지로의 에너지 전환이 이루어지고 있어 석유에 의존한 경제구조를 조정하지 않고는 사우디의 미래가 매우 불확실한 상황이었다.

그는 주변국과의 안보상황이 불안한 점을 심각하게 보았다. 이란과의 오랜 기간 적대적인 상황 이외에도 이라크·레바논·시리아·리비아 등으로부터의 위협이 지속되어 왔다. 특히 예멘에서는 이란이 지원하는 후티 세력이 점차 확산되고 있어 사우디는 시아파 세력으로 둘러싸이는 상황에까지 이를 정도였다. 그는 2003년 미국의 이라크 침공 이후 사담 후세인 정권이 무너지고, 아랍의 봄 이후 시리아 아사드 정권이 허약해지면서 이라크·시리아·레바논에까지 이란의 영향력이 확산되어 가는 상황을 주시하였다.

한편 오랜 기간 동맹관계였던 미국의 중동정책이 변하면서 사우디에 대한 미국의 안보지원이 점차 감소되어 가는 추세였다. 오바마 정부가 30여 년간 미국과 보조를 맞추었던 이집트의 무바라크 대통령을 민주주의 가치를 이유로 퇴진시키는 입장이었던 반면, 2013년 시리아 아사드 정권이 화학무기 사용 시 군사적 조치를 취하겠다는 약속을 수차례 하였음에도 실제로 이러한 상황이 발생하였을 때 이에 대하여 전혀 대응하지 않았던 점을 유의하였다. 더욱이 2015년 사우디와 사전 협의 없이 이란과의 핵협상을 타결하는 점을 보고 더 이상 미국에 안보를 의지하기는 어렵다는 입장을 가지게 되었다.[23] 또한 2019년 이란·예멘 세력이 사우디 석유시설을 공격하였을 때 트럼프 정부도 대응조치를 취하지 않았고, 바이든 정부는 제말 카슈끄지 피살사건에 대하여 MBS가 관여되어 있다는 입장을 나타내 사우디 내 권력을 장악하기 시작한 MBS의 위상에 어려움을 준 점도 있었다. 점차 이란이 중동에서 영향력을 확대해 나가고 있는데 이에 대한 미국의 조치는 수수방관하거나 나아가 이란과 핵협상으로 포용하는 정책을 취하였기 때문에 사우디는 미국의 안보 약속을 더 이상 신뢰할 수 없게 되었다.

이러한 상황에서 새로이 권력을 장악한 MBS는 안보·경제 등 제반 정책의 변화가 필요하다는 판단하에 국가안보를 최우선 순위에 두고 기존의 외교안보 정책의 변화를 추진하고 있다.[24] 그동안 사우디의 외교는 미국과의 안보 동맹, 국제시장에 중동산 석유의 안정적 공급, 이슬람 종교의 리더십 등 세 축에 근거하여 추진되어 왔다. 2차 대전 종전 후 미국으로부터 안보를 제공받는 대신 석유의 증산 또는 감산을 통하여 국제석유시장의 안정자 역할을 하여 왔고 이슬람 세력을 통합하기 위하여 이슬람협력기구(OIC)를 창설하기도 했지만 이제는 변화가 필요했다. 그는 우선 꾸준하게 국방비 지출을 증가하여 첨단 무기와 기술을 도입하였다. 또한 이를 바탕으로 GCC 국가 간 군사협력을 강화하는 한편 트럼프 행정부 출범 이후에는 미국과의 관계를 재건하려는 노력을 하였다.

국내 경제정책이 먼저 획기적으로 변화하고 있는데 네옴시티 건설 및 신재생에너지 프로젝트를 담은 국가개조 정책인 '비전 2030'을 발표하여 과감하게 추진하고 있다.[25] '비전 2030'은 경제·사회·문화 등 분야에서 국가를 개조하고자 하는 혁신적인 개혁프로그램이다. 활기찬 사회·번창하는 경제·웅대한 국가를 목표로 하면서 경제부문에서는 신성장동력 육성·민간부문 활성화·중소기업 육성 등 경제구조를 다각화하는 것이다. 이를 위하여 네옴시티 건설 및 홍해 리조트 개발, 비석유 에너지 개발에 초점을 맞추되 이러한 재원을 마련하기 위하여 아람코 기업을 공개하고 다국적기업의 중동 본부를 유치하는 노력을 하는 방향으로 정책을 수립하였다.

네옴시티를 건설하여 그동안 사우디인들이 해외에서 관광하는 대신 국내에서 관광을 하도록 하고, 외국인의 관광을 유치하고자 한다. 또한 재생에너지 프로젝트 개발 및 핵원자로 건설 등으로 석유의존 경제에서 탈피하여 석유고갈 또는 기후환경변화에 대응하는 데 초점을 맞추고 있다. 그는 사우디 자본을 외국에 투자하기보다 현대화된 경제, 젊은 인구 층의 수요 증가, 새로운 사업 발굴 등 매력적인 요인을 창출하여 외국 자본이 사우디에 투자하게 되기를 원하였다. 외국인 및 외국 자본의 유치를 위하여 포용적인 문화 및 전근대적인 제도 개선도 필요하였다. 문화적으로 온건 이슬람 국가를 지향하면서 젊은 층을 위한 외국문화 및 영화관 공연, 여성운전 및 여성의 체육활동 등도 허용하도록 하였다. 그의 개혁은 경직적인 종교세력과의 거리두기, 여성운전 금지 철폐를 통한 국내인력의 활용, 서구와의 새로운 차원에서의 협력 등 획기적인 방향이었다.

이러한 개혁정책은 사우디의 주요 산업인 적정한 규모의 석유를 안정적으로 수출하는 것과 관련이 있다. 그동안 석유수급에 있어 미국의 입장을 반영하던 관례를 탈피하여 사우디의 시장점유율에 초점을 두면서 OPEC 회원국 및 러시아와의 협력을 중요시하고 있다. 2022년 미국은 인플레이션을 낮추기 위하여 이자율 인상 등 정책을 실시하면서 사우디 석유의 증산을 요청하였지만 사우디는 오히려 러시아와 협력하여 2022년 10월 OPEC＋ 조치로 석유를 일일 200만 배럴을 감산하는 조치를 취하였다. 미국에 전적으로 협조하였던 국제석유수급에 대한 입장도 더 이상 미국과 보조를 맞추기보다 OPEC 및 관련국가와 협력하는 방향으로 바꾸었다.

그는 대외정책도 과단성 있게 그리고 유연성 있게 시행해 나가고 있다. 걸프국가와의 선린우호관계 유지 및 대외적 안정적 환경 조성에 목표를 두고 다른 나라에 대한 내정불간섭, 국제분쟁의 평화적 해결 등 정책과 동시에 그동안의 소극적·수동적인 외교에서 벗어나 자국 이해 측면에서 이란과의 관계개선 등[26] 적극적인 정책을 추진하는 방식으로 변화하고 있다.

사우디는 더 이상 미국과의 동맹에 연계되기보다 자국의 이익을 중시하는 실리외교로 전환하면서 이란과의 관계개선을 통하여 현상을 타개하려는 조치를 취하였다. 더욱이 '비전 2030'의 성공적인 추진이 긴요한데 이를 위하여 주변 환경의 안정적인 관리가 중요하였다. 이를 위해 필수적인 후티 반군세력 제어를 미국의 군사적 지원을 통하여 실현하는 것은 어렵다고 보고 후티 세력에 영향력 있는 이란과의 협력이 현실적이라는 판단을 하게 되었다. 후티 반군과의 전쟁을 마무리하고 시아파 세력과의 갈등도 완화하기 위하여 2023년 3월 중국의 중재로 2016년 이래 중단되었던 이란과의 관계를 정상화하였다.[27]

한편 경제제재를 받고 있는 러시아와는 석유생산규모·유가 등 협력이 중요하여 서구의 대러시아 경제제재에 동참하지 않았다. 전술한 바와 같이 오히려 코로나 이후 발생하는 인플레이션 억제를 위하여 미국이 요청한 석유증산을 거부하였으며, 더 나아가 러시아 등과 협력하여 OPEC＋의 감산을 주도하면서 적극적인 탈(脫)미 행보를 보였다.[28] 사우디로서는 그동안 갈등관계였던 튀르키예·이라크·카타르·시리아 등 주변국과와도 관계를 개선하여 나갔는데 여기에는 사우디가 강대국 간 패권경쟁을 활용하여 자국의 입지를 강화하고 이를 토대로 중동지역의 패권국으로 발돋움하고자 한다는 시각도 있다.

사우디와 이란이 상호 관계개선에 중국이 중재 역할을 가능하게 한 배경도 살펴볼 필요가 있다.[29] 이란으로서는 중국과 25년간 장기 전략적 에너지 협정을 맺고 있는 등 중국이 매우 중요한 협력국가이다. 또한 중국이 이란의 가장 큰 무역상대국이며 경제제재 하에서도 무역 규모가 한때는 510억 불에 이를 정도였고, 2022년에는 140억 불에 달했다. 특히 중국이 이란으로부터 가장 많은 석유를 수입하고 있고 이란의 상하이 협력기구(SCO)에의 가입에도 중국이 지원하였다. 사우디로서도 중국은 500억 불 규모의 경제프로젝트와 연관되어 있고 연간 870억 불 이상의 무역상대국이기도 하다. 이 과정에서 중국의 무기구입, 일부 원유대금의 위안화 결제 등 새로운 협력도 모색해 나가고 있다. 아울러 사우디가 자국의 국제적 위상을 확산시켜 나가기 위해 BRICS에의 가입 또는 SCO에의 대화상대국으로 진입을 해 나가는 데 중국이 적극 지원하였다. 사우디로서는 미국의 안보제공 불안, 이란으로서는 악화되는 국내 경제문제 해결을 위하여 상호 이해가 일치하는 가운데 사우디·이란에 있어 중요한 협력국인 중국의 중재가 이루어지면서 적대적인 두 나라의 관계가 정상화되었다.

MBS는 이란 및 극단 이슬람 조직과 함께 튀르키예에 대하여 부정적으로 인식하고 있었다. 사우디의 주도로 GCC국가들이 친이란 성향의 카타르에 대한 단교 및 무역·교통금지 조치를 취하였을 때 튀르키예는 카타르에 대하여 전폭적인 지원을 하였다. 또한 2018년 사우디계 미국 언론인인 제말 카슈끄지가 이스탄불의 사우디 총영사관에서 피살되는 사건이 발생했을 때[30] 에르도안 대통령은 도청을 통한 정보를 바탕으로 살해 관련 구체 정황을 공표하였고 미국 CIA는 MBS가 살해를 지시한 것으로 보인다는 발표를 함으로써 사우디가 곤혹한 입장에 처하게 되었다. 이와 같이 사우디와 튀르키예는 상호불신이 심했으나 최근에는 에르도안 대통령의 사우디 방문 등 양국 관계가 급격히 개선되고 상호 고위인사 교류도 활성화되고 있다. 양국은 이스라엘-하마스 전쟁 이후 하마스에 대한 입장에 차이가 나타나고 있으나 최근 진전되어 온 양국 관계에 영향을 미치지는 않을 것으로 보인다.

이란: 하메네이 최고지도자와 라이시 대통령의 정책 방향

이란 정부는 보수적인 라이시 대통령이 이끌고 있지만 지속되는 제재로 국내 경제위기가 악화되어 이를 타개하기 위하여 대외관계에 보다 유화적인 입장을 보여 왔다. 중국·러시아와는 기존 협력

을 이어가면서 그동안 불편했던 중동 국가와 새로운 협력관계를
모색해 나가고 있다.

그간 이란의 국내 정치적 변화를 살펴보면 1979년 혁명을 이끌
었던 호메이니 최고지도자가 죽은 후 하메네이 지도자 체제가 지
속되고 있다. 수니파 종교계에서 높은 지위에 있지 않았던 하메네
이가 호메이니의 지명에 따라 최고 지도자로 승계 받을 수 있었으
나, 이로 인해 취임 초기에는 하메네이가 오랫동안 지위를 유지하
기 힘들 것이라는 지적도 있었다. 그럼에도 고령의 하메네이는
1989년부터 지금까지 신정체제를 비교적 무난하게 유지하여 왔으
며, 현재는 그가 사망할 경우 누가 승계할 것인가 하는 것이 관심
사이기도 하다. 그의 후임 최고 지도자로 보수 성향의 라이시 현
대통령이 거론되기도 한다.[31] 그러나 라이시 대통령이 지난 3여 년
통치하는 동안 심각한 데모가 발생하는 등 대체로 지도력이 부족
하다는 비판적인 견해와 함께 보수파 지도자로 거론할 만한 인물
이 부재하여 대안이 없다는 의견이 혼재되어 나타나고 있다.

하메네이 지도자 아래에서 개방적인 성향의 라프산자니(1989~1997),
하타미(1997~2005), 루하니(2013~2021)와 보수적인 성향의 아흐마
디네자드(2005~2013), 라이시(2021~현재) 등 5명의 대통령이 34년간
국정을 운영해 왔다. 하메네이 지도자는 호메이니가 권력기관에
대하여 견제와 균형적인 입장을 취하였던 통치방식을 이어받아,
필요시 종교적인 권위를 내세워 대통령의 국정운영에 직접적으로
지시를 내리는 경향이다.[32] 각 대통령의 성향을 보면 라프산자니는

경제개혁과 대외개방을 추진하는 실용적인 정책을 추진하였고, 하타미 역시 미국과의 관계 개선을 도모하였으며 경제제재 하에서도 비교적 견실한 성장을 이루었다. 그러나 아흐메드네자드는 군사력 증강·핵개발, 시리아·레바논 등 시아파와의 연대 등 강한 보수정책을 추진하여 하메네이 지도자와 노선을 같이하고 라프산자니·하타미의 개혁정책과 궤를 달리하였다.

아흐메드네자드는 그의 통치기간 중 경제적 상황이 악화되면서 국민적 지지가 하락하는 가운데도 2009년 대선에서 재선되었다. 이에 부정선거 가능성이 제기되어 녹색운동 등 국민적 저항이 1979년 혁명 이후 최대라고 할 정도로 일어났다. 이후 선출된 루하니 대통령은 하타미 정권 시절 핵협상 책임자의 경험을 바탕으로 핵협상을 타결하여 서구와의 관계를 개선하였고, 국민의 경제상황을 개선시켰으며, 정치사회적 제약을 해제하는 정책을 취하였다. 루하니 대통령 임기 종료 이후에는 보수성향이 우세하여 2021년 선거에서 라이시 정권이 출범하면서 최고지도자와 함께 대통령·의회·법원 등 모든 정치기관에서 보수세력이 권력을 장악하게 되었다.

지난 3여 년간 라이시 정권은 지속된 대외 경제제재, 악화되는 경제상황, 심화되는 부정부패, 젊은 층과 여성의 자유 요구 등에 효과적으로 대응하지 못하였다. 경직적인 혁명사상, 경제의 주요 버팀목인 유가의 급등락, 경제제재로 대외환경의 불확실성, 이슬람 혁명 수출을 위한 시리아·이라크·레바논 등에의 과도한 지출 등으로 경제가 불안하며 이에 대하여 젊은 층 중심으로 반대가 점증하고 있다. 이러한 가운데 2022년 히잡을 쓰지 않았다는 이유로 한 여성이 윤리경찰의 강한 조치로 사망한 이후 데모가 상당 기간 이어졌으며 현재도 국내 정치경제 상황은 불안하다.

이에 라이시 정권은 주변국과의 관계개선을 도모하는 정책을 추진하면서 경제위기를 탈피하려는 노력을 취하고 있다.[33] 또한 브릭스(BRICS), 상하이협력기구(SCO) 능을 통하여 기존 우방국인 중국·러시아와의 협력을 강화하고 있다. 미국의 핵협상 탈퇴 등 기회를 활용하여 우라늄 핵물질 농축을 강화하여 보수층의 지지를 유지하면서 현재는 미국과 핵협정 복원에도 적극적인 입장을 보인바 있다.

이란은 대외관계에서 미국에 어떻게 대응해 나갈 것인가가 가장 큰 현안이다.[34] 미국과는 1979년 이후 상호 불신하는 가운데도 변화를 위한 협상이 간헐적으로 전개되었지만 그 속도는 지지부진하였고 그 진폭 역시 컸다. 이란은 미국이 이란 정권의 타도를 목표로 하고 있다고 비난해 왔다. 그럼에도 루하니 정부는 2015년 서구와의 핵협상을 타결하였는데 그 배경에는 경제제재 해제를 통한 국내경제의 활성화 도모가 긴요하였기 때문이다. 미국의 오바마 정부도 아프가니스탄·이라크 침공 이후 중동 정세가 불안한 가운데 외교의 중점대상을 중동에서 아시아로 옮겨가는 가운데 이란과의 협상을 통하여 중동의 안정을 도모할 목적이 있었다. 그러나 트럼프 정부가 2018년 합의된 핵협정을 무효화하고 이란에 대한 압박을 강화하면서 양국 관계가 다시 악화되었다. 이후 바이든 정부는 핵협상을 재개한다는 입장이었으며, 최근 미국과 이란이 핵협상 관련 비밀 협상을 전개하고 있다는 보도가 나오기도 했다.[35] 다만 2015년 수준의 핵합의를 이루기는 어렵다는 평가인데 이는 민주당이 2024년 대선을 앞두고 이란에 유화적이라는 공화당의 공세에 대응하기 쉽지 않다는 데 있다. 특히 이스라엘-하마스 전쟁 발발 이후 이란의 하마스 지원 등 의혹이 가시지 않고 있어 미국과 이란과의 협력 논의는 당분간 정체될 수밖에 없다.

이란의 러시아와의 관계를 살펴보면 국제관계가 명분보다 실리를 추구하고 있다는 점을 알 수 있다.[36] 이란은 19~20세기 러시아의 남하로 일부 영향지역을 상실하고 러시아 세력에 강하게 대응하여 왔기에 1979년 혁명 이전까지 러시아에 대하여 강한 불신을 가지고 경계하여 왔었다. 그러나 혁명 이후 이란은 미국에 대항하여야 했고, 수니파 이슬람 세력에 대한 견제를 위해서도 전략적인 협력국가가 필요했다. 또한 이라크-시리아-레바논과 연계된 시아파 세력을 구축하기 위하여 시리아 아사드 정권을 지지할 필요성과 함께 최신 무기 및 핵기술을 확보하기 위해서는 러시아의 협력이 긴요했다. 나아가 양국은 공히 에너지 수출국으로서 카스피해 석유생산을 위한 협력도 중요하다. 러시아도 우크라이나 전쟁 이후 이란산 드론을 수입하는 등 무기·군사협력이 필요한 상황이어서 이란과 러시아는 어느 국가보다 긴밀한 협력이 이루어지고 있다.

이란과 중국은 에너지 수출입 및 무역거래 측면에서 긴밀한 협력관계이다. 이란은 중국이 2010년 이후 최대 무역상대국이고 중국으로부터 상당한 무기를 수입하고 있으며 또한 중국에 이란의 석유를 가장 많이 수출하고 있다. 특히 경제제재를 받고 있는 이란에 대하여 중국이 최대 투자국가이기도 하여 중요한 경제협력대상 국이다. 중국으로서도 사우디·앙골라·러시아 등과 함께 경제제재 하의 이란으로부터 상당한 석유를 수입하고 있는데 그 대부분이 호르무즈 해협을 통과하므로 에너지 안보차원에서 이란과의 협력은 필수적이다. 중국은 또한 신장 지역의 회교도 세력이 중동의 수니파 세력과 연계할 가능성이 있어 이란과의 협력을 통해 이들을 견제할 필요도 있다. 이란은 2023년 중국·러시아가 주도하고 있는 상하이협력기구(SCO)의 정식 회원국이 되어 지역안보 협력도 강화하고 있다.

이란으로서는 자국에 비교적 호의적인 유럽연합과의 관계가 중요하다. 이란은 유럽연합의 중추국인 독일·프랑스·이탈리아와 함께 현재 유럽연합을 탈퇴한 영국과도 외교·경제 등 분야에서 협력을 이어 나가고자 노력해 왔다. 유럽 역시 군사적인 대결보다 핵문제를 포함하여 전반적으로 이란을 포용하려는 입장이다. 유럽으로서는 중동지역의 테러·난민·전쟁 등 불안요인이 유럽으로 전이될수 있기에 지역정세 안정을 위하여 이란과 협력을 해 나가려는 입장이다. 이란의 선거에서 개혁적인 대통령이 당선될 경우 유럽은 그에 대한 지원을 해 왔는데, 그 대표적인 사례가 이란의 루하니 정부와 2015년 타결한 핵협상이다. 경제적으로 이란은 무역상대국으로 중국 다음으로 유럽연합이 크며, 유럽으로서도 최근 우크라이나 전쟁 이후 탈러시아 에너지 경향을 보이는 가운데 이란으로 부터 에너지 수입이 더욱 중요해지고 있다.

이란과 사우디 관계는 중동 전체의 변화와 직결되어 있다. 걸프 국가들은 이란이 시아파 중심의 지역 패권을 확대하고 핵무기 개발을 통하여 인근 국가를 위협하고 있다는 인식으로 이란의 이라크·시리아·예멘·바레인에 대한 세력 확장을 경계하여 왔다. 이란과 사우디의 외교관계가 한때 단절되기도 했는데 이는 사우디 내 시아파 지도자 처형과 관련이 있었다. 사우디에는 10~15% 정도의 시아파 교도가 있고 니므르(Nimr)는 그 시아파 지도자이었다. 니므르는 시아파를 선동하여 사우디 정부의 소수 시아파 정책을 비판하면서 반정부 시위를 주동하였으며, 사우디 정부는 그가 테러와 연관되어 있다는 이유로 2016년 처형하였다. 이것이 빌미가 되어 이란 내 사우디 대사관 및 영사관이 공격을 받게 되자 사우디는 외교관계를 단절하였는데 2023년 3월 중국의 중재로 다시 외교관계가 정상화된 것이다.[37]

이란의 튀르키예와의 관계는 오스만제국 및 사파비 왕조 시대까지 수백 년에 걸쳐 경쟁해 온 관계였지만 2003년 에르도안 정권 출범 이후 대체로 협력적인 관계를 유지하고 있다. 튀르키예는 이란의 평화적인 목적하의 핵 프로그램을 지지하며, 쿠르드족의 독립 저지, 카타르에 대한 지원 등 지역 문제에 있어서도 같은 입장에 있다. 튀르키예는 에너지 수입의 1/4을 이란에 의존하고 있어 에너지 확보 측면에서 이란이 중요하다. 이란도 경제제재를 받고 있는 가운데 제재조치를 우회하고 에너지 수출선으로 튀르키예가 중요하다. 그럼에도 지역패권과 관련하여 시리아 아사드 정권에 대한 입장은 완전히 다른 입장이다. 다만 이 문제는 러시아·이란·튀르키예 간 정상 간 및 고위급 협의를 통하여 상호 이견을 조정해 나가고 있다.

⋈ 튀르키예: 에르도안 대통령의 재선 후 정책 변화

에르도안 정부의 대외정책은 '전략적 깊이'(Strategic Depth) 또는 '모든 주변국과의 우호적인 관계'(Zero problems with Neighbors)라고 불린다. '전략적 깊이'는 군사 용어로서 사전적 개념으로는 '최전선, 전투 지역, 산업 핵심 지역, 자본 도시, 심장부, 주요 인구 또는 군사 생산 센터 등 서로 간의 거리'라고 정의하고 있다. 튀르키예로 본다면 주변국, 특히 중동·이란 등과의 관계가 중요하다는 의미이다.[38]

이는 냉전 체제하에서 서방 국가의 외교를 따라가는 정책에서 탈피하여 중동 중심의 근린 외교를 표방하는 점에서 기존의 정책과 대비된다. 1923년 독립 이후 튀르키예의 외교는 내부 지향적이었다. 아타튀르크의 '국내의 평화가 세계의 평화'(Peace at Home, Peace in the World)라는 정책에 따라 외부의 분쟁이나 문제에 관여하지 않았다. 그렇다고 하여 외부 세력과 관계를 완전히 단절한 것은 아니었다. 독립 직후에는 소련에 의존하였고, 냉전시기에는 소련의 침략을 두려워하여 미국을 중심으로 하는 NATO에 의존하는 외교가 근간이었다. 1923년 독립 이후 2009년 에르도안 정부의 신외교 정책 구상까지 거의 90여 년 동안 외부의 문제에 관여한 것은 1950년 한국전 및 1974년 키프로스 파병 정도에 불과했다.

친서방 외교 노선이 변화하기 시작한 것은 튀르키예가 중동의 이슬람 민주주의의 표본이고 새로운 경제성장의 모델로 평가받던 시기였다. 2007년을 전후하여 각국 지도자들의 튀르키예 방문이 가장 활발하게 이루어졌다. 교황이 이슬람 모스크를 방문함으로써 종교 간 벽이 낮아지고 여러 유럽 각국의 정상들이 튀르키예를 방문하여 에르도안 총리와 국제정세에 대하여 의견을 나누면서 명실공히 튀르키예는 이슬람-기독교 문명 간의 대화가 가능한 지역이라고 일컬을 만했다.

경제적 성장과 대외적인 관심에 자신감을 가진 에르도안 총리는 기존의 케말리즘이나 일상적인 외교 행사에 함몰되기보다 튀르키예 독자적인 중장기적 외교 전략을 구상하였다. 그는 '모든 주변국과 우호적인 관계유지'를 원칙으로 하는 전략적 깊이 정책을 주창하였다. 이러한 원칙에 따라 그동안 관계가 소원하였던 그리스·러시아·이스라엘·팔레스타인·시리아·이란 등 국가 지도자와의 교류를 재개하였다.

나아가 주변 국가들의 분쟁을 해결하기 위하여 튀르키예가 중재역할을 하는 방안도 추진하면서 시리아 아사드 대통령, 팔레스타인

압바스 지도자를 초청하기도 하였다. 또한 이슬람 국가 기구(OIC), 중앙아시아 협의체인 경제협력기구(ECO), 흑해 협력기구(OBSC) 등에 적극 관여하며, 아프리카·중남미 지역의 공관 개설과 함께 튀르키예 항공의 취항을 적극 추진하였다. 발칸·카프카스와 중앙아시아·중동 등 정치적인 불확실성이 상존하고 있는 지역의 중앙에 위치한 튀르키예는 이들 지역 및 국가의 문제를 회피하기보다 보다 적극적으로 대응하였다. 팔레스타인 민족에 우호적이면서 이스라엘과도 어느 정도 관계를 유지하고, 러시아·이란과도 시리아 문제를 논의하며, 리비아·시리아·이라크 등 혼란스러운 국가의 문제에도 깊숙이 관여하였다.

그러나 에르도안의 신외교정책은 기존의 동맹국인 미국 등 서구 국가와 보조를 같이하기보다는 점차 독자적인 노선으로 나가 곳곳에서 파열음이 생겼다. 특히 아랍의 봄 및 시리아 내전 이후 시리아·쿠르드·IS 등과의 전쟁 및 빈발하는 테러 대응과정에서 튀르키예는 미국·유럽·이집트·사우디·이란 등 강대국 및 주변국 대다수 국가들과 이견을 나타내 외교적인 고립에 처하기도 했다.

그런 튀르키예가 2023년 5월 에르도안의 대통령 재당선 이후 서구·중동과의 관계에서 새로운 면모를 보이고 있다. 튀르키예는 서구국가의 핵심 현안인 스웨덴의 나토 가입을 승인하면서, 무역 자유화·비자 자유화·최신무기도입·테러단체 불법화 등 물적·인적 교류를 확대하기 위한 조치를 유럽 측에 요구하였다. 에르도안 대통령의 이러한 시도는 일정한 성과를 거두고 있는데 스웨덴은

헌법개정을 통하여 쿠르드 반군단체 활동에 대한 불법화 조치를 취하도록 하였을 뿐만 아니라, 튀르키예의 유럽연합 가입을 지지하였다. 나아가 유럽연합은 튀르키예의 가입 협상을 재개하고, 튀르키예에 대한 관세동맹 범위를 확대하며, 비자 자유화를 위한 조치를 검토하기로 하였다. 또한 바이든 정부는 그동안 현안이었던 F-16 전투기 및 전투기 현대화 장비 판매를 검토해 나가기로 하였다.

에르도안 대통령은 서구 못지않게 중동과의 관계 재정립에 많은 노력을 기울이고 있다. 아랍의 봄 이후 튀르키예는 사우디·이집트·UAE와 상당한 정도로 긴장관계였지만, 2023년 7월 에르도안 대통령이 사우디·UAE·카타르를 방문하는 등 이들 국가와의 관계가 새롭게 발전되고 있다.[39] 사우디와는 대규모 무기수출 및 기술이전, 무역확대 그리고 투자 유치 외에도 튀르키예 건설사가 사우디 '비전 2030'의 주요 프로젝트인 네옴시티 건설에 250억 달러 규모 사업에 관여하기로 하였고, UAE와는 507억 불 규모의 전략적 협력사업 MOU를 체결하였다. 튀르키예의 군사적 기술, 막강한 군사력, 유럽-아시아를 잇는 전략적 위치와 사우디 등 걸프국가의 금융·투자 자본, 중장기 국가발전 야망이 서로 결부되고 있다.

그 배경에는 미국의 중동에서의 역할이 약화되면서 이에 안보적 위협을 느낀 걸프국가들이 그 군사적 공백을 군사력 및 군사기술을 가지고 있는 튀르키예를 통하여 메우려 하고 있기 때문이기도 하다. 튀르키예는 투자 유치 이외에도 에너지 다변화 및 에너지 허브를 위한 노력을 하는 데 있어 걸프국가들과의 협력이 긴요하다고 보고 있다. 튀르키예와 걸프 국가들은 포스트-석유시대에 대비한 재생에너지 산업 육성에 공동으로 이해가 있어 상호 협력해 나가기로 하였다. 이러한 튀르키예-걸프국가 간 협력은 사우디-이란, 튀르키예-이집트와의 관계 개선과 연계되어 중동의 안보·경제 환경이 긍정적으로 변화하여 왔다.

전쟁 소용돌이·개혁 흐름의 중동 그리고 한국

하마스의 이스라엘 공격은 이스라엘과 팔레스타인 관계뿐만 아니라 중동의 개혁과 변화에 커다란 충격을 주고 있다.[40] 하마스 무장정파는 이번 공격으로 테러 성격을 드러내어 협상대상단체로 상대하기는 더욱 어렵게 되었지만 국제사회에 팔레스타인 문제의 현황을 깨우치는 계기가 되었다. 이로써 그동안 팔레스타인 문제를 도외시하고 진행된 이스라엘과 아랍국가 간의 관계 정상화 프로세스는 당분간 진전이 어렵게 되었다. 국제사회는 하마스 정파의 비인도적인 공격 및 팔레스타인들이 자국의 영토에서 점차 밀려나고 있는 상황과 함께 이스라엘의 팔레스타인 내 가혹한 조치를 인식하게 되었다.

이스라엘-하마스 전쟁이 중동 내에 불고 있던 긍정적인 변화를 가리고 주의를 분산하는 결과를 가져왔지만 근본적인 중동의 흐름에 계속 주목할 필요가 있다. 미국은 중동으로의 복귀의향을 밝히고 지역안보 및 경제협력방안을 제시하고 있었으나 미국에 대한 걸프국가들의 불신은 여전히 해소되지 않았었다. 그러나 이번 전쟁을 계기로 미국 존재의 중요성이 재차 부각된 점을 유의할 필요가 있다. 경제력을 앞세운 중국의 중동에서의 영향력이 점증되어 왔지만, 이스라엘-하마스 전쟁에서 나타나듯이 중국이 미국의 안보제공 역할을 대신하기는 어렵다는 것이 확인되었다. 사우디는 이란과 관계를 정상화하였지만 그렇다고 시아파 연대를 통하여 영향력을 확대해 온 이란이 중동에서 자제할 것이라고 보지는 않고 경계심을 늦추지 않을 것이다. 또한 사우디는 자국 안보를 위하여 미국의 첨단무기 구입 및 역내 강력한 군사력, 이란의 핵물질 농축 움직임, 사우디 펀드의 미국 내 투자규모 등 측면에서 미국의 영향력을 인식하여 미국과의 관계를 가능한 한 원만하게 이어가고자할 것이다. 이란과 튀르키예 역시 미국이 여전히 중동에서 가장 영향력 있는 글로벌 세력임을 인식하면서도 2010년대 이후 미국의 정책에 변화가 있었음을 파악하고 이에 따른 공백을 자국의 영향력 확대를 위하여 활용해 나가고 있다. 사우디·이란·튀르키예 공히 국익 극대화를 위한 선택지를 넓히고 미국·유럽에 대해 더 큰 협상력을 행사하려는 차원에서 중국·러시아를 활용하는 다이내믹스도 작동하고 있다.

중동이 크게 변화하고 있는 상황에서 우리의 중동 외교는 어떠한 좌표를 가지고 움직이는 것이 바람직한가.

전쟁의 조속한 중단과 함께 민간인 살상을 최소화해야 한다는 기본적인 입장과 함께 팔레스타인에 대한 실질적인 지원을 확대해 나가야 할 것이다. 이집트를 통하여 가자 난민에 대한 인도적 지원을 확대하고 팔레스타인이 국가로서 정체성을 확보해 나가도록 서안지구의 개발에 대한 지원을 확대해 나갈 필요가 있다. 중동의 평화는 이스라엘과 팔레스타인의 평화적인 공존이 있을 때 가능하다는 점을 감안하여 국제적으로 유일한 해결방안으로 제시되고 있는 두 국가 해결방안을 지지하는 입장을 취하는 것이 바람직하다.

한국은 자원이 거의 없는 상황에서 경제발전뿐만 아니라 민주화를 이루었고 최근에는 문화적인 측면에서도 국제적인 경쟁력도 높아졌다. 이를 감안하여 글로벌 중추국가로서 기본적으로 가치외교를 추구함과 동시에 지역별 특성과 각국과의 특수한 관계를 감안하여 유연한 형태의 국익중심 실리외교도 균형 있게 병행하여 추진해 나가는 방안을 모색해 나가야 한다. 특히 중동 국가가 전체적으로 실리적인 외교를 추진하고 있음에 비추어 이들 국가에게 유연하게 접근할 필요가 있다. 이를 위하여 명분과 실리를 극대화하고 한·중동 간 상호협력 증진을 위하여 종합적인 전략과 함께 국별 특성에 맞는 접근 정책이 필요하다.

국가·지역별로 볼 때 첫째 사우디·UAE·카타르 등 걸프지역 국가는 우리에게 매우 중요한 협력국들이다. 이들 국가의 새로운 전략 및 역동적인 변화 움직임을 파악하여 기존 협력사업과 함께 각국의 국책사업 부문에서 상호협력 파트너십을 확대해 나가야 할 것이다. 우리에게 있어 사우디는 그동안 남북관계·다자이슈 등 정치적으로 우리 입장을 지지하여 온 친한국가일 뿐만 아니라 제1위 원유수입국, 주요 상품수출시장, 최대 해외건설시장이었다. 아울러 방산·제조업·인프라 건설·재생에너지·엔터테인먼트 등 새로운 분야에서 우리의 진출시장으로 잠재력이 크다. 그러나 건설·공산품 등 일부 부분에서는 중국제품과의 가격경쟁력 면에서 열위에 있어 보다 부가가치가 높거나 신성장부문으로 이전해야 하는 부담도 있다. 이제는 단순히 에너지 공급처 또는 상품건설시장으로 보기보다 '비전 2030' 등 사우디 국책사업에의 우리 진출부문 모색, 사우디의 강점과 결합한 패키지형 협력 등 전략적인 접근을 해야 할 시점이다.

둘째, 하마스와 러시아를 지원하고 있는 이란과의 본격적인 관계 회복에는 어느 정도 시간이 걸리겠지만 향후 어느 시점에서는 새로운 협력선을 재구축해야 할 필요가 있다. 이란은 미국과의 갈등 하에서 미국의 동맹인 한국에 대해 불신하는 점이 있지만 다른 한편 한국과의 협력이 자국의 경제상황 개선에 도움이 된다는 점도 인식하는 실용적인 국가이다. 그간 미국과 이란은 오만, 뉴욕 등지에서 비밀협상을 하면서 이란동결자금의 해제에 대한 합의로 한국 내 은행에 묶여 있던 이란산 원유지급 대금 지불에 합의하였다. 이는 한국과 이란 간의 걸림돌 해소의 의미도 있다. 다만 현 시점에서는 이스라엘-하마스 전쟁에 대한 이란의 입장을 주시하고 미국과 이란과의 협상 추이, 그리고 2024년 미국 대선 동향을 보아가며 이란과의 협력방안을 숙고할 필요가 있다.

셋째, 튀르키예는 한국과의 무역확대·방산협력·기술이전 등 협력을 강하게 원하고 있다. 튀르키예는 중동·중앙아시아에서 국방 및 방산 수요가 점증하고 있는 가운데 자국이 이들 지역에서 유리한 위치에 있음을 인식하면서 특히 방산 경쟁력을 높이기 위하여 한국의 기술이전을 적극 원하고 있는데 향후 방산이 갖는 부메랑 효과 등을 감안하여 이에 어떻게 대응할지도 숙고하여야 할 것이다. 튀르키예인들은 한국을 형제국으로 인식하고 있고 한국문화에 대한 동경심 등 우호적인 인식을 가지고 있어 이는 우리의 대튀르키예 관계에서 매우 소중한 자산이다. 또한 8,500만 명 인구로 거대한 FTA 시장수요처일 뿐만 아니라 튀르키예-유럽 간 관세동맹으로 우리 기업들이 유럽시장에 우회 진출하는 데도 있어서도 유리하다. 중앙아시아 및 중동진출의 거점으로서 그 활용도가 높기도 하다.

중동전략을 수립하고 각국과 구체적인 협력을 수립하는데 있어 정세 추이와 함께 우리의 여력을 감안하여야 할 것이다. 중동의 모든 국가 및 모든 분야에 걸쳐 전방위적으로 협력을 모색하기보다 주요국가 및 주요 부문별로 국익을 극대화하는 전략을 추구하는 것이 바람직하다. 최근 중국이 중동지역 진출을 확대해 나가면서 그동안 우리의 강점이었던 건설 등 기존의 한·중동 협력부문이 영향을 받을 수 있다는 점을 유의해야 한다. 대안으로써 노동집약적인 분야에서 탈피하여 원전·방산·수소경제·보건의료·우주산업 등 기술집약적이고 미래비전 정책에 맞춘 부문에서 중동국가와 협력 추진이 바람직하다. 경제적인 이해는 문화적인 인식과 궤를 같이하는 만큼 이슬람·아랍문화에 대한 이해, 중동에 대한 선입견·편견 해소 등 문화적인 접근과 함께 중동 내 한류 확산에 따른 한국에 대한 긍정적인 이미지를 국익 증대에 활용할 필요도 있다.

미주

1 Al Jazeera, "From north to south, nowhere safe in Gaza as 700 killed in 24 hours" (2023.12.03.)

2 Yuval Harari는 이번 전쟁이 하마스의 이스라엘 존재 부정에 기인하고 있음을 강조하고 이에 대응하여 이스라엘이 보다 합리적이고 이성적으로 대응해 나갈 것을 주장하고 있다. Yuval Noah Harari, "Is Hamas Winning the War?", *Washington Post* (2023.10.19.)

3 Thomas L. Friedman, "Understanding the True Nature of the Hamas−Israel War", *The New York Times* (2023.11.28.)

4 마영삼, 〈외교광장〉, 한국외교협회 (2023.11.17.)

5 Foreign Affairs, "Why Hamas Attacked−and Why Israel Was Taken by Surprise." (2023.10.07.)

6 Foreign Affairs, "How to Understand Israel's War in Gaza." (2023.10.30.)

7 Murat Yesiltas, "Israel's Aggressiveness Reshaping Middle East Geopolitics." *Daily Sabah* (2023.10.26.)

8 Thomas L. Friedman, "Israel is about to Make a Terrible Mistake.", *The New York Times* (2023.10.29.)

9 The Economist, "Is a two−state solution possible after the Gaza war?" (2023.11.01.)

10 China Daily, "Immediate cease−fire needed to end suffering: China Daily editorial" (2023.10.24.)

11 The Economist, "Vladimir Putin's plan to profit from the Israeil−Hamas war" (2023.10.17.)

12 Ivan U.Klyszcz, "Russia Played Both Israel and Hamas. Will Moscow Take a Side?" *The Moscow Times* (2023.10.23.)

13 Milan Czerny & Dan Storyev, "Why Russia and Hamas Are Growing Closer" *The Moscow Times* (2023.10.31.)

14 The Economist, "Why Saudi Arabia and the UAE keep links with Israel?" (2023.10.22.)

15 Gershom Gorenberg, "Netanyahu Led Us to Catastrophe. He Must Go", *The New York Times* (2023.10.18.)

16 Ami Ayalon, Gileead Sher, Orni Petruschka, "Why Netanyahu Must Go", *Foreign Affairs* (2023.10.31.)

17 The Economist, "Why Israel must fight on," (2023.11.02.)

18 The Economist, "Bibi Netanyahu is the wrong man in the wrong place" (2023.10.31.)

19 Karen E. Young, "How Saudi Arabia Sees the World," *Foreign Affairs* (2022.11.01.)

20 마영삼, "중동의 변화와 한국의 외교", mimeo, 2023.

21 The Economist, "China brokers an Iran—Saudi rapprochement" (2023. 03.10.)

22 Bradley Hope & Justin Scheck (2020), *Blood and Oil*, Hachette, New York.

23 Lisa Anderson, "The Forty—Year War," *Foreign Affairs* (2023. 04.18.)

24 David Rundell, *Vision or Mirage: Saudi Arabia at the Crossroads*, I.B.Tauris, London (2021)

25 권평오, "사우디아라비아의 최근 변화와 대사우디 외교방향", mimeo, 2023.

26 Jennifer Kavanagh & Frederic Wehrey, "The Multialigned Middle East," *Foreign Affairs* (2023.07.17.)

27 Jamsheed K. Choksy & Carol E.B. Choksy, "Iran is Breaking Out of Its Box," *Foreign Affairs* (2023.07.20.)

28 Gregory Gause III, "The Kingdom and the Power," *Foreign Affairs* (2022.12.20.)

29 Trita Parsi and Khalid Aljabri, "How China Became a Peacemaker in the Middle East," *Foreign Affairs* (2023.3.15.)

30 Kim Ghattas, *Black Wave*, Wildfire, London (2020)

31 The Economist, Who will be Iran's next leader? (2023.05.25.)

32 Amin Saikal, *Iran Rising: The Survival and Future of the Islamic Republic*, Princeton University, Princeton & Oxford (2019)

33 Alam Saleh, "One Year On: Iran Since President Raisi," *Al Jazeera Center for Studies*, (2022.08.21.)

34 Seyed Hossein Mousavian, "How Iran Sees Its Standoff With the United States," *Foreign Affairs* (2019.07.12.)

35 Al Jazeera, "Why are the US and Iran holding talks and why does it matter." (2023.06.18.)

36 Dina Esfandiary, "Axis of Convenience," *Foreign Affairs* (2023.02.17.)

37 Maria Fantappie and Vali Nasr," A New Order in the Middle East?", *Foreign Affairs* (2023.03.22.)

38 조윤수, 『오스만제국의 영광과 쇠락, 튀르키예 공화국의 자화상』, 대부 등 (2022)

39 Joost Hiltermann, "Is the Middle East's Makeover a Mirage?", *Foreign Affairs* (2023.08.01.)

40 Al Jazeera, "Hamas's attack on Israel has changed the Middle East." (2023.10.28.)

국제질서의 변곡점에 선 한국외교의 고뇌

글로벌 경제 거버넌스의 변화와 경제 안보

[조원호]

글로벌 경제 거버넌스의 변화와 경제 안보

시장, 이기심인가, 자비심인가

1639년, 보스톤. 뛰어난 실력과 부유한 신학 교수가 탐욕스런 방법으로 엄청난 이득을 챙겼다. 이를 두고 보스톤 어느 목사가 '최대한 비싸게 팔고 최대한 싸게 살 것, 해상 재난 등으로 상품을 잃은 경우 이를 나머지 상품의 값을 올려 보전할 것, 터무니없이 비싼 가격으로 구입했어도 그 가격으로 팔 것'이라고 신학 교수의 돈에 어두운 행동을 풍자하여 설교했다. 당시 부의 추구는 탐욕의 죄였다. 그리고, 약 60년 후, 과학적 호기심이 높아지고 인쇄술 등 발명품이 등장하면서 부(富)에 대한 사회개념은 '모든 인간은 천성적으로 영리를 갈구한다. 이익은 모든 법에 우선하며, 상거래의 핵심이다.'로 바뀌었다.[1]

그리고 1776년. 아담 스미스는 "우리가 저녁을 기대할 수 있는 것은 부추 간이나 빵집 주인의 자비심이 아니라 이기심 덕분이다. 우리가 고기나 빵을 사는 것은 우리의 필요가 아니라 그들의 이득에 호소하는 것이다."라는 시장 법칙을 통찰했다. 또한, 우리가 이기심을 조절할 수 있는 것은 도덕적 감정에 기반을 둔 '보이지 않는 손'에 의한 상호 경쟁이라고 보았다. 아울러, 국부의 조건은 금이나 은 같은 상품이 아니라 노동이라고 간파하고 노동분업을 생산성 향상의 주요 요인으로 간주했다. 아담 스미스의 이 통찰은 오늘날 자유시장 경제를 바탕으로 한 자본주의의 근간으로 작용해왔다.

그리고 200년 후, 1976년. 빌 게이츠는 "대부분 여러분은 소프트웨어를 훔쳐 쓰고 있습니다. 하드웨어는 대가를 지불해야 한다고 생각하면서 왜 소프트웨어는 공짜로 공유해야 한다고 생각합니까? 소프트웨어 만드는 사람들에게 대가를 지불하는 일에 왜 관심이 없습니까? 이것이 공정한 처사입니까?" 내용의 편지를 취미활동가들에게 썼다.[2] 아담 스미스에 충실한 발로다.

그 후 약 10년이 지난 1985년. 소프트 웨어의 자유로운 활용의 중심 인물이며 자유 소프트 웨어 재단을 설립한 프로그래머 리차드 스톨먼은 빌 게이츠와 달리 "창의성이 사회에 기여하려면 사회가 그 결과물을 무료로 이용할 수 있어야 한다. 이용자들로부터 돈을 받기 위해 프로그램 사용을 제한하는 것은 파괴적 행위다. 그 제한으로 프로그램의 활용 횟수와 범위가 줄어들어 결과적으로 인류가 그 프로그램에서 얻어낼 수 있는 부(富)의 양이 줄기 때문이다. 같은 맥락에서 지식소유권은 개인의 축적을 위한 수단이 아니라 사회를 위한 제도이어야 한다."고 밝혔다.[3] 이는 대중의 이익을 위해 자신의 이익을 포기하는 것으로 "자비심이 아니라 이기심 덕분"이라는 아담 스미스의 시장 법칙의 진수를 부정하는 것이고, 우리의 경제와 비즈니스에 대한 인식을 근본적으로 바꾸는 발상이다.

그리고 또 약 10년 후 1997년. 미국 언론인 케빈 켈리는 "자립형 컴퓨터의 임무는 끝났다. 앞으로 컴퓨터 활용보다 연결이 중요하다. 새로운 경제는 밀도 높은 연결을 형성하며 새로운 유형의 시장과 사회를 만들어 낸다."라고 밝혀 네트워크 경제의 도래를 시사했다.[4] 그리고, 또 10년 후 2006년. 예일대 요차이 벤클러 교수는 네트워크 경제를 주요 선진국의 새로운 생산 양식으로 정의하고 "통신 네트워크가 보편화하면서 수많은 사람들이 정보재의 생산 수단을 획득하고, 그 결과로 인류가 가치 있게 생각하는 일들의 대부분이 개인의 사회적 상호 관계로 이루어질 수 있다."고 밝혔다.[5]

ᛗ 자본주의는 어디로 가고 있나?[6]

이와 같이 지난 약 50년 사이에 수백 년 명맥을 유지해 온 주류 경제의 시장 법칙이 비시장 메커니즘으로 변모하고 있다. 주류 경제학의 생산요소인 노동과 자본이 지식과 아이디어로 대체되고, 경쟁보다는 공유와 상호의존이 중요해졌다. 여기에 가장 큰 영향을 준 요인은 컴퓨터와 인터넷 기반의 자동생산과 지식 그리고 정보다. 즉, 디지털 기술혁명이다. 디지털 혁명으로 사물과 사물 간 지식과 정보가 전달되고 공유됨으로써 기존에 불가능했던 생산 방식이 가능해지면서 경제구조와 사회구조가 변화하고 있다. 또한, 전혀 다른 분야나 산업 간 융합이 일어나면서 산업구조가 바뀌고 새로운 산업의 창발이 일어나면서 경쟁력의 원천과 본질이 변하고 있다. 즉, 디지털 생태계는 새로운 시장 작동원리를 요구하고 있다.[7]

디지털 생태계는 디지털 기술에 의해 상호작용하는 경제사회 생태계로서 생태계 모든 구성원이 상생과 협동의 정신으로 유기적으로 결합하여 시너지 효과를 창출하고 신규사업 모델과 신규 시장을 개척하고 지속적 성장을 목표로 한다. 디지털 생태계의 주요 특징 중 하나는 생산과정은 협업이고 생산된 상품은 공공성을 지닌다. 요차이 벤클러가 정의한 '공유지 기반 동료생산'(commons-based peer production) 방식이다. 여기서 협업은 전통적인 비교우위에 의한 노동분업이 아니다. 위키피디아처럼 하나의 과제를 여러 개 단위로 나누어 관심있는 사람이 자율적으로 일하고 그 결과물을 네트워크에 올리는 것이다. 이는 수많은 사람이 공동으로 정보재를 생산할 수 있음을 의미한다.

무엇보다, 디지털 생태계에서는 지식자원의 풍요로움이 자연자원의 희소성을 극복하고, 그간의 시장 법칙의 근간이었던 분업이 아니라 협업이, 경쟁보다는 협력이 주요해졌다. 이 생태계에서 이코노미쿠스는 자신의 합리적 이익 극대화보다는 '오픈 소스'를 통하여 전 세계 사람들은 갖가지 계획이나 사업에서 서로 공개적으로 협력한다. 이를 대표하는 것이 리눅스다. 리눅스는 누구나 무료로 쓸 수 있는 컴퓨터 운영체계다. 이를 기반으로 남아공에서는 우분투(Ubuntu) 회사가 설립되었다. 우분투는 '다른 사람들에게 자비를' 또는 '현재 내가 있는 것은 우리 모두가 있기 때문'이라는 뜻이

국제질서의 변곡점에 선 한국외교의 고뇌

다. 우분투 리눅스는 개인용 컴퓨터에 깔리는 가장 인기있는 리눅스 배포판이 되었다. 우리가 저녁을 기대할 수 있는 것은 빵집 주인의 이기심이 아니라 자비심으로 변경되었다.

19세기에 마르크스는 이를 이미 알고 있었다. 마르크스는 사회적으로 생산된 지식이 기계에 축적되는 현상을 상상하고, 기계 안에 저장된 지식은 사회적이라고 보았다. 그리고, 이 지식은 어느 특정인의 전유물이 아니라고 생각했다. 디지털 경제의 오픈 소스 그리고 인공지능과 비슷한 개념이다. 또한, 경제체제에서 중요한 생산요소는 정보라고 간주하고 정보가 일반지성 안에 저장되고 공유되는 모습을 상상했다.[8] 일반지성이란 모든 인류의 정신이 사회적 지식에 의해 연결된 상태를 뜻한다. 그런 의미에서 마르크스는 디지털 혁명 시대의 자본주의를 예견한 것이다.

이와 같이, 새로운 디지털 생태계가 조성되면서 시장경제 모델이 바뀌고 새로운 경제 논리와 경제 거버넌스가 대두되고 있다.[9]

글로벌 경제 거버넌스는 글로벌 경제를 관리하는 규칙, 규범과 제도다. 국가 간 경제 상호작용을 조직하고 촉진하고 제도적으로 규제하는 기제다. 디지털 경제에서 글로벌 경제 거버넌스 변화의 근본적 요인은 신흥기술이다. 신흥기술은 '창조적 파괴'와 '파괴적 창조'[10]의 특성을 지니고 있다. 물론, 범용목적기술(GPT)[11]이 신흥기술의 원천으로서 지정학의 변화를 가져왔다. 즉, 18세기 1차 경기파동 당시 증기기관[12]과 5차 파동 시 정보통신기술(ICT)의 예처럼

GPT는 장기간에 걸쳐 전후방 연관산업에 외부효과를 주어 산업구
조를 변경하고 경제성장을 유발하여[13] 국가 경쟁력 향상시키고 글
로벌 리더십의 목표달성에 이바지해 왔다.[14] 환언하면, GPT와
GPT에 기반한 신흥기술은 글로벌 영향력과 주도권을 확보하기 위
한 필수요건으로 작용해 왔다. 실례로 1980년대 일본은 이를 기반
으로 패권도전국으로 부상하고 한국은 신흥공업국으로 발전했다.

신흥기술과 더불어, 자본주의가 포스트 자본주의로 이동하면서 자
본주의의 양상에 대한 다양한 유형이 나타나고 있다. '공유경제',[15]
'불로소득 자본주의',[16] '감시 자본주의',[17] '플랫폼 자본주의'[18]가 대
표적이다. '공유경제'는 디지털 경제에서 저작권 등 배타적 행태보
다는 디지털 플랫폼 기반의 경제활동의 활성화로 개인소유 중심의
자본주의가 퇴조하고 협력적 공유사회가 등장한다고 본다. 아울러,
네트워크가 시장을, 접근권이 소유권을 대체하면서 소유한 재산보
다 접속된 양을 부(富)의 원천으로 본다. 이에 반해, '불로소득 자본
주의'는 기업이 주요 생산 수단없이 기술 지배와 임대소득으로 부
와 권력을 획득하고 이를 '공유경제'로 포장한다고 플랫폼 경제를
비판한다. 특히, 기술사회가 고도화되면서 특허권, 저작권 등의 소
유권에서 발생하는 새로운 임대소득이 혁신의 기회를 막는 역기능
을 하고 있다고 비판한다. '감시 자본주의'는 기업이 디지털 기술
발달에 힘입어 사람 행동을 공짜로 빅데이터로 축적하고 이를 정
보로 만들어 수익을 극대화하는 시장 메커니즘을 구축한다고 보고
이를 '자본주의의 불량한 돌연변이'로 비판하고 '감시 자본주의'로

국제질서의 변곡점에 선 한국외교의 고뇌

묘사했다. '플랫폼 자본주의'는 플랫폼 모델을 통하여 플랫폼의 파괴력을 예시하고 '양면 네트워크'(two-sided networks)라는 새로운 경제 시스템으로 세상 변화를 진단한다.

플랫폼 혁명, 시장법칙과 시장구도를 바꾸다

플랫폼은 생산자와 소비자가 서로 연결된 생태계에서 상호작용함으로써 막대한 가치를 창출하는 새로운 비즈니스 모델이다. 플랫폼은 비즈니스뿐만 아니라 경제와 사회의 기능을 혁신적으로 바꾸는 개념으로서 정보를 핵심 재료로 다루는 산업은 모두 플랫폼 혁신의 대상이다. 특히, 플랫폼의 가치는 플랫폼 생태계의 선순환 네트워크를 통해 증진되며, 생태계 전체의 가치는 생태계가 이루는 네트워크 효과의 크기에 달려 있다. 즉, 플랫폼은 네트워크를 통해 성장하며 플랫폼의 성공은 사용자(후원자)들의 규모에 의존한다. 이런 네트워크 효과의 특성 때문에 디지털 경제에서는 기업 간 경쟁에서 기업 생태계 간 경쟁으로 경쟁 양상이 바뀌고 있다. 따라서, 플랫폼에 대한 주도권 경쟁은 치열해질 수밖에 없고, 주도권은 표준을 확보하는 역량에 달려 있다. 삼류 국가는 제품을 만들고 이류 국가는 기술을 개발하고 일류 국가는 표준을 만든다는 말이 이를 대변한다. 최근 기술전쟁은 표준전쟁이라는 뜻이다.

디지털 경제에서 한 분야에서 표준 확보는 주변 기술까지 영향을 미쳐 더 많은 기술표준을 확보하는 잠재력을 지니고 있기 때문에 자연스럽게 주도권을 확보하는 효과가 있다. 애플이 아이폰을 통해 데이터(정보)를 수집하고, 애플 콘텐츠에 대한 결제를 애플페이(금융)로 이행하듯이 자체 표준 생태계를 조성하여 적지 않은 수입을 올리고 있다. 중국이 일대일로 사업을 통하여 5G 국제표준 등을 기반으로 한 중국표준을 연선(沿線) 국가들이 채택하도록 하고 이를 통한 위안화의 국제화 전략도 같은 맥락이다. 이러한 플랫폼 경제에서 표준은 승자독식을 유발하면서 디지털 전환(digital transformation)의 영향력에 대한 관심이 높아지고 있다.

플랫폼 경제는 인터넷과 디지털 기술을 기반으로 제품과 서비스의 공급자와 수요자가 거래하는 일련의 경제활동과 생태계를 말한다. 플랫폼 경제의 특징은 수확체증(increasing returns to scale) 법칙이다. 투입된 생산요소가 증가할수록 산출량이 기하급수적으로 증가한다. 수확 체증은 네트워크 효과와 규모의 경제효과가 상호 보완적으로 작용해 나타난다. 포지티브 피드백 효과다. 그러나, 플랫폼 경제의 수확체증은 전통 경제학의 개념과 전혀 다르다. 즉, 포지티브 피드백 효과는 지속적으로 강화되어 독점과 승자독식(winner-take-all)을 지향한다. 2등 이하 순위는 무의미하다. 이런 특성의 플랫폼 산업 부문이 특히 선진국이 중시하는 모빌리티, 유통, 금융, 헬스 케어 등 분야다. 물론 자동차 산업 등 제조업 부문에 미치는 영향도 다대하다. 또한, 최근 디지털 전환 트렌드가 경제, 문화 등 사회전반으로 확대되면서 전통산업을 위협하고 있다. 기업은 이런 변화에 대응하기 위해 M&A, 제휴 등을 통해 새로운 사업에 진출하고 있다. 아울러, 네트워크 효과를 극대화하고 시장 지배력을 강화하기 위해 플랫폼 생태계를 구축하고 있다. GM이 대표적 예다.

이와 같은 디지털 혁명 시대는 플랫폼이 지배하는 시대다. 애플, 메타, 구글, 아마존 등 글로벌 빅테크 기업은 플랫폼 기업이다. 이 기업들은 미국 상위 10위 기업군에 포진해 있다. 전 세계 시가 총액 상위 6개 기업 중 5개 기업이 플랫폼 기업이다(2022년 9월 기준). 유니콘(Unicorn) 기업[19]의 약 60%가 플랫폼 비즈니스를 하고 있다 (미국 45%, 아시아 86%). 디지털 혁명 속의 플랫폼 혁명이다.

빅테크 기업은 데이터 수집을 기반으로 하고 이를 바탕으로 비즈니스 분야에서 혁신 등 외부효과를 유발하여 해당 산업의 선두 주자로 인정받는 대규모 기업이다. 데이터를 활용한 기술력으로 막강한 시장 지배력을 행사하면 그 기업은 빅테크 기업이다.[20] 이들의 핵심자산은 데이터다. 이들은 지속적으로 데이터를 수집, 분석하고 인공지능과 빅데이터를 활용하여 혁신적 제품과 서비스를 개발하고 다양한 플랫폼을 제공한다. 그리고, 애플처럼 자체 생태계를 조성하고 확장해 나간다. 아울러, 혁신적 기술과 서비스를 지속적으로 개발하기 위해 오픈 소스 전략을 통하여 스타트업 등 외부로부터 아이디어를 흡수한다. 이런 특성의 빅테크 기업은 시장을 확장하면서 산업영역을 넘어 사회, 문화에 큰 영향을 주고 있다. 나아가, 빅테크 기업은 기업이라는 전통적 개념을 넘어 지정학적 행위자로서 미·중 간 패권경쟁에 지렛대 역할을 하는 등 글로벌 경제 질서에 새로운 동력으로 작용하고 있다.[21] 이런 가운데 유니콘 기업들이 클라우드 컴퓨팅, 사물인터넷, SNS, 스마트폰 등을 융복합하고 누구나 쉽게 참여할 수 있는 플랫폼을 만들고 새로운 가치를 창출하는 새로운 비즈니스 모델을 개발하여 기업뿐만 아니라 정부 그리고 의료기관 등 공공부문의 시스템을 혁신하고 있다. 최근 플랫폼 경제의 패권을 두고 미국과 중국이 치열하게 경쟁하면서[22] 강대국 흥망의 장주기론이 주목받고 있는 배경이다.

강대국 흥망의 장(長)주기론

세계는 2차 세계대전 이후 반세기 동안 미국과 서구 중심의 브레튼우즈 체제와 GATT(WTO) 체제에 힘입어 괄목할 만한 경제성장을 이룩하였다. 브레튼우즈 체제 이후 신자유주의에 기초한 거시경제정책은 자본주의의 표상이고 국제경제 질서의 기반이었다. 세계무역기구(WTO/GATT)를 중심으로 한 자유무역주의와 IMF를 축으로 한 국제금융 질서는 글로벌 거버넌스의 핵심이었다.

1990년대 세계화가 본격화되고 국제노동분업이 활발히 이루어지면서 과학기술 분야에서도 상호의존관계가 심화되었다. 그러나, 1990년 중반 이후 신흥 개도국이 부상하면서 미국의 영향력이 약화된 가운데 디지털 혁명과 더불어 무역전쟁이 기술전쟁으로 변모하고 주요 과학기술 선진국은 기술보호와 국가안보를 위해 중상주의적 기술보호주의를 취하고 있다. 포용적 상호의존과 배타적 민족주의가 공존한 가운데 국가안보를 위해 반도체, 인공지능, 전기차 배터리 등 첨단 핵심기술과 핵심원료를 도구로 경제 상호의존관계를 무기화하고 있다. 특히, 미·중 패권 경쟁 가운데 첨단핵심기술 산업이 미국, 중국, EU 중심의 축으로 블록화되면서 글로벌 공급망 무역이 교란되고 있다. 또한, 사이버 공간과 현실 공간 간의 경계선이 허물어져 국제관계는 더욱 불확실해졌다. 이런 가운데 중국이 패권 경쟁국으로 부상하면서 기존 국제질서의 변화를 추구하고, 그간 미국 중심의 단극체제가 와해되고 다극체제로 변하면서 잊혀 가던 폴 케네디의 '강대국 흥망사'가 다시 주목을 받고 있다.

폴 케네디는 지난 5세기 동안의 강대국 흥망사를 연구하고 세계 선도국가의 상대적 힘은 결코 변함없는 것이 아니라, 경제성장률의 차이, 기술과 제도의 혁신 등 요인에 따라 국가 흥망이 주기적으로 변한다고 분석했다.[23] 이는 선도 분야를 선도하는 국가의 부침에 따라, 국제정치의 리더가 장주기(long waves)로 변화한다는 장주기론과[24] 맥을 같이한다. 또한, 21세기 접어들어 세계생산 중 아시아가 차지하는 비중이 1세기 전과 유사한 수준으로 크게 증가한 반면 서구의 비중은 제국주의 발흥 이전의 수준으로 격감하고 있는 역사적 사실도[25] 장주기론의 타당성을 뒷받침하고 있다.

장주기론은 콘드라티예프의 40년에서 60년 주기의 장기 경기파동과 슘페터의 기술혁신이론에 기반을 둔다. 이 이론에 따르면 세계경제는 18세기 말 증기기관 발명으로 1차 파동이 발생한 이후 50년 내외 주기로 3차례 콘드라티예프 파동을 겪었고, 2000년 전후 50년간 정보통신기술로 5차 파동을 겪고 있다고 본다. 즉, 브레튼우즈 체제 이후 약 60년이 지난 시점에서 인공지능, 반도체, 바이오 기술 등 첨단 핵심기술이 패권경쟁을 유발하면서 강대국 흥망의 장주기론이 부상하고 있다.

사실, 지난 수 세기 동안 증기기관, 자동차, 전기통신, 정보통신에서 우위를 점한 국가가 세계를 선도하였다. 특히, 신흥 과학기술을 보유한 국가는 다른 국가의 지정학적, 지성학적 영향을 주면서 세계를 이끌어 갔다. 신흥기술(disruptive technologies)의 개척은 경제, 군사적 안보뿐만 아니라 경제발전과 사회복지 증진에 도움을 주고 나아가 기술 리더십을 통하여 글로벌 리더십을 구축하는 데 이바지해 왔다. 아울러, 신흥기술은 분쟁의 억지 수단뿐만 아니라 분쟁 유인혁신(conflict-driven innovation) 정책에서 비롯된 경우도 적지 않다.26

최근 미국과 중국 간 패권경쟁은 선도 기술의 우위 점유와 표준 확보를 위한 지경학적 경쟁의 특징을 지니고 있다. 지경학 경쟁은 경제력을 지전략적(geo-strategic)으로 활용하여 우위를 확보하는 경쟁이다. 지경학 경쟁은 전쟁을 전제로 하지 않는다는 점에서 중상주의와 다르고, 동맹을 결성한다는 차원에서 기업 간 전략적 제휴보다 포괄적이다. 디지털 경제 시대에서 지경학의 핵심은 신흥기술의 우위와 표준 확보를 통한 국익보호와 국익증대다. 이를 위해 미국과 중국이 패권 경쟁하고 있다. 도전국인 중국의 전략부터 살펴보자.

⚔ 신국제질서 수립을 위한 중국의 대전략

대전략은 국가의 궁극적 목적 달성을 위한 총체적이고 일관된 틀이고, 한정된 자원으로 핵심 국익을 극대화하기 위한 통치술이다. 이는 단지 국내 요인뿐만 아니라 국제환경에 대한 정확한 통찰력을 통하여 국제관계를 최대한 활용할 수 있는 외교전략이기도 하다. 다른 한편으로 이에 위협이 되는 요인에 대응하는 지적 능력(intellectual)이다.[27]

중국의 대전략에 대해 다양한 시각이 있지만[28] 대체적으로 중국의 대전략은 1980년대 '도광양회'(韜光養晦)에서 1990년대 '유소작위'(有所作爲)와 2010년대 '분발유위'(奮發有爲)를 거쳐 21세기 중반 '세기의 대변화'를 실현하겠다는 전략이다. 즉, 은밀하게 힘을 키운 후 대국으로서 책임을 다하고, 중국몽(中國夢) 실현을 위해 분투한 후 새로운 세계의 질서를 확립하겠다는 전략이다.[29]

사실, 중국이 이런 대전략을 구상할 수 있었던 배경은 중국의 중국 내부 요인보다는 외생적 요인에 기인한다. 우선, 1997년 아시아 금융위기 당시 중국은 '책임대국론'을 통해 아세안(ASEAN)과 관계발전 등으로 미국의 단극체제를 견제하고 책임대국의 위상을 확보하는 데 어느 정도 성공했다. 2001년 세계무역기구(WTO) 가입을 계기로 외부와 경제적 의존관계를 심화하면서 제조업 부문에서 세계 1위의 자리를 구축하는 계기를 마련했다. 즉, 2001년은 미국의 국격이 9·11테러로 실추한 해이지만, 중국에게는 '세계화의 원년'익 해였다. 중국은 이러한 외적 변수들을 활용하여 국제기구에 대한 부정적 인식 내지 수동적 관여에서 주도적 참여국가로 변모하였다. 나아가, 기존의 국제제도와 규범이 중국의 의사와 이해관계에 무관하게 설정되었다고 지적하고 새로운 국제질서의 수립을 주장하기 시작했다.30 특히, 2008년 미국발 글로벌 금융위기는 미국식 자본주의의 실패와 미국의 국제적 위상의 약화 징후를 나타내면서 중국은 이를 국제적 위상과 영향력을 제고할 수 있는 호기로 이용했다. 요컨대, 시진핑 체제는 위와 같은 외적 국제환경을 중국의 대전략 추진에 적극 활용하여 왔다.

우선, 2012년 시진핑 체제가 들어서면서 중국 특색의 현대화를 통하여 사회주의 국가를 건설하고 중국의 이해관계가 반영된 세계질서 수립을 구상하고 있다. 중국 특색의 현대화는 마르크시즘에 중국의 정치적, 경제적, 사회적, 문화적, 생태적 특색을 적용하고, 이를 바탕으로 중국 특색의 발전체계, 발전 경로, 발전 이론, 발전 문화의 확립을 의미한다. 이의 실현을 위해 국가 자체의 막대한 재정적 역량을 확충하고 이를 기반으로 민간자본을 끌어들이고 국가가 원하는 방향으로 투자방향을 조정(steerage)하고 있다. 즉, 막대한 규모(2018년 GDP의 10%)의 '국가 인도(引導)기금'을 조성하여 민간부문이 국가 산업경제정책에 호응하도록 간섭하고 유도하고 있다.

이런 가운데, 2017년 시진핑 주석은 국제관계에 대해 '지난 1세기 동안 경험하지 못한 거대한 변화'라고 밝히고, 이런 '세기의 대변화'의 중심에 중국이 위치하고 있음을 강조해 왔다. 중국 공산당도 포르투갈, 스페인, 영국, 프랑스 등을 예로 세계에 영원한 강대국은 없고, 세계 강대국의 상대적 지위는 계속 변화한다고 보고 있다. 중국의 세기의 대변화 담론은 중국이 현대화를 통해 중화민족의 위대한 부흥을 통한 새로운 국제질서를 수립하는 것을 시사한다. 즉, 미국 주도의 기존 국제질서를 부정하고 '신형국제관계' 형성을 목적으로 한다. 이와 더불어 시 주석은 '인류운명 공동체' '글로벌 동반자 관계' 등의 담론을 통해 '중국특색의 대국외교'를 표방하고 있다.31

중국의 대전략은 중국이 세기 변화의 주역으로서 중국은 2035년 사회주의 현대화를 달성하고 건국 100주년이 되는 2049년 중국의 위대한 부흥, 중국몽(中國夢)을 달성하는 것이다. 이의 핵심은 과학기술의 선도를 통하여 세계를 선도하는 것이다.

중국은 2006년 '국가 중장기 과학기술 발전 계획 요강'을 기점으로 외부 의존적 기술정책에서 벗어나 2020년까지 기초과학 및 첨단기술 분야의 역량을 제고하고, 반도체, 전기차 등 첨단핵심산업 및 국방분야의 경쟁력 강화를 통한 자주적 혁신 능력 강화에 중점을 두고 있다. 또한, 2007년 '양화융합'(兩化融合) 전략으로 정보화와 공업화를 결합하여 산업 고도화를 도모하고, 2016년 '혁신주도 발전전략'과 2021년 14차 국가경제사회발전 5개년 계획을 통하여 인공지능, 사물인터넷 등 첨단기술에 기반한 혁신주도형 경제성장을 추진해가고 있다. 2022년 공산당 대회에서 과학기술혁신 체제를 공고히 하고, 과학기술을 '제1의 생산력', 혁신을 '제1의 동력'으로 규정한 것도 같은 맥락이다. 결국, 중국의 최종 목표는 '중국제조 2025'를 통하여 제조업 최강국을 달성하고, '민군융합' 전략으로 군사부문을 지능화, 정보화, 자동화하여 창군 100주년이 되는 2027년까지 최강의 군대 현대화(强軍夢) 실현 후, 2035년까지 사회주의 현대화의 기반을 다지고 건국 100주년이 되는 2049년 중국의 위대한 부흥(中國夢)을 이룩하는 것이다. 이와 병행하여 '중국표준2035'를 달성하는 것이다.

'중국표준2035'는 국제질서를 변화시키는 가장 중요한 전략 중 하나다. '중국제조2025'가 도광양회 전략이라면 '중국표준2035'는 분발유위 전략이다. 거대한 내수시장을 바탕으로 중국형 기술표준을 정립하고 일대일로 연선(沿線) 국가 등을 통하여 국제산업표준을 확보한 후 글로벌 규범을 중국에 맞추어 변화시킨다는 대전략이다. 나아가, 중국은 일대일로 정책을 넘어 디지털 실크로드를 통하여 사이버 공간까지 표준화의 영역을 넓히고 있다.[32] 이 전략의 도구가 5G이다. 5G 선도국으로서 중국은 인프라 건설, 재정지원 등으로 5G를 확산하여 해당국의 정치, 경제, 사회, 문화 등 제반 영역을 중국의 영향권에 두고 중국이 원하는 규범을 수립하겠다는 전략이다. 최근 시 주석이 밝힌 개발, 안보, 문명에 관한 3대 글로벌 이니셔티브(global initiatives)도 이에 내재되어 있다. 특히, 글로벌 개발 이니셔티브가 상당수 '글로벌 사우스' 국가들로부터 호응을 받으며 미국과 서구 중심의 개발 모델을 대체할 움직임까지 보이고 있다.[33] 70여 년 국제개발협력의 동력으로 작용해 온 미국과 서구 중심의 신자유주의 즉, 워싱턴 컨센서스가 대부분 개도국의 경제발전에 도움을 주지 못한 가운데 개도국들이 글로벌 가치사슬의 재편이 요구함으로써[34] 중국에 힘을 실어주고 있다.

⋈ 전략적 산업정책과 가치동맹을 추구하는 미국

위와 같은 중국의 도전에 맞서 미국은 19세기 산업역사로 회귀하고 있다. 미국은 원래 보호무역주의의 철옹성이었다. 건국 초기부터 대공황까지 약 120년 동안 보호주의 정책을 취하였다. 특히, 1820년 당시 미국 체제파(American System)의 경제 논리가 큰 영향을 주었다. 해밀턴을 시작으로 나일즈, 레이먼드, 케어리, 리스트 등 보호무역론자들이 체제파를 대표하였다. 이들은 아담 스미스가 개인 이익과 국가이익을 구분하지 못하고, 교환가치에 치중하여 국가 생산력의 중요성을 간과했다고 주장했다. 특히, 케어리는 자유무역에 기초한 국제분업론은 종속적이고 식민지적 경제구조를 야기하여 결국 포르투갈처럼 파멸의 길에 봉착할 것이고 주장하고 아담 스미스를 비판했다.[35] 당시 미국에 거주한 리스트도 아담 스미스 논리에 충실할 경우 농업국은 영원히 농업국일 수밖에 없기 때문에 보호무역정책으로 산업을 육성하고 보호한 후 경쟁력이 확보되면 시장개척을 위해 자유무역주의로 선회해야 한다고 역설했다.[36] 미국은 보호주의 산업정책을 기반으로 1차 세계 대전 후 세계 제1의 경제대국으로 부상했다.

미국이 자유무역주의 정책을 취한 시기는 1934년 상호무역법

(Reciprocal Trade Agreement Act)을 제정하여 내적 수입규제보다 외적 해외시장개방에 역점을 두고, 세계 무역 증진을 위해 GATT 창립의 기틀을 마련한 이후다. 즉, 제2차 세계 대전 후 초강대국 자리를 굳히고 19세기 영국처럼 경쟁상대국이 없고, 전쟁으로 파괴된 유럽과 일본의 부흥을 돕는 것이 국익에 부합한다고 판단했기 때문에 자유무역주의를 표방했다. 또한 소련을 중심으로 한 공산주의의 확대를 저지하기 위해 한국, 대만 등 국가에게 시장을 개방하고 우호적 정책을 취하였다. 그러나, 1980년대 들어 일본의 부상으로 미국은 절대적 우위의 경쟁력이 상실하면서 '자유 그러나 공정(Free but fair level playing ground) 무역'을 표방하고 교역상대국의 불공정 관행에 대해 무역규제조치를 취하였다. 즉, 국가이익을 우선시하는 패권적 행태를 취했다.

21세기 들어 공급망 무역이 확산되면서 미국은 경쟁적 자유화(competitive liberalization) 무역정책으로 내세웠다. 2001년 USTR 졸릭 대표는 경쟁적 자유화는 미국의 공식적 핵심 무역정책이며, 경쟁적 자유화의 목적은 상대국의 시장개방 유도, 미국식 시장 친화적 법규와 제도채택 권유, 미국의 외교와 안보정책 및 가치체계의 지지 획득이라고 밝혔다. 미국은 이 원칙에 따라 한국, 호주 등 10여 개국과 자유무역협정(FTA)을 체결했다. 그러나, 2001년 중국이 WTO에 가입과 더불어 무역 규모와 제조업 부문의 수출에서 세계 1위를 차지하고 패권경쟁국으로 부상하면서 트럼프 정부는 중국에 대해 고관세 정책을 내세웠다.

아울러, 미국은 중국을 전략적 경쟁자(strategic competitor)와 국제 질서 도전자(revisionist)로 규정하고 그동안 용인해온 중국의 불균형 무역관행과 불공정 기술탈취에 대해 단호히 대응하고 있다. 수출통제개혁법(ECRA)을 통하여 미국의 안보에 문제가 되는 투자와 수출에 대한 규제 장치를 마련했다. 2019년 국방수권법을 통하여 중국 통신장비 기업에 대해 미국 행정기관의 조달과 계약을 금지시키고, 상무부 산업보안국(BIS)의 수출관리규정(EAR)을 근거로 화웨이 등 '중국제조2025'와 관련된 중국의 기술기업에 대해 수출을 통제하고 있다. 그러나, 무엇보다 미국은 '민군융합'으로 민간부문의 첨단기술이 중국 군사력 증강 전략과 융합될 경우 미국 안보와 중국과 패권경쟁에 심각한 영향이 미칠 것을 우려하여 민간기업이나 연구개발 인력을 통한 첨단기술 유출을 철저히 봉쇄하고 있다.

특히, 바이든 정부는 무역규제를 넘어 전략적 산업정책을 취하고 있다. 대표적 예가 반도체와 전기 자동차 산업이다. 미국은 반도체 과학법(Chips and Science)을 제정하여 미국 내 반도체 신규투자 생산 기업에게 보조금을 주고 투자세를 공제해 준다. 인플레이션 감축법(IRA)을 통해 북미지역에서 생산하는 전기자동차에 한해 보조금을 준다. 아울러, 미국은 디지털 기술혁명으로 초연결된 국제사회에서 독자적으로 첨단기술 유출방지와 신흥기술 개발에 한계가 있음을 인식하고, 인도·태평양 경제프레임워크(IPEF) 등과 같이 우방국(like-minded countries)과 공조를 강화하고 있다.

미국의 전략산업정책의 회귀는 신자유주의 시대 이후 미국이 주장해온 글로벌 거버넌스의 핵심인 민영화와 자율을 내용으로 하는 '워싱턴 컨센서스'와 이를 대체할 '대안없다(TINA) 원칙'을 사실상 포기하는 것(disenchantment)을 뜻한다.[37] 나아가, 미국 자신이 주도해온 GATT/WTO체제를 거부하는 것이고 글로벌 거버넌스의 변화를 의미한다.

⋈ 위협받는 WTO 정체성

위에서 본 바와 같이 중국 특색의 사회주의 건설을 위한 중국의 대전략과 미국의 전략적 산업 정책과 가치동맹이 상충하면서 글로벌 거버넌스의 중심축인 GATT/WTO의 역할과 위상도 변화하고 있다.

WTO의 주요 기능은 무역 규범 제정을 위한 협상 기능, 무역 규범의 집행, 평가, 감시 기능, 무역분쟁 해결 기능 그리고 개도국의 무역역량 향상 기능이다. 그러나, 21세기 들어 선진국과 후진국 간의 대립, 글로벌 가치사슬의 진영화, 무역투자 촉진 프레임워크(TIPF)의 대두, 세계무역의 서비스화로 인하여 WTO는 구조적으로 교착상태에 처해있다.[38] 특히, 위에서 살펴본 미국과 중국 간의 패권경쟁과 세계경제의 디지털 전환이 WTO 기능을 더욱 약화시키고 있다.

사실, 미국은 2001년 중국의 WTO 가입을 계기로 중국이 무역 파트너로서 경제를 개방하고 민주화를 추구할 것을 기대하는 한편, 중국의 대규모 산업 보조금 지급, 지식재산권 보호의 실효성 결여, 국영기업 특혜 등을 문제삼아 왔다. 특히, 중국이 제2 경제 대국으로 부상하였음에도 불구하고 개발도상국 특혜를 향유하고 있음에 대해 비난해 왔다. 그러나, 중국은 미국의 기대와 달리 중국 특유의 공산주의 체제의 강화에 역점을 두어 왔다. 결과적으로 미국은 WTO가 세계무역의 자유화를 확대하는 데 한계가 있다고 판단하고, 다른 한편으로 중국의 무역 관행을 불공정 무역이라고 비난하면서 WTO 등을 통한 중국의 무역 남용 시대는 끝났다고 선언했다. 이에 대해 중국은 미국의 조치가 다자간 무역체제 훼손, 세계 경제 성장 위협, 글로벌 공급망 교란 등 오히려 불공정 무역을 유발한다고 대응했다. 이런 관점에서 미·중 간 무역갈등이 전통적인 자유무역 대 보호무역이 아니라 불공정무역에 대한 상호 비방 차원에서 비롯되었으며, 이는 새로운 국제경제질서 수립의 필요성을 시사하고 있다.

최근 미국은 세계화의 원동력인 신자유주의를 포기한다고 초당적 차원에서 선언했다. 특히, 미국은 신자유주의가 중국을 궁핍에서 벗어나는데 크게 이바지한 반면 미국 노동자를 궁핍하게 만드는 역설적 논리로 작용했다고 보고 이를 대체할 노동자 중심의 무역정책을 요체로 하는 '신경제질서'(new economic order) 수립을 모색하고 있다. 즉, 미국은 글로벌 무역이 노동자의 임금을 하락시키고 환경을 훼손하는 등 낮은 수준을 향한 경쟁(race to the bottom)이었다고 평가하고, 이를 억제하기 위해 노동자의 권익과 환경보호, 낮은 관세와 경쟁이 자유로운(contestable) 시장접근 등을 위한 높은 수준의 규범 수립(race to the top)을 목표로 내세우고 있다. 이를 위해 미국은 유사한 가치관 내지 이념을 공유한 국가를 중심으로 새로운 진영 구축을 모색하고 있다. 미국은 미국-멕시코-캐나다(USMCA) 무역협정을 통해 이를 시행하고 있다. 아울러, 브라질도 미국의 노동자 권익 보호 정책에 동조함으로써 BRICS의 노동정책에도 영향을 줄 것으로 보인다.

다른 한편으로, 디지털 전환은 기존 비즈니스의 변화뿐만 아니라 경제 사회생활까지 영향을 주고, 디지털 무역으로 확대되면서 국제무역 분야에서 새로운 법적 규범의 제정을 필요로 하고 있다. 이는 WTO에 대한 새로운 도전이다. 디지털 전환은 데이터, 네트워크, 인공지능, 블록체인 등 디지털 기술을 바탕으로 완전히 새로운 비즈니스 모델로 변경하거나 모델을 생성하는 것을 뜻한다. 디지털 무역은 디지털 전환으로 생성되는 데이터를 활용하여 새로운 부가가치를 창출하는 활동으로서 국가 간 인터넷을 통한 상거래, 글로벌가치사슬(GVC)상의 데이터 흐름, 스마트 제조 관련 서비스, 플랫폼을 포함하는 광범위한 개념이다. 그러나, 디지털 무역의 정의와 범위에 대한 국제적 합의가 없는 가운데 WTO는 디지털 통상규범에 대한 국제적 합의를 이끌어내지 못하고 있다.

실례로, WTO는 1998년 이후 전자 상거래에 대해 논의해오고 있으나 전자적 전송에 대한 무관세조치에 대한 국가 간 입장 차이로 현재 지연(moratorium)상태에 있다.[39] WTO 차원에서 통상규범

국제질서의 변곡점에 선 한국외교의 고뇌

정립이 지연되거나 디지털 무역과 양립하기 어려운 중요한 이유는 우선 디지털 재화의 특성이다. 디지털 재화가 상품인지 서비스인지 분류가 어렵고, 디지털 재화는 노동과 자본을 주 생산요소로 하는 전통 재화와 달리 데이터가 중요 생산요소로서 국가경쟁력의 원천으로 작용한다. 특히, 국경 없이(borderless) 자유롭게 전자전송되기(digital transmission) 때문에 관세부과가 간단하지 않다. 넷플릭스나 유튜브 같은 온라인 동영상서비스(OTT) 방식은 현지국에 법인이나 서버 등 물리적 장치가 없기 때문에 현지국은 관련 규제나 과세권을 행사하기가 매우 어렵다. 다음으로, 국가 간 디지털 기술의 격차다. 앞에서 본 바와 같이, 디지털 경제의 특성은 수확체증과 승자독식이다. 자유로운 디지털 통상규범이 제정될 경우 최상위 디지털 기술을 보유한 미국, 중국, EU는 독점적 이윤을 확보하는 반면, 대부분 개도국들은 이들을 위해 데이터를 공짜로 제공하고 관세수입 없이 시장만 헌납하게 된다. 개도국이 디지털 무역의 자유화에 반대하는 근본 요인이다. 끝으로, 디지털 플랫폼에 의한 경쟁 제한, 데이터에 따른 프라이버시 침해 등 디지털 무역의 부작용에 대한 국가 간 입장 차이 때문이다. 실례로, 미국, EU, 일본 등은 데이터 지역화 조치나 소스코드 공개정책이 무역장벽 요인으로 작용할 수 있다는 점에서 이를 반대하는 반면, 중국, 인도, 러시아 등은 이의 유지를 주장하고 있다.[40] 특히, 중국이 데이터의 자유로운 이전은 반대하면서 소스코드나 소프트웨어의 강제 이전을 강조하는 것은 데이터와 서버의 현지화를 통하여 미국과의 패권경쟁에서 우위를 점유하기 위한 전략으로 분석된다. 결과적으로, WTO는 디지털 기술의 상위 국가군과 하위 국가군 간의 이해 충돌, 상위 국가군 간 독식 경쟁, 하위 국가군의 디지털 기술 역량 부족 등 외적 요인과 디지털 생태계에 뒤처진 WTO의 내적 요인으로 인하여 현 단계에서는 디지털 경제와 양립하기 어려운 환경에 처해 있다.[41]

▎ '자기 강화'하는 IMF

글로벌 경제 거버넌스의 또 다른 축은 국제통화기금(IMF)을 중심으로 한 금융 분야다. 브레튼우즈 협정을 계기로 달러는 세계 최고의 기축 통화가 되었다. 2차 세계 대전이 끝날 무렵 미국은 역사상 최대 규모의 금과 통화를 보유했다. 전후에도 마셜 플랜과 더지 플랜을 통하여 유럽과 일본의 재건을 지원했고 유럽과 일본은 미국 시장의 역할을 하면서 미국의 원조는 선순환하여 미국 경제에 이바지했다. 특히, 미국의 원조가 미국의 지정학적 영향력을 넓히고 달러가 세계 제1의 기축 통화로 지위를 공고히 하는 데 도움을 주었다. 아울러, 미국은 전 세계가 달러를 사용하도록 다방면으로 정책을 시행했다. 미국 은행들은 해외영업과 대출 규모를 확장하여 해외 지점 수가 1965년 13개에서 1980년 787개로 급성장했다.

이런 가운데 1990년대 신자유주의에 따른 세계화가 활발해지고, 1995년 세계무역기구(WTO)가 발족하면서 미국과 중국은 공생관계로 발전했다. 특히, 중국은 저렴한 비용으로 소비재를 생산하고 미국은 중국으로부터 돈을 빌려 소비재를 구매했다. 이로 인하여, 미국은 중국이 막대한 세계 기축 통화를 축적할 기회를 주었고, 중국은 8천2백억 달러의 미국채권을 보유하게 되었다(2023년 7월 기준).

그러나, 2008년 미국발 글로벌 금융위기가 발생하면서 신자유주의에 기초한 '시장 만능주의'와 '규제철폐' 대신 정부개입과 규제강화가 힘을 얻으면서 기축 통화로서 달러의 위상에 큰 영향을 주었다. 2008년 11월 미국 워싱턴에서 개최된 G20 정상회의에서 '금융시장 규제 및 감독을 강화하고 경기 부양을 위해 노력한다'는 공동선언문을 채택하고, IMF와 금융안정화포럼(FSF) 등 금융관리기구들의 개혁을 통한 시장 감독 강화, 거대 금융회사와 파생금융상품에 대한 규제기준 설정과 투명성 제고, 각국 금융관리 당국의 상시적 공조체제를 구축하기로 했다. 이는 유럽과 개도국의 미국식 자본주의에 대한 제동을 의미했다. 나아가, 2009년 6월 러시아 예카테린부르크에서 사상 첫 BRICS 정상들은 회의를 개최하고 IMF 개혁을 비롯한 국제금융질서 개편방안, 글로벌 경제위기에 대한 공동대응방안, 달러화를 대체할 기축 통화 도입 문제 등을 협의했다. 특히, IMF의 의결권 시스템의 전면적 개혁을 집중적으로 논의했다. 그러나, 이런 일련의 과정으로 최종 대부자로서의 IMF의 위상은 오히려 더욱 높아졌다. 무엇보다, 구제금융 등 결정은 미국이 주도하고(의결권 16.7%, 2022년 기준) 서구가 미국을 지지하고 있기 때문이다(중국 3.8%, 러시아 2.4%).

이런 가운데 중국은 세계의 구원자로 부상하려는 의욕을 보였다. 2009년 당시 원자바오 총리는 다보스 포럼에서 "글로벌 금융위기의 원인은 일부 경제권의 부적절한 거시경제정책과 장기간 지속된 낮은 저축률, 과소비로 인한 지속 불가능한 경제모델" 때문이라고 간접적으로 미국을 비난했다. 나아가, 미국과 서구에 의해 형성된 브레튼우즈 체제의 부적합성을 지적하고 개혁의 필요성을 제기했다. 당시 상당수 '글로벌 사우스'42 국가들이 중국의 주장에 동조했다.

이런 움직임 속에 2021년 사우디아라비아가 세세경제포럼에서 무역 거래 시 달러 이외에 다른 통화를 사용한다고 발표함으로써 탈달러화(de-dollarization)의 부상을 시사하고, 2022년 러시아의 우크라이나 침공 후 BRICS 내 탈달러화 움직임이 가속화되었다. 미국을 비롯한 국제사회는 우크라이나 전쟁 직후 3천억 달러에 달하는 러시아의 해외자산을 동결하고, 국제은행간통신협회(SWIFT) 결제망에서 러시아 주요 은행들을 제외하면서, 중국은 이를 미국의 '달러 무기화'라고 비난했다. 브라질도 이에 합세하여 2023년 3월 중국과 브라질은 양국 간 교역 결제에 자국 화폐를 사용하는 데 합의했다. 특히, 이 합의에 따라 브라질 기업이 달러 결제망인 SWIFT 대신 중국의 국경 간 위안화 지급시스템(CIPS)을 이용함으로써 위안화의 국제화에 힘을 실어주었다. 또한, 중국과 러시아도 양국 간 교역 시 자국 화폐로 결제하기로 합의했다. 이에 따라 일각에서는 네덜란드 제국의 길더화에서 대영제국의 파운드화를 거쳐 현재 미국의 달러화가 정점에 달한 후 BRICS에 의한 세계 통화질서가 수립될 것으로 내다보고 글로벌 금융체제의 변화를 예측하고 있다. BRICS의 인구가 세계 총인구의 40% 이상을 차지하고 글로벌 총 GDP 중

G7의 30.7% 보다 높은 31.5%를 점유하고 있는 반면, 2020년 세계 외환 보유고 중 미국 달러화가 차지하는 비중이 1995년 집계 이후 최저점(58.6%)에 도달했음을 고려하면 근거없는 예측은 아니다(2022년 기준).

그러나, 전문가들은 지난 4년간 달러화의 점유율이 거의 변동이 없고(2023년 2분기, 58.9%) 달러를 대체할 화폐가 없는 상황에서 급격한 탈달러화는 없을 것으로 분석하고 있다. 또한, 탈달러화는 3조 2천억 달러 규모의 외환을 보유하고 있는 중국에게 부정적 영향을 주기 때문에 중국도 이에 신중히 대처할 수밖에 없다고 본다. 다른 한편으로, 달러 점유율의 하락은 1999년 유로화의 탄생과 2008년 글로벌 금융 위기 이후 오랫동안 지속된 달러화 강세 때문이라는 분석이 설득력을 얻고 있다. 이런 맥락에서 미국 달러의 글로벌 보유 규모와 달러의 영향력은 다소 감소할 수 있지만 세계 제일의 기축 통화로서 위상은 지속될 것으로 보인다.[43] 결과적으로 IMF도 국제금융위기와 더불어 지속적으로 자기 강화(self-reinforcing)할 것으로 전망된다.

Ⅲ 합리적 경제안보 정책의 척도

위에서 살펴본 바와 같이 미국과 중국 등 주요 경제 대국들이 전략적 산업정책을 택하면서 WTO의 정체성이 흔들리고 있다. 특히, 디지털 경제의 부상과 더불어 WTO의 역할과 효용성이 제약

받고 있다. 반면, IMF는 국제금융 위기가 발생할 때마다 비판의 대상이 되었지만 오히려 위기가 IMF의 위상을 제고하는 역설을 나타냈다. 이런 가운데, 중국은 일대일로 사업 등을 통해 '최종 대부자'로 자처하고, BRICS 중심으로 탈달러화 조짐을 보이면서 IMF의 거버넌스도 도전받고 있다. 이런 변화는 기존의 선진국의 약화보다는 신흥국의 부상에 따른 필연적 결과이다.

새로운 국제질서 수립을 위한 중국의 대전략에 맞서 미국은 지난 70여 년 동안 견지해 온 신자유주의를 포기하고 전략적 산업정책으로 대응하면서 세계의 진영화는 가속화되고 있다. BRICS를 중심의 신흥국 부상으로 다극화되면서 글로벌 경제 거버넌스는 더욱 복잡해지고 있다. 더욱이, 2020년 시작된 코로나 팬데믹과 2022년 러시아의 우크라이나 침공으로 글로벌 공급망이 교란되면서 기존의 글로벌 거버넌스는 정체(gridlock)상태에 빠져 제 기능을 작동하지 못하고 있다.[44] 이런 가운데 디지털 혁명과 플랫폼 혁명은 기존의 시장법칙을 변화시키고 국가 권력에 대해 기업은 도전하고 있다. 이에 따라 합리적인 경제 안보 정책의 척도를 설정하고 방향을 제시하는 것은 매우 어려운 일이다.

경제안보의 개념은 국가에 따라 다르고 시대에 따라 변하여 왔다. 전통적으로 안보가 경제의 상위 개념으로 이해되어 왔지만, 디지털 혁명과 더불어 국가의 군사, 외교적 역량을 수행함에 있어 신흥기술을 기반으로 한 경제력이 필수요인으로 작용하면서 경제안보를 국가안보와 동일시하고 있다. 이런 가운데 중국은 WTO를 중심으로 자국에 유리한 글로벌 무역 거버넌스를 내세우고 미국은 IMF를 중심으로 기존 글로벌 질서 유지를 도모하고 있다. 포스트 자본주의와 중국 특색의 사회주의가 대결하는 양상이다.[45] 결과적으로, 국가 차원에서는 진영화 논쟁하고, 기업(산업) 차원에서는 초연결되어 서로 의존하는 상호모순된 글로벌 경제 질서가 형성되고 있다.[46]

신현실주의 이론의 창시자 케네스 월츠는 이미 초국가적 권위가 없는 국제체제의 무정부 상태에서 생존과 안보를 위해 자조(self-help)를 최우선으로 중시했다. 그리고, 다른 국가와 동맹을 결성하는 것도 중요하지만, 상대국은 자신의 국익이 되는 범위 내에서 동맹을 약속하고 협조한다는 근거에서 국제정치를 비협조적(non-cooperative) 게임으로 본다. 현실주의학파 하버드대 스티븐 월트 교수는 논리적 일관성, 창의성 그리고 실증적 타당성(empirical validity)을 국제체제에서 합리적 선택의 기준으로 간주한다.[47] 이를 디지털 경제에 접목하면 안으로는 플랫폼 기업이 지속적으로 가치를 창출하고 밖으로는 동맹(네트워크)을 통하여 가치를 확대하는 환경을 조성하는 것이 경제안보의 척도라는 의미다. 불확실성을 특징으로 하는 디지털 환경에서 경제안보는 경험과 현실이라는 실제적 설명변수에 기반해야 한다는 뜻이다. EU의 경제안보 정책에서 이를 엿볼 수 있다.

EU는 미국과 중국에 비해 기술력이 약한 제3의 블록이다. EU는 2020년부터 '개방적 전략 자율'(Open Strategic Autonomy)을 대외정책의 기조로 표방하고, 인권, 환경 등 분야에서 유럽의 가치를 공유하는 한편 경제안보 차원에서 대외의존도 완화를 위해 신산업 전략을 수립하고 다양한 대외 경제 협력을 추진하고 있다. 특히, 우주항공, 디지털, 에너지 집약산업 등 14개 산업에서 단일시장으로서 경쟁력 강화를 목표하고 있다. 또한, 메가 과학프로젝트 'Horizon Europe'을 통하여 수출통제와 외국인 투자 규정을 강화하는 한편 회원국 중심의 과학협력을 강화하여 기술안보를 확충하고 기술주권을 도모하고 있다.[48] 그러나, EU는 기술주권을 내세우면서도 낙후된 디지털 기술 수준을 극복하기 위해, 미국 등 유사한 가치체계 국가들과 기술제휴와 투자유치를 추진하고 있다. 다른 한편으로, 중국의 불공정 행태 등을 이유로 중국을 부정적으로 인식하고, 중국의 자립자강정책(self-sufficiency)에 대비하여 탈중국 정책으로 전환하고 있다.[49] 즉, EU는 신흥기술을 선도하고 유사한 가치관을 지닌 미국과 동맹을 결성하고, 자립자강을 추구하는 중국에 대해서는 탈중국화를 내세우며 EU 자체의 지역가치사슬을 형성하고 있다.

한국의 경제안보, 반도체 산업에 답이 있다

반도체는 우주산업, 인공지능, 자율주행차, G5 등 첨단핵심기술의 필수 소재다. 반도체 없으면 빅테크 기업도 유니콘도 없다. 의상 등 일부 명품을 제외하면 반도체 없이 생산할 수 있는 것은 거의 없다. BTS의 빌보드차트 1위 등 한류에 대한 글로벌 시민의 호응도 반도체 덕분이다. 반도체가 '산업의 쌀'이라는 말로 부족하다.

반도체는 메모리 반도체와 비메모리 반도체(시스템 반도체)로 구분되며, 반도체 시장규모는 5,950억 불(이 중 메모리 반도체는 29%, 2021년 기준)이다. 메모리 반도체는 주문형 생산방식의 시스템 반도체와 달리 생산 후 판매방식으로 시장변동에 매우 민감하다. 시스템 반도체 생산은 크게 설계(팹리스), 제조(파운드리), 조립과 테스트(ATP) 3개 공정으로 구분된다. 설계와 설계자산(IP)은 미국이 절대 우위를 점하고, 제조 장비는 미국과 네덜란드(ASML), 제조 소재는 일본, 파운드리는 대만(TSMC)과 한국, 원료(리튬, 코발트 등)는 중국, 테스트는 싱가포르, 종합생산(IDM)은 한국과 미국(Intel)이 특화하고 있다.

이런 가운데, 미·중 기술 패권경쟁 등으로 글로벌 반도체 공급망이 교란되면서 주요 국가들은 반도체 공급망의 안전성 확보가 경제안보에 매우 중요하다는 사실을 인식하고 정부 차원에서 막대한 보조금 제공 등 반도체 산업을 지원하고 있다.

미국은 반도체 과학법(Chips and Science)을 제정하여 미국 내 반도체 신규 투자 생산 기업에 보조금을 주고(570억 불 규모) 투자세를 공제해 준다. 또한, 규범과 가치체계를 같이하는 우방국들과 '반도체 동맹'을 맺고, 북미 3개국 간 '반도체 포럼' 결성(2023.1.10. 정상회담)을 통해 미국 중심의 공급망을 구축(friend-shoring)하고 있다. 아울러, EU와 무역기술위원회(TTC)를 통해 반도체 공급 조기 경보 체계를 수립 등 공급망 회복력을 강화하고 있다.

중국은 '중국제조2025'를 기반으로 2030년까지 반도체 보급률을

70%까지 끌어올린 후 막대한 시장을 기반으로 반도체 생산 자립을 지향하고 있다. 반도체 굴기를 위해 1,430억 불 규모의 반도체 지원법을 제정하고 있다. EU는 유럽 최대 반도체연구소 IMEC를 통해 기술경쟁 우위 확보를 위한 범유럽 공동 프로젝트를 추진 중이며, 반도체 법 제정으로 2030년까지 반도체 자급율을 현재 9%에서 20%로 증가시킬 계획하에 430억 유로의 보조금을 지급할 예정이다.

그러나, 특정 국가가 반도체 생산의 전(全) 공정을 독점하는 것은 거의 불가능하다. 이를 근거로 일부 국가는 글로벌 공급망 내 일부 독점 분야를 무기화하고 있다. 미국은 중국이 취약한 반도체 설계와 전적으로 외부의존하고 있는 제조장비를 무기화하고, 한 차원 높은 단계로 도약에 반드시 필요한 '길목기술'(choke-point technologies)의 중국 유출을 통제하기 위해 공급망을 재편하고 있다. 이에 대해 중국은 반도체 원료 갈륨과 게르마늄의 수출통제로 대응하고 있다.

이와 같이, 미국은 중국 견제를 목표한 가치동맹 결성을 위해 전략적 가치사슬(SVC)을[50] 구축하고, 중국은 대전략에 따라 국내가치사슬(DVC)을 구축하여 중국몽 실현을 목표하고, EU는 유럽 가치에 기반한 지역가치사슬(RVC)의 구축을 목표하고 있다. 이런 가운데 한국은 진영의 선택을 강요받고 있다.

디지털 혁명 속에 인공지능이 인간화(humanisation)됨에 따라 세계경제는 6차 파동에 진입하고 있다. 이에 함께 바이오 기술과 헬스

산업이 중시되면서[51] 2030년 인공지능(AI)을 선도하는 국가가 2100년까지 세계를 지배한다고 예측한다.[52] 그러나, AI는 반도체 산업에 거의 전적으로 달려 있다. 즉, AI가 세계를 지배한다면 반도체는 AI를 지배하고 세계를 지배한다. 반도체 산업에서 패권은 기술패권과 세계지배를 의미한다. 이런 맥락에서 미·중 간 반도체 산업에서의 경쟁은 미·중 간 패권경쟁의 축소판이다. 세계 무역전쟁의 종착역도 반도체 산업일 것이다. 이는 반도체 산업이 경제안보의 핵심임을 뜻한다.

한국은 정보통신기술(ICT)의 강국으로서 인공지능, 바이오 기술, 배터리, 헬스 케어 등 분야의 신흥기술에서 선두 그룹에 속해 있다. 2019년 세계 최초로 5G 이동통신 상용화를 선포하였고, 2022년 이동통신 가입자 비율은 36.4%로 세계 최고다.[53] 특히, 한국은 반도체 강국이다. 반도체 산업은 한국경제의 표상(수출의 약 20%)이고, 신흥기술의 원동력으로서 한국뿐만 아니라 세계 생태계에 커다란 영향을 주고 있다. 이런 맥락에서, 디지털 경제에서 경제안보의 핵심인 반도체의 렌즈를 통하여 한국의 경제안보의 맥을 짚어 보자.

첫째, 경제안보에 대한 인식의 지평을 확대할 필요가 있다. 최근 코로나 팬데믹, 러시아의 우크라이나 침공 등으로 글로벌 공급망이 교란되고 세계 경제가 블록화되면서 경제안보는 글로벌 공급망이라는 인식이 팽배하다. 그러나, 디지털 혁명과 플랫폼 혁명으로 시장법칙이 변하고, 전통산업의 영향력이 축소되는 국제적 흐름 속에서 경제안보를 재조명할 필요가 있다. 특히, 포스트 자본주의를 이끌어간 빅텍크 기업들은 진영에 관계없이 초연결되어 있는 반면, 국가 차원에서는 국가 간 디커플링이라는 상충된 현상은 슬기로운 전략을 요한다. 나아가, 디지털 경제에서는 국가 권력과 기업의 창의성 간 조화가 경제안보의 또 다른 주요 축임을 고려할 필요가 있다.

둘째, 2분법적 진영논리보다는 상주기 차원에서 유연한 집근이다. 디지털 경제의 기본 개념은 토지, 노동, 자본이 아니라 지식, 아이디어, 네트워크이다. 정보기술이 발전하면서 희소성의 법칙과 풍요의 법칙이 공존하고, 상호의존이 때로는 무기로 작용한다. 이는 경제에 대한 근본적 인식변화를 뜻한다. 이로 인해 세계 경제의 미래는 불확실하다. 이에 대비하기 위해 자조적이고 자율적으로 경제안보 체제를 구축하는 것이 필요하다. 지난 수년간 미국의 쇠퇴론과 중국의 부상론이 우세했다. 그러나, 2023년 말 현재 미국은 건재하고, 중국은 '중국 리스크'를 맞이하고 있다. 중장기적 관점에서 동태적 접근의 필요성을 알려주는 예다.

셋째, 경제효용보다 경제안보가 우선이다. 미·중 패권경쟁에 가세하여 코로나 팬데믹과 러시아의 우크라이나 침공으로 글로벌 공급망이 분열되면서 시장의 규모보다는 시장의 안정이 더 중요하고, 경제적 실익보다 경제안보가 더 중요해졌다. 한국은 자본주의 시장경제와 자유 민주주의라는 가치체계를 통하여 세계 10위권 경제 대국으로 부상하였다. 한국은 경제적으로 중국에 크게 의존하고 있지만(반도체 수출의 약 60%), 중국이 자국의 방대한 소비시장을 무기화하여 일방적으로 압력을 가하고, 공산당의 '조정 전략'으로 중국 시장은 배타적이고 불투명하고 불확실하기 때문에 경제안보를 기대하는 데 한계가 있다. 이런 맥락에서 유사한 가치체계와 투명한 제도를 특징으로 하는 미국과 EU와 공조하는 것이 합리적 선택이다. 미국과 EU와 공조할 때 경제적 이득은 감소할 수 있지만 경제안보는 보다 확고히 확보될 것이다. 특히, 위에서 살펴본 바와 같이 중국의 경제, 산업 정책은 자립자강 원칙에 근거한다. 중국의 폐쇄적 홍색 공급망에 따른 탈한국 전략 때문에 중장기적 관점에서 한국이 중국을 떠나기보다는 중국이 한국을 떠날 것이다. EU가 탈중국을 내세우는 근본적 이유다.

넷째, 경제안보는 지키는 것이 아니라 만드는 것이다. 삼성의 반도체 초미세 공정 기술이나 세계 유일의 최첨단 극자외선(EUV) 노광장비를 생산하는 네덜란드 ASML의 경우에서 보듯이, 한국이 절대 비교 우위로 초격차를 유지하면 진영화의 논리를 초월할 수 있다. 미국, 중국, EU는 진영논리를 떠나 한국과 협력할 수밖에 없다. 신흥핵심기술 육성과 초격차 생성을 위해 끊임없는 도전과 변신[54] 그리고 정부의 과감한 지원이 필요하다. 승자독식을 특징으로 하는 디지털 경제에서 2등은 의미가 없기 때문이다. 1970~1980년대 한국의 중화학공업 육성역사가 이를 증명한다. 특히, 다양한 유니콘의 생성을 위해서 창의적 인적자원의 양성이 절대적으로 요구된다. 이와 관련하여 중국의 파놉티콘적 감시 체제보다는 미국의 슘페터적 경제문화와 교류하는 것이 바람직하다.

다섯째, 산업 공유재(industrial commons)[55]의 중요성이다. 산업 공유재는 산업 경쟁력의 원천이고 국민경제의 핵심이다. 미국 기업들은 세계화가 최고조에 달한 2000년을 전후하여 금융자본과 주주가치(share holder value)에 중점을 두고 단기간의 이윤추구를 위해 무분별하게 해외 이전함으로써 산업 공공재의 산업 혁신 생태계에 공백이 생기고 미국 내 산업연관 작동시스템이 소실되었다. 실례로, 반도체, 첨단 배터리 등 혁신적 아이디어는 미국에서 생성되었지만 이를 산업화하고 상업화한 기업들이 해외로 이전함으로써 미국 내 연계 고리가 단절되고 산업 경쟁력이 잠식당하고 실업을 양산했다. 미국의 반도체 세계시장 점유율이 1990년 37%에서 2022년 12%로 하락한 결과도 이에 기인한다. 미국은 세계화 과정에서 상실한 산업 공유재를 되찾기 위해 보조금과 세제 혜택 등을 통하여 미국 기업의 회귀(reshoring)와 해외기업의 미국 내 투자를 유도하고 있다. 미국은 소실된 산업 공유재의 회복을 위해 엄청난 대가를 지불하고 있다.

여섯째, 표준전쟁에 적극 참여다. 선도부문에서 국제표준화의 주도는 국익과 직결된다. 2023년 2월 한국과 네덜란드가 공동으로 개최한 '인공지능의 책임있는 군사적 고위급 회의'(REAIM)처럼 디지털 무역이나 우주 거버넌스 규범 제정 등에 적극 참여와 그에 따른 역량확충이 요구된다. 아울러, 개도국과의 디지털 격차 해소를 위한 지원사업의 필요성이다. 이 사업은 기술표준과 규제 동조화를 통해 한국기업이 디지털 경제영역을 확보하고 확대하는 데 기여하고 나아가 글로벌 규범제정에 한국의 입장을 반영하는 데 이바지할 것으로 분석된다.

ⅯＩ 디지털 행성은 어디로 향하나

세계는 1, 2차 산업혁명의 물리적 행성과 3차 혁명의 사이버 행성이 융합한 디지털 행성으로 진입하고 있다. 인터넷이 이동통신과 공진화(co-evolution)하면서 디지털 행성은 스스로 증식하고 적응하는 유기체적 양상을 보이고 있다. 이로 인해 생활양식, 사회, 문화 환경은 물론 산업 생태계와 자본주의 패러다임이 바뀌고 있다. 특히, 국경없는 디지털 네트워크 기술로 인공지능이 물리학과 생물학에 가세하고 바이오 기술이 기계공학과 융합하면서 불가능하다고 믿어왔던 분야에서도 초연결되고 있다. 이런 속성을 지닌 디지털 행성의 표상은 복잡계(complexity system)다.[56] 지난 수백 년간 인간의 인식체계를 지배해 온 뉴턴식 기계주의적 환원주의나 데카르트식 수학적 세계관은 복잡계를 제대로 읽지 못한다.

복잡계의 핵심은 3가지다. 즉, 자기 조직화, 공진화 그리고 창발(emergence)[57]이다. 외부의 관여 없이 내부 구성요소들 간의 복잡한 상호작용으로 전체 시스템이 특정 방향으로 경도되고 임계상태(critical state)에 도달하면 창발이 일어나는 생태계이다. 산학연의 자생적 상호작용으로 산업 클러스터를 창발한 실리콘 밸리가 좋은 예다. 블록체인 혁명으로 탈(脫)중앙화 시스템이 등장하고 그 속에서 디지털 콘텐츠라는 상품이 NFT(Non-Fungible Token)으로 거래되고 있다. 정보 인터넷에서 가치 인터넷으로 변모한 것이다.[58] 또다른 형태의 창발이다. 이런 가운데 빅테크 기업은 탈중앙화 속에서 중앙화를 통해 독점하고 있다. 역설이다. 창발의 기업과 규제의 정부가 공진화하면서 디지털 행성은 특이점(singularity)[59]을 향하고 새로운 거버넌스를 요구하고 있다.

20세기 말 미래학자 피터 드러커는 '미래를 예견하는 가장 좋은 방법은 미래를 창조하는 것'이라고 간파했다. 복잡계 디지털 행성의 항로는 비평형, 비선형, 불확실성, 불완전성을 특징으로 한다. 즉, 무질서(chaos)다. 그 속에서 질서를 창조하는 것이 최상의 미래 항로다. 경제안보에서 특히 그렇다.

국제질서의 변곡점에 선 한국외교의 고뇌

미주

1   Robert L. Heilbroner, *The Worldly Philosophers: The Lives, Times, and Ideas of the Great Economic Thinkers*, TOUCHSTONE, 1999, pp. 18-41.

2   Bill Gates, *An open Letter to hobbyists*, Feb. 3, 1976.

3   Richard Stallman이 소프트 웨어 개발 GNU 프로젝트와 관련 1985년 'The GNU Manifesto'를 통하여 발표하였다.

4   Kevin Kelly, *New Rules for the New Economy: Radical strategies for a connected world*, Penguin Books, 1998.

5   Yochai Benkler, *The Wealth of Networks: How social production transforms market and freedom*, Yale University Press, 2006.

6   Joseph L. Brown et al., *Capitalism at Risk: How Business Can Lead*, Harvard Business Review Press, 2020.

7   Barbora Jedlickova, "Digital Polyopoly", *World Competition* 42 no.3 (2019), pp. 309-334.

8   Karl Marx, "The Fragment on Machines", 이 노트는 마르크스 '정치경제학 비판 요강'(*The Grundrisse*)의 일부분이며, 자본주의에 대한 자신의 기존 관념과 전혀 다른 내용을 담고 있다. 이 책은 1920년 소련에서 판매가 시작되었고, 1960년대 후반부터 서유럽에서 읽히기 시작했다.

9   Monika A. Dichovska and Tatjana P. Michevska, "Challenges of the Company in the New Economy and Development of E-bussiness Strategy", *Strategic Management*, Vol.22 (2017), No.2 pp. 27-35.

10   Emilio Calvano, Destructive creation, *Working Paper Series in Economics and Finance*, No. 653, Stockholm School of Economics, 2006.

11   범용목적기술은 지구적 차원에서 광범위한 산업 분야에 이용되는 기술로서 컴퓨터, 인터넷, 반도체 등이 이에 해당된다. 생산성 향상에 근본적 영향을 준다. Mario Coccia, "General sources of general purpose technologies in complex societies: Theory of global leadership-driven innovation, warfare and human development", *Technology in Society* 42 (2015),

pp. 199－226. "A Theory of the General Causes of Long Waves: War, General Purpose Technologies and Economic Change", *Technological Forecasting & Social Change* 128 (2018), pp. 287-295.

12 N.F.R. Crafts, "Steam as a general purpose technology: a growth accounting perspective", *Economic Journal*, (495), pp. 338-351, 2004.

13 Richard G. Lipsey et al., *Economic Transformations: General Purpose Technologies and Long Term Economic Growth*, Oxford University Press, 2005.

14 Mario Coccia, "General sources of general purpose technologies in complex societies: Theory of global leadership－driven innovation, warfare and human development", *Technology in Society* 42 (2015), pp. 199-226.

15 Jeremy Rifkin, *The Zero Marginal Cost Society: the Internet of things, the collaborative commons and the eclipse of capitalism*, Penguin Press, 2008.

16 Guy Standing, *The Corruption of Capitalism: Why rentiers thrive and work does not pay*, Biteback, 2017.

17 Shoshana Zuboff(김보영 옮김), *The Age of Surveillance Capitalism*(감시자본주의 시대), 문학사상, 2021.

18 Geoffrey Parker et al.,(이현경 옮김), Platform Revolution(플랫폼 레볼루션), 부키, 2017.

19 기업가치가 10억 달러가 넘는 스타업 기업으로 전 세계에 약 2,500개 있는 것으로 추정한다(2022년 9월 기준). 한국의 '당근마켓', '우아한형제들', '야놀자' 등 기업이 이에 속한다.

20 그런 맥락에서 미국 JP모건은 금융 분야에서 영향력이 있는 10위권 기업이지만 데이터를 활용한 기술력이 없기 때문에 빅테크 기업은 아니다.

21 Ian Bremmer, "The Technopolar Moment: How digitl powers will reshape the global order", *Foreign Affairs*, Nov./Dec. 2021, pp. 112-128.

22 한국은 이들과 경쟁할 수 있는 세계 유일의 디지털 플랫폼을 보유한 국가다.

23 Paul M. Kennedy, *The Rise and Fall of the Great Powers: Economic Change and Military Conflict rom 1500 to 2000*, Random House. 1989, pp. 143-149.

24 George Modelski and William R. Thompson, *Leading Sectors and World Powers: The Coevolution of Global Politics and Economics*, University of South Carolina. 1996. Rafael Reuveny and William R. Thompson. Leading sectors, lead economics, and economic growth, *Review of International Economy* 8:4 2001, Indiana University, pp. 689-719.

25 Thomas Piketty, *Le capital au XXIe siecle*, EDITIONS DU SEUIL, 2013, pp. 105-110.

26 Mario Coccia, "Why do nations produce science and technology in society?", *Technology in society*, vol.59, 101124, pp. 1-9.

27 Hal Brands의 저서 *What Good Is Grand Strategy?* (Cornell University Press)에서 대전략의 7가지 특성과 5가지 중요성이 기술되어 있다. 중국 학계 등 중국 관점의 다양한 대전략 개념에 대해서는 차정미, "시진핑 시대의 대전략: 세기의 대변화론-중국몽-일대일로 연계분석을 중심으로", 『국가안보와 전략』, vol.22, no.2, (통권 제86호), pp. 77-108 참조.

28 Andrew Scobell *et.als.*, *China's Grand Strategy, Trends, Trajectories, and Long-term Competition*, RAND Corporation, 2020, David B. H. Denoon(ed.), *China's Grand Strategy: A Roadmap to Global Power?* New York University Press, 2021, Simon Norton, China's grand strategy, The University of SYDENY, 2015 등 참조

29 Avery Goldstein, China's Grand Strategy under Xi Jinping: Reassurance, Reform. and Resistance, *International Security*, vol. 45, No.1 2020, pp. 164-201. Rush Doshi. *The Long Game: China's Grand Strategy to Displace American Order*, Oxford University Press, 2021. 허리궈, 허친잉, 웨이수민(이재연 옮김), 『강대국의 길, 중국의 길』, 다른생각, 2017.

30 Elizabeth C. Economy, The World According to China, *polity*, 2022, pp. 169-225.

31 Yuyan Zhang, *The Change of Global Economic Governance and China*, China Social Sciences Press, 2022. Scott L. Kastner *et al. China's Strategic Multilateralism: Investing in Global Governance*, Cambridge University Press, 2019. pp. 11-46.

32 Jing Cheng and Jinghan Zeng, *'Digital Silk Road' as a Slogan instead of a Grand Strategy*.

33 G7은 2021년 중국의 일대일로에 대한 대응책으로 B3W(Build Back

Better World) 사업에 착수하고, 2035년까지 개도국의 인프라 발전을 위해 40조 달러를 투입 예정이다.

34 Gary Gereffi, *Global value chains and international competition*, The Antitrust Bulletin: vol.56. no.1/Spring 2011, pp. 37-56.

35 Johannes Overbeek, *Free Trade versus Protectionism*, Edward Elgar, 1999.

36 Friedrich List, *The National System of Political Economy*, PANTINOS CLASSICS, 1885.

37 Marek Rewizorski ct al., *The Future of Global Economic Governance: Challenges and Prospects in the Age of Uncertainty*, Springer, 2022. pp. 1-11.

38 대표적 예가 2001년 카타르 도하에서 개시된 도하개발어젠다(DDA)이다. 20여 년이 지난 현재까지 성과는 차치하고 지속 여부가 논란이 되고 있다.

39 Andrea Andrenelli and Javier Lopez−Gonzalez, Understanding the potential scope, definition and impact of the WTO e−commerce moratorium, OECD Trade Policy Paper no. 275, October 2023.

40 중국은 '사이버안전법'을 통해 개인정보와 중요 데이터의 해외이전을 금지하고, EU는 '개인정보보호법'(GDPR)을 통해 개인정보보호와 공공안전을 추구하고 있다.

41 Merit E. Janow and Petros C. Mavroidis, Digital Trade, E−Commerce, the WTO and Regional Frameworks, World Trade Review (2019), 18, pp.1-7. R. S. Neeraj, Trade Rules for the Digital Economy: Charting New Waters at the WTO, World Trade Review (2019), 18, pp. 121-141.

42 미국 작가 Carl Oglesby가 1969년 주조한 용어다. '글로벌 사우스'는 '제3세계' '개도국−선진국' 같은 위계를 나타내지 않는다는 의미에서 최근 많이 사용한다. '글로벌 사우스'의 리더십을 확보하기 위한 중국과 인도가 치열하게 경쟁하고 있다.

43 Marina Larionova and Andrey Shelepov, "BRICS, G20 and global economic governance reform", *International Political Science Review*, 2022 Vol.43 (4), pp. 512-530. Ray Dalio(송이루 외 옮김), *The Changing World Order*(변화하는 세계질서), 한빛비즈, 2022, pp. 496-503.

44 T. Hale et K. Young, *Gridlock, Why global cooperation is failing when we need it most. Cambridge -Malden*, Policy Press, 2013.

45 Cristopher A. McNally, "Chaotic melange: neo-liberalism and neo-statism in the age of Sino-capitalism", *Review of International Political Economy*, 27:2, 2020, pp. 281-301.

46 2023년 11월 APEC에서 미·중 정상이 인정했듯이 양국 간 디커플링이 필요하지만 할 수 없는 상황이다.

47 Michael E. Brown *et al.* "Rational Choice and Security Studies: Stephen Walt and His Critics", MIT Press, 2000.

48 'Global Gateway Initiative'를 통하여 중국을 견제하는 한편, 비회원국의 Horizon Europe 참여를 제한하는 등 회원국 중심의 기술안보 전략을 수립했다.

49 EU는 중국과 포괄적 투자협정(CIA)을 가장 먼저 추진해왔으나 인권, 노동 등 문제로 동결된 상태에 있다.

50 일각에서는 신뢰가치사슬(trusted value chain)로 기술하고 있으나. 이 표현은 최근 산업정책의 회귀관점에서 부적절하다고 판단된다.

51 Andreye Tyulin *et al.* "The development of Kontratief's theory of long waves: the place of the AI economy humanization in the 'competences-innovations-markets' model", *Humanities and Social Sciences Communication*, 54, 2023.

52 Indermit Gill, *Whoever leads in artificial intelligence in 2030 will rule the world until 2100*, Brookings Institute, 2020.

53 30%를 넘는 나라는 한국과 이스라엘뿐이며 이스라엘의 가입자 비율은 30.4%다.

54 권오현, 초격차, 『쌤앤파커스』, 2018.

55 산업 공유재는 R&D 인프라, 생산 공정 혁신기술, 엔지니어 역량 등으로 구성된다. 이를 기반으로 대학, 연구소, 협력업체(partners) 등이 상호 보완적 공조로 혁신적 산업 생태계가 형성된다.

56 Conor Seyle and Roberta Spivak, "Complexity Theory and Global Governance: Is More Different?", *Global Governance* 24 (2018), pp. 491-495.

57 Stuart Kauffman(국형태 역), *At Home in the Universe: The search for the Laws of Self-organization and Complexity*(혼돈의 가장자리: 자기 조직화와 복잡성의 법칙을 찾아서), 사이언스북스, 2002. Steven Johnson (김한영 역), *Emergence: The connected lives of ants, brains, cities, software*(이머전스: 미래와 진화의 열쇠), 김영사, 2004.

58 Don Tapscott and Alex Tapscott(박지훈 역), *Blockchain Revolution: How the technology behind Bitcoin is changing Money, Business, and the World*(블록체인 혁명: 4차 산업시대를 이끄는 혁신적 패러다임), 을유문화사, 2018.

59 Ray Kurzweil(김영남, 장시형 옮김), *The Singularity is Near*(특이점이 온다), 김영사, 2020.

외교의 새로운 영역, 과학기술

[한동만]

외교의 새로운 영역, 과학기술

　반도체, 인공지능, 양자컴퓨터 등 첨단기술이 미·중 갈등의 핵심에 자리잡게 되면서 기술적인 고려가 세계정치를 형성하고 이끌어 가는 주요 토대가 되고 있다. 중국이 미국의 기술 우위에 도전하고 미국이 중국을 견제하며 진행 중인 양국 간 갈등은 기술 신냉전으로 불릴 정도로 팽팽한 긴장감 속에서 이어지고 있고, 이는 미·중 관계를 넘어 세계 정치·경제 전반에 영향을 미치며 구조적 변화를 견인하고 있다.

　4차 산업혁명과 디지털 경제의 심화, 코로나19 팬데믹 확산, 미·중 패권경쟁 전개라는 이슈들이 중첩적으로 얽히며 세계 정치·경제 구조 변화가 빠르고 깊게 진행되는 와중에 기술이 국가안보와 번영의 토대로서 더욱 중요하게 인식되고 있으며 미국과 중국을 포함한 세계 주요국들 간의 기술경쟁이 치열해지고 있다. 국가 간 기술경쟁과 협력은 더는 시장 메커니즘이 아닌 국가안보적 관점으로 접근되고 있으며 기술은 군사안보와 경제안보를 뒷받침하는 가장 중요한 요소로 설정되고 있다.[1]

▐▌ 기술패권 경쟁 속 과학기술과 외교

지난 수십 년간 국가의 활동 범위가 확대되면서 외교의 영역, 수행 주체, 대상이 변화되어 왔는데 과학기술 발전으로 이 분야 역시 외교의 새로운 영역으로 편입되고 있다. 외국과의 과학기술경쟁 및 상대국 첨단 과학기술에 대한 정보를 수집하는 것은 여전히 과학외교[2] 또는 과학기술외교의 중요한 부분이지만 최근 국경을 넘는 자본, 인력, 기술 교류가 보다 빈번해지면서 국가 간 과학기술경쟁과 더불어 과학기술협력의 필요성이 증대되어 왔다. 과학기술외교는 '협력'과 '경쟁'의 양면성을 그 본질로 하는데 협력적 측면은 글로벌 과학협력을 촉진하고, 국가 간 관계발전과 우호협력을 견인하는 역할을 강조한다.

과학기술외교는 전통적 외교와 달리 이념과 종교, 국경을 넘는 초국가적(transboundary), 탈정치적(apolitical) 성격을 가진다. 국가 간 인재교류와 연구협력 외교를 통해 과학기술 발전이 가속화되기도 하고, 기후변화와 같은 글로벌 위기에 대한 공동 연구를 촉진하기도 한다. 냉전기 미·소 양국 과학자들의 교류가 주요한 연결고리가 되었고, 1970년대 미·중 간 과학기술교류가 양국관계 개선을 촉진하였으며, 2000년대 초 미국이 인도, 이집트 등과 관계를 발전시키는 데 과학기술 지원이 주요한 역할을 한 바 있다. 2014년 4월 영국의 캠브리지 대학과 임페리얼 칼리지의 지질학자들은 민간 공동연구 차원에서 백두산 일대에 지진측정 장치를 설치하고 화산활동 추적을 위한 자료를 수집하기도 하였다.[3]

기후변화, 신흥 이슈, 비전통 안보 등 국제사회가 직면한 융·복합적 외교 이슈 해결에 있어 전문 과학기술 지식이 중요해짐에 따라 과학기술의 역할이 강조되고 있다. 보편성과 객관성이라는 과학기술이 추구하는 가치가 일종의 소프트 파워로 인식되면서 자국의 과학기술력을 공공외교의 기반으로 활용하여 대외적 위상과 이미지를 제고하는 다양한 노력들이 진행되어 왔다.

그러나 과학기술외교는 강대국 영향력 확대의 자원이면서, 국가 간 경쟁과 진영 경쟁의 외교적 수단으로 활용되기도 한다. 강대국 경쟁 속에서 과학기술은 자국의 기술우위를 확보하거나 경쟁국의 기술우위를 억지하기 위한 수단으로 활용되기도 하고, 자국의 외교력 우위를 위해 동원되기도 한다. 강대국 경쟁이 글로벌 질서의 진영화와 양극화로 이어질 경우, 과학기술외교는 진영 내 결속과 진영 간 경쟁의 핵심 수단이 될 수 있다. 과학기술외교는 기술변화와 국제환경에 따라 협력과 경쟁의 양상이 변화할 수 있는데 미·중 전략경쟁의 심화, 특히 미래 기술패권을 둘러싼 경쟁 속에서 경쟁적 측면이 더욱 부각되고 있다.

최근 안보·경제·과학기술의 융·복합적 특성이 강화되는 상황에서 접근 방식도 변화하고 있는데 주요 기술강국들은 자국의 과학기술 역량을 극대화하는 국가전략을 수립·추진하면서도 경쟁국의 과학기술 발전을 저지하려는 기술통제 정책을 강화하고 있다.[4]

과학기술외교는 외교정책에 과학적 조언을 하는 '외교에서의 과학'(science in diplomacy), 글로벌 과학기술협력을 촉진하는 '과학을 위한 외교'(diplomacy for science), 국가 간 관계를 발전시키기 위해 과학협력을 활용하는 '외교를 위한 과학'(science for diplomacy)의 3가지 측면이 있다.[5] 과학기술 분야의 강대국 경쟁이 심화되고 전쟁으로 인한 지정학적 불안정성이 높아지는 국제환경 속에서는 각국의 전략과 외교정책 제언에 과학기술이 적극 활용되는 세 번째의 '외교를 위한 과학' 개념이 집중 조명되고 있다.

첨단기술과 디지털기술기업의 부상에 따라 전통적 과학외교를 넘어 기술외교(techplomacy)[6]의 개념도 주목받고 있다. 기술외교는 2017년 덴마크 정부가 최초로 '기술 대사'(tech ambassador)를 실리콘밸리에 파견하면서 부상한 개념으로, 정부와 기술기업들을 연결하는 외교라고 할 수 있다.[7] 기술 대사는 디지털 외교, 사이버안보 외교 등을 포괄하기도 하며 이후 독일, 프랑스, 슬로바키아 등이 모두 기술 대사를 임명하였다.

한편, 주요 선진국들은 과학기술을 적대국과의 관계개선, 동맹국과의 파트너십 강화 등 실질적으로 지속 가능한 외교수단으로 인식하고 있다. 강대국 경쟁의 전개와 전쟁은 과학기술과 국제정치를 더욱 밀접히 연계시키고 있다. 외교와 과학기술 간의 상호 영향이 심화되고, 정부의 외교정책과 과학기술정책의 긴밀한 소통과 연계의 필요성이 더욱 높아지고 있다. 과학기술정책과 글로벌 연구 협력은 국제정치와 안보를 고려해야 하며 외교는 외교정책 결정에 있어 과학적 자문과 검토를 반영해야 함에 따라 과학기술을 주요한 외교적 수단으로 활용할 필요성이 증가하였다.

미·중 전략경쟁과 우크라이나 전쟁이 촉발한 글로벌 과학기술 협력의 위기는 과학기술을 중심으로 한 진영 내 결속과 진영 밖 단절을 강화하면서 진영 간 연대경쟁으로 이어지고 있다. 우크라이나 전쟁 발발 직후 미국과 유럽위원회 등 수많은 서방 정부와 과학 연구기관들이 러시아와의 과학기술 협력을 중단했다. 반면, 같은 시기 중국 외교부는 중·러 과학기술협력이 정상적으로 추진되고 있다고 강조하고 미래에도 여전히 광범위한 협력이 지속될 것임을 밝혔다.

미·중 양국이 진영 확대 경쟁과 진영 결속 경쟁의 주요한 자원으로 과학기술을 활용하고 자국 주도의 과학기술 네트워크를 강화하고 있다는 점에서 과학기술협력의 재편과 진영화의 가능성이 높아지고 있다. 미국이 주도하는 Chips−4(미국, 한국, 일본, 대만) 동맹도 반도체 기술과 생산능력을 갖춘 국가들이 연합하여 중국을 견제하기 위함이다. 미국과 중국 간 경쟁은 기술 분야에서 첨예하게 전개되고 있어서 기정학(Techno−politics)시대가 도래했다는 평가가 있다. 즉, 미국, 유럽연합(EU), 중국, 일본 등 주요 기술 강국들은 국가전략 차원에서 과학기술 경쟁력 강화를 적극적으로 추진하고 있다. 이들 기술 강국들의 과학기술 경쟁력 강화정책은 연구개발 확대는 물론 국가안보와 경제안보에 미치는 파급력을 고려한 것이다.

특히, 미국의 경우 중국 등 경쟁국으로의 첨단기술 이전을 엄격하게 통제하는 정책을 지속적으로 강화하고 있다. 이를 위해 '수출통제 개혁법' 등 법제도 정비를 통해 일방적으로 추진함은 물론 동맹국과 파트너 국가들과 소(小)다자 협력체 등 외교프로세스를 동원하고 있다.[8]

⋈ 미국·중국·일본의 과학기술외교 정책과 특성

과학기술이 외교의 한 영역으로 들어오는 상황에서 먼저 주요국들의 과학기술외교 정책과 특성을 살펴보는 것은 우리의 과학기술외교의 현황을 파악하고 향후 방향을 설정하는 데 필요하다.

첫째, 미국은 건국 초기부터 활발한 과학기술외교를 수행하였는데 건국 리더들 가운데 특히 토마스 제퍼슨과 벤자민 프랭클린이 과학에 관심이 많았다. 미국은 외교의 총체적 역량 강화를 위해 외교 현안에 과학기술을 적극적으로 활용하여 왔다. 국무부 내에 과학기술 자문관실을 설치하여 외교정책 수립 시 최신의 과학기술 전문지식을 장관에게 제공하는 등 과학기술 외교의 필요성에 대한 인식이 전반적으로 높았다. 이를 바탕으로 미국 소프트 파워 증진을 위한 과학기술외교 프로그램을 만들어 운영하였는데, '아프리카 개발을 위한 과학기술 프로그램'은 과학기술외교가 공공외교로 추진되고 있는 대표적인 사례이다.

특히, 미국이 1972년 중국과의 관계를 정상화하는 과정에서 과학기술협력의 주요 수단으로 활용한 점은 주목할 만하다. 이러한 전통이 북한 핵 위기 이후 2002년부터 미국 뉴욕주의 시라큐스 대학과 북한 김책공대와의 교류,[9] 그리고 2001년 9·11 사태 이후 미국 과학한림원과 이란 과학자들과의 협력 등으로 이어졌다. 또한 미국과 쿠바와의 관계 정상화 과정에서도 양국 과학자들 간의 지속적인 교류가 중요한 역할을 한 것으로 평가되고 있다.[10]

과학기술은 미국의 패권적 지위를 뒷받침해 온 주요한 요소이다. 미국의 과학기술외교는 미국의 글로벌 리더십 유지의 핵심 수단으로써 글로벌 영향력과 위상을 유지하는 데 과학기술 역량이 핵심이라는 것이다. 이러한 인식은 중국의 과학기술 부상과 미국의 글로벌 패권이 상실될 수 있다는 위기의식에 기인한다. 이러한 위기 인식이 반도체법(Chips and Science Act) 등 기술투자를 강화하면서 동시에 핵심기술 수출입 통제를 확대하는 배경이다.

미국은 동맹국 및 우호국들과의 연대 강화와 진영 결속에 신흥기술, 핵심기술 협력을 적극 활용하고 있는데 미-유럽연합(EU) 무역기술위원회(TTC), 인도·태평양 경제 프레임워크(IPEF), 쿼드(Quad) 핵심 신흥기술 워킹그룹 등 과학기술협력을 중심으로 한 소다자(minilateral) 체제를 적극 활용하고 있는 것이 그 예이다. 또한, 개발도상국에 대한 중국의 영향력 확대에 대응하는 방안으로 과학기술외교를 전개하기도 하는데 2022년 6월 G7 정상회의에서 미국은 개발도상국에 대한 연구지원 확대를 발표하고, 세네갈의 백신 제조, 앙골라의 태양광 그리드, 루마니아의 모듈형 원자로 사업 지원을 공표한 것이 그 사례이다.

미국은 글로벌 규범을 주도하는 데에 있어서도 과학기술외교를 적극적으로 활용하고 있다. 중국기술의 글로벌 영향력 확대를 권위주의 기술의 부상으로 규정하고 이에 대한 우호국들의 공동 대응의 필요성을 강조하면서 중국에 대한 기술제재 동참과 유사입장(like-minded) 국가들과의 협력 필요성을 전면에 내세우고 있다. 우크라이나 전쟁 이후 러시아와의 연구협력 중단을 공표하는 등 미국은 과학기술을 글로벌 규범과 가치외교의 주요한 수단으로 활용하고 있다. 미국은 과학기술을 활용하는 것을 넘어 과학기술 역량 우위의 강화를 위해 외교를 적극 활용하며, 중국의 불법적 기술탈취 등을 국가안보의 핵심위협으로 강조하면서 첨단기술에 대한 중국의 접근을 제한하기 위한 외교적 조치들을 강화하고 있다.[11]

둘째로 중국은 21세기 중엽 세계 일류 강국화, 중화민족의 위대한 부흥이라는 '중국몽' 실현을 위해 과학기술외교를 적극적으로 활용하고 있다. 2018년 전국과학기술업무회의에서 완강(萬鋼) 과기부 장관은 "과학기술외교가 국가 전체 외교전략에서 중요한 부분을 차지한다."라고 강조한 바 있다. 미·중 갈등으로 양국 간 연구협력이 크게 줄어든 게 중국의 영향력을 오히려 확대시켰으며 반도체와 배터리 등 첨단산업 공급망에서 중국을 의도적으로 배제하려는 시도가 '제2의 과학 굴기'를 낳을 수 있다는 우려도 제기되고 있다.

2023년 9월 과학 학술지 〈네이처〉는 중국이 미국과의 갈등을 계기로 '과학기술의 자립자강(自立自强)'에 속도를 내고 있다[12]는 요지의 중국 자연과학 굴기의 현상과 배경을 집중 분석했다. 중국 반도체 시장에 대한 미국의 강한 제재에도 불구하고 화웨이가 첨단 반도체를 자체 개발한 것과 비슷한 양상이 과학계에서도 펼쳐지고 있다. 〈네이처〉에 따르면 중국과 미국의 과학 협력 건수는 2020년부터 감소하기 시작해 2022년의 경우 2020년 대비 15% 감소했다. 미국이 양자컴퓨터와 같은 특정 분야의 중국산 장비를 연구에 사용하지 못하게 하거나 중국 연구자와의 공동 연구에 제한을 두고 있기 때문이다.[13]

중국은 글로벌 영향력 확대와 우호적 국제질서 구축이라는 외교적 목표를 위해 과학기술 협력망을 적극 확대해 나가고 있다. 2020년 9월 현재 161개 국가 및 지역과 과학기술협력 관계를 수립했으며 114개 과학기술협력 협정과 약 200개 해외 과학기술협력 부처와 협정을 체결했다. 47개 국가, 지역 등 70개 공관에 과학기술처를 설치하고, 146명의 과학기술외교관을 배치하여 효율적인 정부 간 협력 네트워크를 구축하였다.

중국은 또한 대규모 공적개발원조(ODA)에 기반하여 중국 중심의 경제협력 네트워크를 구축하려는 '일대일로' 정책의 일환으로 그리고 개발도상국에 대한 영향력 확대의 핵심 수단으로 과학기술외교를 적극 활용하고 있다. 아프리카 질병통제예방센터의 새로운 본부와 연구실을 지원하고 있고, 농업 기술이전을 위한 시범 센터 네트워크를 구축했으며 북아프리카에서 자국 백신인 시노박(Sinovac) 제조를 지원하였다. 이와 더불어 아프리카, 중남미, 서남아시아 등 개발도상국가들과 데이터센터, 우주과학, 보건, 기후환경 등 과학기술 공동연구센터를 구축해 나가고 있다.[14]

한편, 미국의 기술통제 정책에 대한 대응으로 중국은 정부 주도의 전략 기술 산업 지정과 투자확대, 과학기술 인프라 효율화, 기초연구 지원을 강화하는 등 기술 안보 차원의 기술 주권을 강화하고 있다. 또한, 미국의 정책이 개빌도싱국에 과도한 제약을 부과하고 있다는 점을 지적하면서 유엔 등에서 신기술 규범에 관련한 유엔 결의안을 제출하는 등 외교적 공세도 강화하고 있다.[15]

셋째로 일본은 경제성장 초기에는 산업화 후발국으로서 과학기술력 강화를 목표로 선진국 과학기술 습득에 주안점을 두다가 어느 정도 과학기술이 발전된 후에는 국제협력 방향으로 선회하였다. 이를 위해 미국, 유럽국가들과는 국제핵융합 프로젝트 등을 수행하였고, 2008년 G8 정상회의 계기에 30여 개국이 참여한 과학기술 장관회의를 개최한 바 있으며, 42개국과 과학기술협력 협정을 체결하였다.

개발도상국에 대해서는 21세기 들어 아시아를 중심으로 일본의 영향력을 증대시키려는 목적으로 과학기술외교를 공공외교와 결합하여 적극적으로 이행하고 있다. 전후 70년 동안 구축한 '평화 국가'와 과학기술 선진국으로서의 국가 이미지를 세계에 정착시키고 일본의 소프트 파워를 강화하는 공공외교를 추진하고 있는데, 이를 위해 '아시아 지역 과학기술 각료회의'를 주관하여 과학기술외교와 공적개발 원조를 연계하여 왔다.

일본은 우선 국제사회에서 과학기술 선진국의 이미지를 구축한 이후 신흥국과의 과학기술 협력을 통해 국제규범 설정 과정에서 주도적인 역할을 하면서 일본 기업의 세계 진출에 도움을 주는 전략을 취하고 있다. 이를 위해 주요 재외공관의 과학기술 이노베이션 관련 네트워크를 강화하는 한편, 외교정책의 입안 및 시행에 있어 과학적 지식이 원활히 활용될 수 있는 체제를 마련하였다.

과학기술을 외교에 활용하기 위한 한국의 현황과 제도

카이스트는 『카이스트 미래전략 2023: 기정학(技政學)의 시대, 누가 21세기 기술패권을 차지할 것인가?』라는 책에서 '기술이 세계 운명을 결정하는 기정학(techno-politics)의 시대에 주목해야 할 7대 신기술과 7개 분야 메가 트렌드를 심층 분석하였다.[16] 우리 정부도 이러한 트렌드의 변화에 맞추어 반도체·디스플레이, 모빌리티, 우주항공, 첨단바이오, 차세대 원자력, 양자 등 12개 분야를 국가전략기술로 선정하고 집중적으로 육성키로 했다.

이에 부응하여 외교부 또한 과학기술외교를 강화하기 위해 다방면의 노력을 기울이고 있다. 2021년 6월 과학기술외교정책, 데이터·정보통신·인공지능, 우주, 탄소중립 총 4개 분과로 구성된 '과학기술외교자문위원회'를 출범시켰는데 이는 코로나19 팬데믹 대응 문제, 미·중 간 기술패권 갈등 등 급변하는 국제환경에 대응하기 위한 것이다.[17] 2021년 11월에는 '2021 글로벌 기술외교포럼'을 개최하고 미·중 갈등에 따른 기술의 국제정치화 현상, 신흥기술의 발전과 외교적 함의, 아세안 국가와의 기술외교 확대 방안 등을 논의하였다. 또한 글로벌 기술외교포럼의 활동으로써 주요기술 선도국과 협력 네트워크 구축을 추진 중이며 그의 일환으로 2022년 5월 한·미 정상회담에서 핵심 신흥기술 협력을 심화하기로 합의한 데 이어, 유럽연합(EU)과는 연구개발(R&D) 재정 지원 프로그램인 '호라이즌 유럽'(Horizon Europe)[18] 준회원국 참여를 검토하고 있다.

그리고 과학기술 협력외교의 외연을 확대하기 위해 2022년 11월 신성철 한국과학기술원(KAIST) 초빙 석학교수를 과학기술협력 대사로 임명하였다.[19] 외교부에 국제기술 규범과를 신설하여 우주 분야와 핵심 신흥 기술 관련 외교정책 수립과 양자 및 다자 협정 체결 등 과학 기술 국제규범 형성에 관한 교섭 업무 등을 담당하도록 하였다.[20] 또한, 외교와 과학기술 분야가 상호보완·협력하면서 우리 외교의 지평을 더욱 확대해 나갈 필요에 따라 과학기술외교 아카데미(MOFA-STAR)[21]를 출범시켰다. 2023년 12월 신미국안보센터(CNAS) 및 카이스트와 공동 주최하는 '제3차 세계 신안보포럼'을 서울에서 개최하여 사이버, 인공지능 등 신기술의 안보 위협에 대응하기 위한 글로벌 협력 강화 방안에 대해 논의하였다.

▌ 도전 요인과 핵심 과제

2022년 5월 한국을 찾은 바이든 대통령은 첫 방문지로 삼성의 반도체 시설이 집적된 평택을 선택했다. 바이든 정부의 대중 전략이 독자적 방식에서 우호국과의 협력방식으로 전환되고 있음을 보여주는 상징적 장면이며, 한국도 미국을 포함한 주요국과의 기술협력 등 새로운 과학기술외교 대응 방향을 모색하는 것이 필요하다.

미·중 첨단기술 경쟁은 당분간 더욱 치열하게 전개될 예정이며 세계 각국은 지정학적 고려와 선택 속에서 안보, 경제, 기술 규범이 촘촘하게 연결된 전략을 짜야 하는 상황에 처해 있다. 미·중 기술 갈등의 심화는 미·중 양국과의 동시적 협력을 위한 공간을 축소시키면서 한국에게 큰 도전으로 다가오고 있다. 다른 한편, 이는 21세기 한국의 미래를 어떤 방향으로 만들어 갈 것인지에 대해 보다 깊게 성찰할 기회를 제공하고 있다. 미국과 기술협력을 강화하면서 동시에 예상되는 중국 위험과 불확실성 증대를 관리하고 대응하는 방향으로 나아가야 한다는 주장이 힘을 얻고 있다. 특히, 기술 부문에서 미국과의 협력이나 중국의 불확실성에 대한 대응의 중심에 우리의 기술혁신 역량 강화라는 뚜렷한 목적을 설정하는 것이 중요하다. 현재 진행 중인 한국 기업의 미국 내 첨단 제조 투자와 미국과의 기술협력이 한국의 기술력 강화에 기여할 수 있도록 해 나가야 한다.

나아가 미·중 기술경쟁 시기 한국의 과학기술외교는 세계에 설득력 있는 한국의 기술 비전을 제시하고 이를 확장해 나가야 한다. 중견국인 한국은 보편적 가치인 민주주의와 번영 지속가능성 실현에 기여할 수 있는 기술 비전을 반도체 동맹국으로 등장한 네덜란드 등 유사입장을 가진 국가(like-minded countries)들과 공유하며 실현 방안을 함께 모색해야 한다. 국가 간 치열한 첨단기술 경쟁 가운데에서도 경쟁이 개방적이고 공정한 규칙에 따라 이루어질 수 있도록 지원하고 특히, 인공지능(AI), 사이버, 반도체, 양자컴퓨터 등 신기술 분야의 규범과 규칙 형성에 적극 참여하면서 규칙기반 국제질서가 공고화되도록 노력해야 한다.

앞으로 글로벌 중추 국가로 도약하기 위해 신기술의 안보위협에 주요 기술선진국과 공동대응하는 것은 물론, 기술 블록화에 소외된 개발도상국을 포용하는 외교도 필요하다. 이를 위해 외교부는 과학기술 혁신이 유엔의 지속 가능한 발전 목표(UN SDGs)의 중요한 이행 수단이며 한국이 이룬 선도적 성과를 개도국과 공유하면서 개도국 역량 강화에 기여하고 인류 번영 등의 목표를 달성할 계획을 세우고 있다.[22] 한국의 과학기술외교는 구성원 모두가 함께 번영할 수 있는 포용적이고 협력적인 글로벌 기술혁신 생태계 유지와 발전을 지지하면서 공동 번영의 토대를 마련하는 데 기여해야 한다. 이러한 차원에서 전문가들이 보는 과학기술외교 강화를 위한 네 가지 핵심과제는 다음과 같다.

첫째, 과학기술외교에 대한 중장기 종합 전략을 수립해야 한다. 한국이 글로벌 중추국가를 실현하기 위해서는 글로벌 과학자와 기술자들과 연대하고 기술혁신을 통해 전략적 위상을 확보하는 것이 필요하다. 기술혁신 시대 한국의 미래 글로벌 리더십의 핵심은 '외교 전략적 목표를 위한 과학기술', '과학기술 발전을 위한 외교'라는 과학기술과 외교전략의 통합이라고 할 수 있다.[23]

과학기술외교의 중요성에 대한 인식이 증대되고 있음에도 불구하고 현재 과학기술 외교에 대한 연구와 실행 프로그램 개발이 부족한 상황이므로 우리나라 과학기술외교 발전을 위해서는 보다 적극적으로 의제를 발굴하고 외교수행방식도 다양화하여야 하며 과학기술외교 거버넌스 및 추진체계 정비를 위해 의제의 융합적 특성을 감안한 민관협력 강화와 부처 간 협업 및 수행 주체의 역량도 배양해야 한다. 또한, 과학기술외교 전문가 네트워크를 구축하고 연구 컨소시엄을 만들도록 지원해 나가야 한다. 이런 차원에서 2023년 11월 한국과학기술연구원(KIST)과 국가과학기술연구회(NST), 과학기술정책연구원(STEPI)이 합동으로 '2023 서울 과학기술 포럼'을 개최하여 '인공지능(A.I.) 혁신과 미래 사회'를 주제로 대학과 기업의 국내·외 전문가들이 한자리에 모여 인공지능 기술혁신, 인류와 인공지능, 로봇이 공존하는 미래의 삶을 모색하는 방안을 논의한 것은 의미가 있다.

둘째, 미·중 간 경쟁적인 과학기술협력 재편 속에서 한국도 독자적인 한국형 과학기술외교 협력 네트워크를 구축해 나가야 하며 이를 위해 유럽연합(EU), 인도, 동남아시아국가연합(아세안) 국가들과의 기술협력에도 비중을 두면서 기술협력 대상을 확장하는 전략도 필요하다. 한국판 기술 동맹은 미·중 양자 사이의 선택이라는 단순한 도식을 넘어 중층적으로 다양한 협력 채널을 넓게 확보하여 미·중 기술경쟁 심화로 인한 위험을 분산시키면서 한국의 기술혁신 역량 강화에 초점을 맞추는 방향으로 구축되어야 한다.

기초과학 분야뿐만 아니라 차세대 정보통신(IT), 바이오 기술(BT), 친환경기술(ET), 우주과학기술(ST) 분야에 대한 연구개발비를 대폭 확대하고 전문가를 대규모 육성해야 한다. 이를 위해 국내 청년 과학기술자를 정부부처가 적극 채용하고 1971년 창설되어 현재 회원 수가 약 3만 명에 달하는 재미 한인 과학기술자 협회 등과의 유기적인 협력체계 형성 등 재외 과학자와 네트워크도 효과적으로 활용하는 노력을 강화해야 한다.

셋째, 과학기술 분야에서의 전략적 자율성을 확보하고 연구 협력망 안정성을 확보하는 데 상호보완적인 개발도상국과의 협력을 확대하는 방안을 모색해야 한다. 한국이 설립을 지원한 '한-베트남 과학기술연구원'(VKIST: Viet Nam–Korea Institute of Science and Technology)은 과학기술협력 외교의 중요한 사례이다. 한국과학기술원(KIST)과 한국국제협력단(KOICA)은 이 사업을 통해 베트남의 현대화를 선도하는 산업기술 연구기관 설립을 목표로 총 7년간(2014~ 2021) 7천만 달러(양측 각각 3,500만 달러) 규모의 베트남 산업경제 발전 기반 마련 및 연구 역량 강화 사업을 시행하였다.

넷째, 외교부 내 가칭 '과학기술 사이버국' 신설이 필요하다. 과학기술외교의 부상과 함께 세계 주요국들은 기술 대사 신설, 과학기술외교 조직 신설, 민관협력의 과학기술외교 체제 구축 등 다양한 방법으로 과학기술외교의 중요성을 반영하는 거버넌스의 구축을 전개해 가고 있는 점을 유의할 필요가 있다. 세계 주요국들은 기술 대사와 관련 조직을 신설하면서 과학기술외교의 부상에 대응하는 차원에서 각국 주재 대사관에 과학참사관을 파견하고 있다. 한국 또한 과학기술과 외교가 밀접히 연계되는 국제환경을 반영하고 대응해 가기 위해 과학기술외교 거버넌스의 혁신이 중요하다. 이를 위해 정부차원에서 과학기술외교 역량 강화를 위한 다양한 조치들이 이루어져야 한다.

◪ 청색 경제와 영역 확장 그리고 과학기술

청색 경제는 군터 파울리가 자신의 저서 『블루 이코노미(The Blue Economy)』에서 처음 주창한 개념이다. 파울리는 끝없는 성장과 소비, 생산을 부추기며 유한한 자원을 고갈해 버리는 '레드 이코노미(Red Economy)', 즉 적색 경제의 대척점에 있는 개념으로 청색 경제를 제시했다. 청색 경제란 생태계의 시스템을 모방하고 에너지와 자원을 끊임없는 순환하여 지속가능한 발전을 달성하는 경제를 의미한다. 세계은행, 유럽연합(EU), 유엔은 청색 경제의 개념을 해양(blue ocean)의 생태계를 보존하면서 경제성장을 위해 해양의 자원을 개발하여 지속가능한 개발을 목표로 하는 것으로 정의하고 있다.[24] 청색기술이란 용어를 처음 주창한 지식융합연구소 이인식 소장은 "포스트 코로나 패러다임 변화에서 지속가능 발전 해법은 '청색 기술'이며, 경제와 환경이 조화롭게 발전할 수 있는 솔루션이 '청색 경제'이다."라고 강조하였다.

'청색기술·청색 경제'는 녹색경제를 뛰어넘는 새로운 패러다임인 셈이다. 과학기술을 융합해 경제를 발전시킨다는 의미에서 또 다른 '창조경제'의 출발점이라고 할 수 있으며 우리의 미래를 바꿀 수 있는 혁신적인 분야이다. 청색 경제는 현재에는 해양자원을 지속가능하게 보호하고 이용하는 데 목적을 두고 있으나 향후에는 그 개념이 해양(Blue ocean)뿐만 아니라 청색을 띠는 우주(Blue sky)와 극지(Blue polar)로 확대하여 인류의 협력과 발전에도 기여할 수 있을 것이다. 이른바 '경제영토 확장기술 분야'를 중심으로 새롭게 형성되고 있는 '청색 경제'는 미래 성장 동력으로 부상하고 있으며, 특히 기술 개발 못지않게 글로벌 국제협력 거버넌스 구축과정에서 주도권을 확보하기 위한 구체적인 전략이 필요한 시점에 와 있다.

2022년 10월 한국형 우주발사체 누리호가 성공적으로 발사를 마치면서 세계 7대 우주 강국이 된 한국은 미국, 유럽연합(EU)과 달 공동 탐사[25] 등 우주 협력을 강화하여 미래 신성장 동력을 확보할 필요가 있다.[26] 특히, 우주분야에선 관련 기술의 확보 및 추격을 위해 과학기술을 위한 외교적 노력 및 국제협력 활동을 더욱 강화해야만 한다.

이런 차원에서 외교부와 미국 국무부가 한미동맹 70주년을 맞아

국제질서의 변곡점에 선 한국외교의 고뇌

2023년 11월 서울에서 '한미 우주포럼'을 공동 개최하여 우주의 지속가능성을 위한 한·미 우주 외교 협력 방안, 국가안보 차원의 우주 협력, 저궤도·달·화성에서의 우주 탐사 협력, '뉴 스페이스' 시대의 우주 경제 협력을 논의한 것은 의미가 있다. 이어서 개최된 '한미 우주산업 심포지엄'은 한국과 미국 간 우주 협력의 새로운 이정표를 세운 중요한 계기가 되었다. 앞으로 한국이 우주항공청을 설립하면 한·미 간 우주협력이 더욱 강화할 것으로 기대된다. 그리고 2024년 정식 출범하게 된 한국과 유럽연합(EU) 간 최초의 '우주 안보 대화'는 안전하고 안정적이며 지속 가능한 우주 환경을 보장한다는 공동의 목표를 달성하기 위한 것으로, 출범 시 군축 및 비확산 중에서도 중요성이 커지고 있는 우주 분야에 대한 양자 간 협력을 심층 논의하게 될 것이다.

세계 6번째로 남극대륙에 세종 연구기지를 건설하고 기존 쇄빙선인 '아라호'에 이어 차세대 쇄빙선을 건조 중인 한국은 남극과 더불어 북극 개발에도 적극 참여해야 한다. 북극 지역 내에 있는 막대한 천연자원(전 세계 천연가스의 30%인 470억 입방미터, 세계석유의 13%인 900억 배럴 매장 추정) 개발과 더불어 북극해의 해빙과 함께 자원을 운송할 수 있는 북극항로를 개척하면 막대한 운송비용을 줄일 수 있다. 북극은 한국에서 6,000㎞ 이상 멀리 떨어져 있지만, 북극에서의 변화는 우리의 삶과 맞닿아 있다. 북극 해빙의 소멸은 한반도에 강력한 겨울 한파를 불러오는 등 우리에게도 직접적인 영향을 미치고 있기 때문에 북극의 변화에 대응하기 위한 전 지구

저인 노력과 협력이 절실할 때이다.[27] 기후변화와 환경보호 등 북극의 다양한 현안에 대응하며 북극이사회에 기여해 온 한국은 이제 북극의 미래를 위해 새로운 협력의 길을 찾아 나서야 할 때이다. 이런 차원에서 2015년부터 매년 외교부와 해양수산부가 북극협력주간 행사를 통해 북극에 대한 지속가능한 발전 방향에 대해 논의를 하고 있는데 외교부 내 북극 협력대사를 중심으로 북극 이사회 국가들과 국제협력을 더욱 강화하고 북극과 남극 관련 업무를 총괄하는 조직을 외교부에 신설하는 방안도 적극 검토할 필요가 있다.

해양(blue ocean)을 개발하여 얻는 청색 경제의 가치만 해도 연간 1.5조 달러에 달하며 3천만 명의 일자리를 확보할 수 있는 무궁무진한 자원인 데다가 해양 및 심해저 개발 기술의 발달로 2030년에는 그 가치가 3조 달러에 달할 것으로 예상된다고 한다.[28] 이 과정에서 해양오염 방지, 생물 다양성 보호 등 해양자원 생태계의 지속가능한 보존이 이루어지도록 유념하여야 한다. 또한, 신 경제영역에 있는 자원을 개발하기 위한 청색기술로서 심해저 탐사, 유인 잠수정 등 기존 기술과 다르거나 또는 기존의 기술과 융합한 신기술의 개발에 더욱 박차를 가해야 한다. 해양분야에선 해양경제와 해양과학기술과의 연계성을 강화하고 각종 관련 통계자료의 신뢰도를 증가시켜 해양에서의 경제영토를 더욱 넓혀 외교역량의 증대와 활성화를 위한 기반이 구축되도록 해야 한다. 그리고 과학기술을 이용한 해양안보·자원안보의 증대 및 국제적 참여의 확대를 추진

할 수 있는 구체적 대응 전략을 세워야 한다.[29]

현재 청색기술은 소수의 강대국만 보유하고 있어 이러한 기술의
보유는 곧 글로벌 리더십의 바로미터로 인식되고 있다. 청색기술
은 고도의 보안과 기술이 요구되지만 타산업으로의 기술 파급력
또한 지대할 수밖에 없어 융합기술과 퀀텀(Quantum) 점프를 필요로
한다. 그리고 청색 경제는 기술 개발뿐만 아니라 공간적·지리적
측면에 대한 과학·기술·외교역량까지 요구하고 있어 한국도 범정
부 차원의 종합적인 대응전략을 세워 추진해야 한다.

미주

1 배영자, "2023 미·중 기술경쟁 전망과 한국의 기술외교 전략", 동아시아 연구원, 『한국외교 2023 전망과 전략 | 논평·이슈브리핑』 2023 – 01 – 13, pp. 2-5.

2 유네스코 산하의 'The World Academy of Science'는 과학외교를 다음 과 같이 정의하였다. Science diplomacy is a broad way of describing how scientific teamwork between nations can solve societal problems and improve international relations, and how diplomacy can also open doors for scientific cooperation.

3 Emma Hennessey, "What is science diplomacy?", *The Biologist*, (2013), Royal Society of Biology, 66 – 1, pp. 26-29.

4 유준구 국제법센터 연구교수, "최근 과학기술외교의 변화와 한국의 대 응", 국립외교원 〈주요 국제문제분석〉 2022 – 40 (2022.12.29.), p. 1.

5 The Royal Society는 2010년 1월 발간된 *New frontiers in science diplomacy: Navigating the changing balance of power* 제하의 보고서 에서 science diplomacy를 science in diplomacy, diplomacy for science, science for diplomacy로 구분하였다.

6 Pavlina Ittelson는 "About tech diplomacy" (2023, Diplo)에서 기술외교 를 다음과 같이 규정하였다.: The term 'tech diplomacy' is competing or overlapping with the term of 'e – diplomacy', 'cyber diplomacy', 'science diplomacy', and 'digital diplomacy'. The most typical aspect of tech diplomacy is interaction between states and the tech industry.

7 실리콘밸리에서 세계 최초로 '테크 대사'를 맡고 있는 덴마크의 캐스퍼 클린지 대사는 2020년 1월 10일 팔로알토 소재 대사관에서 〈매일경제신 문〉 기자를 만나 기술외교 시대에 "인공지능(AI)이 세상 모든 걸 변화시 킨다고 하는데, 외교관들은 IT 기업과 그 리더들을 직접 만나 소통해야 한다."라고 강조하였다.

8 유준구, 앞의 글, pp. 5-6.

9 시라큐스 대학의 한종우 정치학과 교수는 Korea Society의 그레그 전 주

한대사, 프레드 케리어 부회장이 시라큐스 대학과 김책공업 대학 간 협력프로젝트를 시작하여 2002년부터 양 대학 간 공식적인 교류가 이어져 왔으며 김책공대 연구진들이 7번 이상 시라큐스 대학에 왔고, 시라큐스 대학 관계자도 두 번 평양을 방문한 적이 있다고 밝혔다.

10 유준구, 앞의 글, p. 7.

11 차정미, "미·중 전략경쟁과 과학기술외교(Science Diplomacy)의 부상 — 한국 과학기술외교 전략과 과제", 2022년 8월 16일, 국회 미래연구원, 〈국제전략〉, pp. 15-16.

12 중국의 연구개발투자와 첨단기술 분야별 특허 수는 이미 미국을 추월하였고(바이오 제외) 인공지능 등 새로운 기술 분야에 엄청난 투자를 지속하고 있다.

13 동아일보, 2023.09.20.

14 차정미, 앞의 글, pp. 13-14.

15 유준구, 앞의 글, pp. 10-11.

16 7대 신기술은 차세대 이차전지, 6G 이동통신, AI 반도체 기술, 소재·부품·장비 기술, 우주 탐사기술, 첨단 바이오 기술, 양자 정보기술을 말한다.

17 대한민국 정책브리핑 www.korea.kr (2021.06.28.)

18 호라이즌 유럽 프로그램은 2021년부터 2027년까지 연구혁신 분야를 지원(약 129조 원)하는 사업이다.

19 신성철 대사는 한국과학기술원(KAIST) 총장 출신으로서 국내 물리학계를 대표하는 과학자이며 나노 분야에서 한국인 최초로 미국 물리학회 석학회원으로 선정되었다.

20 외교부 보도자료, 2023.02.21.

21 과학기술외교 아카데미(MOFA-STAR)는 Ministry of Foreign Affairs Science and Technology Academy Reboot의 약자로 과학기술외교 토론의 장을 의미한다. 분야별 국내 최고 과학기술 전문가를 초청하여 격주 총 10회 강의로 실시되며, 강의 분야는 ▲ 양자과학기술 ▲ 우주 ▲ 인공지능 ▲ 반도체 ▲ 이차전지 ▲ 첨단 바이오 ▲ 차세대 원자력 ▲ 사이버 보안 ▲ 첨단로봇 ▲ 차세대 통신 등이다.

22 연합뉴스, 2022.09.17.

23 배영자, 앞의 글, pp. 7-8.

24 According to the World Bank, the blue economy is the "sustainable

use of ocean resources for economic growth, improved livelihoods, and jobs while preserving the health of ocean ecosystem." European Commission defines it as "all economic activities related to oceans, seas and coasts. It covers a wide range of interlinked established and emerging sectors." A United Nations representative recently defined the blue economy as an economy that comprises a range of economic sectors and related policies that together determine whether the use of ocean resources is sustainable.

25 달에는 핵융합발전의 원료인 헬륨가스가 적어도 100만 톤, 많게는 5억 톤이 매장된 것으로 알려져 있는데 100만 톤이면 인류가 만 년 동안 사용할 수 있는 양이라고 한다.

26 2016년 2월 29일, 대한민국 정부와 미합중국 정부가 평화적 우주개발을 위한 기술 교류의 차원에서 한미 우주협력협정을 최종 합의하였는데, 아시아권에서는 최초이다.

27 Eunji Kim & Anna Stenport, "South Korea's Arctic policy: political motivations for 21st century global engagements", pp. 11-29. │ Published online: Jun 02, 2021, The Polar Journal, Volume 11, 2021 - Issue 1.

28 Darian McBain, "The oceans, the blue economy and implications for climate change" *London School of Economics and Political Science* (November 29, 2023)

29 김예슬, "한국경제의 대안, 청색 경제의 의미와 전략", 한국해양정책연구소, 제252호 (2021.11), pp. 3-6.

공공외교의 새로운 흐름 속 한국의 길

[조원호]

공공외교의 새로운 흐름 속 한국의 길

고대 그리스 사상가 세네카는 시민의 연설(speech)은 신성하다고 했다. 8세기 카롤루스 황제의 고문 알쿠엥은 국민의 목소리는 신의 목소리라고 했다. 맹자는 군주가 백성을 잃은 것은 백성의 마음을 잃은 것이라고 했다. 동서고금을 막론하고 민심을 천심으로 여겨왔다.

여론은 공공외교의 핵심 구성요소다. 미국 정치 평론가 월터 리프만은 여론은 개인이나 집단이 마음의 눈으로 보고 그린 그림(pictures)이라고 했다.[1] 이를 연극에 비유하면, 공공외교 행위자 배우가 읽는 대사(臺詞)에 대한 관객의 반응이 여론이다. 그러나, 마음의 그림이라는 여론은 보이지 않고 수시로 변한다. 더욱이, 최근 디지털 혁명과 더불어 배우와 관객의 구분이 점점 희미해지고, 대사를 읽고 전달하는 방법이 다양해지고, 관객이 대사의 내용에 직접 관여하면서 공공외교의 패러다임이 변하고 있다. 특히, 그동안 무시되어 왔던 연극의 무대, 즉 문화 지형의 중요성이 밝혀지면서 공공외교에 대한 새로운 인식과 접근법이 요구되고 있다.

🅼 일방적 의사 전달에서 쌍방 소통으로

　공공외교라는 용어는 1856년 1월 〈런던 타임즈〉지 사설에 처음 사용되었고, 15년이 지난 1871년 〈뉴욕 타임즈〉지에 등장했다. 제1차 세계대전 직후 윌슨 대통령은 '14개 평화 원칙'에서 공공외교라는 표현을 사용함으로써 공공외교는 세계의 주목을 받았다. 그 당시 공공외교는 시민의식 내지 열린 외교의 의미를 지녔다. 그 후 반세기가 지난 1965년 터프츠 대학에 에드워드 머로우 공공외교 센터(Edward R. Murrow Center of Public Diplomacy)가 설립되어 공공외교가 학문 분야로 자리잡기 시작했다. 또한, 머로우 센터 초기 안내 책자에서 공공외교는 외교정책의 결정과 시행과정에서 전통적 외교 영역을 초월하여 대중의 영향력을 다루는 것이라고 밝히고, 타국 국민의 여론조성, 민간 그룹 간 교류, 문화 간 소통이 공공외교에 포함된다고 기술함으로써 오늘날 공공외교 개념의 초석을 쌓았다.

　2차 세계대전과 냉전 당시 공공외교는 전시 내지 위기 관리를 위해 행해졌고 일방적 선전(propaganda)의 특색이 짙었다. 또한, 자국의 이미지 개선 또는 상대방을 설득하기 위한 수단이었다. 당시 공공외교의 접근법은 주로 일방적 의사전달이었다. 1950년대 미국의 전 세계 재즈 투어가 일방적 의사전달의 좋은 예다. 미국은 인종차별에 대한 비난을 받던 1950년대 당시 이미지 개선을 위해 흑인을 중심으로 한 전 세계 재즈 투어를 시행했다. 흑인 가수 루이 암스트롱이 미국의 가장 유능한 대사로 칭송받았다.

공공외교가 일방적 의사전달에서 쌍방소통으로 변모한 것은 2001년 9·11테러 사태 이후다. 공공외교의 근원지로서 미국은 9·11 직후 이슬람인들이 미국을 이해하지 못하였기 때문에 미국을 증오하여 미국을 공격하였다고 생각했다. 이에 대한 대응책의 일환으로 광고를 통해 미국 내 이슬람인들이 잘 살고 있음을 전파하고, 이슬람 사회와 미국 가치의 공유를 시도했다. '미국의 성공이 곧 당신의 성공이다.'라는 메시지가 전달될 것으로 기대했다. 그러나, '미국의 성공이 결코 당신들의 성공이 아니다.'로 입증되면서 역효과를 나타냈다. 특히, 이라크 침공으로 미국에 대한 국제여론이 악화되면서, 미국의 일방적 의사전달 행위와 이미지 형성 중심의 공공외교는 비윤리적이고 비효율적이라고 혹평 받았다.

다른 한편으로, 9·11사태를 계기로 공공외교의 필요성이 전 세계로 확산되고 공공외교가 대중의 담론대상이 되면서 경제개발협력기구(OECD)의 주요 선진국뿐만 아니라, BRICS, 동아시아 국가들, EU와 NATO 같은 국제기구도 공공외교에 관심을 보이고, 자체 정체성에 부합하는 소프트 파워를 발굴하여 공공외교에 활용하여 왔다. 이에 따라, 공공외교 개념은 국가와 학자에 따라 달리 풀이되면서 현재 약 150개에 달하고 있다. 이들의 핵심 내용을 종합해 보면 공공외교는 대상국 대중의 문화와 행동양식을 이해하고, 그들과 직접 소통하고 정보를 교환하면서 대화의 폭과 인식의 지평을 넓히고, 그들의 생각에 영향을 주어 국가 이익, 가치, 안보 등을 증대시키는 도구이고 과정이라고 풀이된다.[2]

이런 가운데 공공외교가 조셉 나이의 소프트 파워와 연계되면서 공공외교의 개념과 접근 방식에 변화가 일어났다. 조셉 나이는 군사력이나 경제력 같은 하드 파워와 구분하여 소프트 파워를 한 국가가 문화적, 사회적, 정치적 가치와 이데올로기 같은 무형의 힘을 통하여 상대국이 매력을 느끼게 하고 원하는 결과를 상대국도 원하게 만들어 목적을 달성하는 힘으로 풀이했다.3 이를 계기로 미국은 미국의 생활양식을 판매하고, 민주주의 가치를 찬양하고, 자본주의를 옹호하기 위해 소프트 파워를 활용했다. 그러나, '우리를 아는 것이 곧 우리를 좋아하게 되는 것이다.'라는 사고 방식과 다른 사람들이 '우리'처럼 되고 싶어 하도록 매력을 갖추기만 하면 된다는 나이 식 접근법은 패권주의적이고 문화 제국주의적으로 비판받으면서 미국의 신뢰에 오히려 부정적 영향을 주었다.4 특히, 공공외교의 효과가 상대방의 마음에 달려있음이 밝혀지고, 테러와의 전쟁이 미국 예외주의 내지 미국식 오리엔탈리즘으로 비판받으면서 공공외교는 종래와 다른 새로운 인식과 접근법을 요하였다. 이에 따라, 그간의 일방적 의사전달에서 쌍방 의사소통(two-way street)으로 변모하였다. 결과적으로, 조셉 나이는 공공외교의 효과는 상대방의 마음의 변화에 의해 측정되고, 매력은 상대방의 마음에 관한 것이라고 밝히고, 쌍방 의사소통의 중요성을 강조하였다.5 이는 의사소통 행위자들이 행위계획을 자기중심적 성공을 위해서가 아니라 상호 이해와 공통된 상황 규정에 의해 조화될 수 있도록 서로 소통하여 합의에 도달함을 의미한다.6 독일 국제방송 Deutsche Welle의 '문명의 대화' 프로그램이 한 예다. 이 프로그램은 독일과

국제질서의 변곡점에 선 한국외교의 고뇌

아랍 세계 간 대화를 통하여 상호 우의를 증진한다. 상대방을 청취
하고 이해하는 데 역점을 둔 미국의 'call-in talk shows' 프로그
램은 또 다른 예다.

Ⓜ 협력(cooperation)에서 협업(collaboration)⁷으로

최근 들어 디지털 기술의 발전에 힘입어 외교가 사회화되어 다
양한 사회계층과 연계되고 있다. 또한, 외교가 심리학, 과학기술
지식 등과 접목하면서 일부 엘리트들이 향유해온 외교적 특권과
영역이 축소되고 시민사회 등 비정부 행위자들의 영향력이 커지고
있다. 아울러, 세계화에 따라 인적 교류가 빈번해지면서 자국 거주
외국인의 자국에 대한 인식과 이미지도 중요하게 되었다.

이와 같이, 각국의 시민들 간의 지식과 정보 공유가 활발해지고
글로벌 시민의 참여가 활발해지면서 공공외교의 분야도 외연을 확
대하고 있다. 대표적 분야가 지구환경, 질병, 인권, 평화와 안보 등
이다. 이 분야는 글로벌 이슈로서 어느 특정 국가의 이해관계를 떠
나 범세계적 차원에서 해결해야 할 사안이다. 이에 따라 공공외교
의 축이 자국의 이미지와 평판 관리를 넘어 글로벌 공공재(global
public goods)⁸를 창출하는 방향으로 이동하면서 공공외교 행위자들
간의 협업(collaboration)이 주목받고 있다. 이는 특정 목표의 달성을
위하여 다층적 외교 행위자들이 원활한 의사소통을 통하여 협동함을
뜻한다.⁹ 즉, 함께 생각하고 역사적 그리고 문화적 차이를 이해하여

지평을 융합(fusion of horizons)[10]하면서 함께 행동하는(acting together)[11] 것이다.

나아가, 공공외교에서의 협업은 협력사업의 이행뿐만 아니라 협력사업을 넘어 더 높은 목적을 지향한다. 즉, 협동을 통하여 신뢰 구축, 상호 이해와 선의(goodwill) 등 사회적 자본을 생성하여 새로운 가치와 규범의 형성을 지향한다. 인도의 지역공동체와 세계은행 간의 VELUGU[12] 프로그램이 좋은 예다. 이 프로그램은 해당 공동체가 직면한 빈곤근절뿐만 아니라 자조정신 함양 등 사회적 자본을 생성하여 다른 사업에 도움을 주고 있다. 남아공 만델라 전 대통령이 제의한 African Renaissance Campaign은 또 다른 예다. 이 캠페인은 아프리카 통합과 경제적 자유, 평화 수립, 고유 문화유산을 통한 예술적 창작력 고취 등을 통한 아프리카 부흥을 목적으로 하고 있다. 이는 공공외교가 협업을 통하여 사회를 변동시킬 수 있는(transformative) 잠재력을 갖고 있음을 시사한다.[13]

다른 한편으로, 인류가 네트워크로 초연결되고 산업 자본주의가 정보 자본주의로 변모하면서, 지식, 음악, 소프트웨어 같은 정보재(information goods)가 공공외교에서 유익한 수단으로 활용되고 있다. 특히, 정보재는 내구성이 매우 강하여, 소비하고, 공유한다고 없어지지 않고, 재생산과 모방할 수 있으며 무한하다. 이런 특성 때문에 정보재는 함께 나눌 때 더 큰 역할을 하게 된다. 실례로, 세계 최대의 정보재인 위키피디아는 2만 7천 명이 무보수로 자발적으로 참여하여 지식의 공유와 지식의 진화를 유발시키고 있다.[14] 이는

국제질서의 변곡점에 선 한국외교의 고뇌

누구(who)와 함께 보다 무엇(what)을 위해 함께 하고, 상대방에 대해서(about) 알기보다 상대방으로부터(from) 배움으로써, 이익을 최대화하려는 경쟁보다 문제 해결을 위한 협업이 인류에 혜택을 준다는 사실을 알려주는 대표적 사례다. 이런 맥락에서 공공외교에서도 타자성(otherness)을 통한 차별적 정체성 추구를 넘어 공통에 기반한 협업과 인간중심의 접근법이 점점 중시되고 있다.[15]

⋈ 이성을 넘어 감성으로[16]

1990년대 세계화의 영향으로 국가 간 인적, 물적 교류가 활발해지고, 21세기 들어 디지털 기술의 발달과 더불어 시민사회, 비정부기구(NGO), 다국적 기업 등 다양한 비국가 그룹이 공공외교에 참여하면서 공공외교 행위자들 간의 관계가 더욱 밀접해지고 있다. 특히, 소셜 미디어의 발달로 공공외교 행위자들 간의 커뮤니케이션이 활성화되면서 각종 이슈에 대한 다양한 해석과 의견이 나타나고, 다양한 해석과 의견이 가치관, 사고방식, 규범, 관습 등의 차이에 기인한다고 밝혀지면서 공공외교에서 문화적 요인이 중시되고 있다. 그러나, 최근까지 공공외교에서 문화요인을 간과해 왔다. 이는 공공외교의 본원지인 미국의 역사와 관계가 깊다.

미국은 건국 이래 유럽, 아시아, 라틴 아메리카, 아프리카 등 세계 각지에서 이민자들이 몰려들면서 다양한 인종과 다양한 문화로 구성된 집합체의 특징을 지니고 있다. 세계적 석학 기 소르망이 비유한 대로 미국 사회는 '살라드 보울'이다. 이로 인하여 미국 내 인종 간 문화 충돌에 의한 국론 분열에 대한 우려가 상존해 왔다. 이에 대한 대응책으로 미국은 문화적 요인을 의도적으로 무시하고 미국 특색의 가치체계를 추구해 왔다. 즉, 문화의 다양성보다 국가 통합을 우선시하고, 특히, 자유 민주주의, 행복, 평등, 개인주의를 표방해 왔다. 나아가, 미국은 서구의 계몽주의 영향을 받아 문화를 비이성적 요인으로 간주하고, 모든 사람의 인지 과정(cognitive processes)은 동일하다고 보았다. 이를 근거로 포디즘처럼 과학에 기초한 표준화를 통한 효율성 제고와 뉴욕의 기하학적 도로 구획처럼 획일화를 추구했다. 결과적으로, 국가 통합을 위한 보편주의가 문화적 상대성과 다양성을 은폐했다. 공공외교에서 각종 이론, 모델을 주도해 오면서 문화적 요인을 도외시하였다.[17]

그러나, 21세기를 전후하여 신흥공업국과 중국이 공공외교에 합류하면서 공공외교의 비서구화 움직임이 나타났다.[18] 이들 비서구권 국가의 공공외교는 주로 문화적 요인에 기반을 두고 있다. 과학적 이성을 근본정신으로 하는 서양과 달리, 동양은 도덕적 감성을 근본정신으로 하기 때문에[19] 상대방의 마음을 얻고 상대방을 설득하는 수단으로 문화적 접근법을 선호한다. 이런 가운데, 9·11 테러를 계기로 미국은 행복에 대한 국가 간 인식이 서로 다르고, 민주주의에 대한 개념이 차이가 있음을 깨달았다. 즉, 인류의 인지 과정은 비슷하지만 결과는 문화와 환경에 따라 달리 나타난다는 사실을 인식하고, 상호 간 문화 차이가 의사소통에 커다란 장애요

국제질서의 변곡점에 선 한국외교의 고뇌

인으로 작용함을 알게 되었다. 특히, 군사전략에서 상대방의 문화를 모르면 그 전략은 실패할 수밖에 없음을 경험을 통해 뒤늦게 알게 되었다.[20] 이 때문에 최근 미국은 공공외교에서 문화적 요인을 적극 고려하고 있다.

사실, 조셉 나이는 대상국에 대한 자국 문화의 매력, 실현 가능한 정치적 가치관, 도덕적 명성, 행위의 정당성 등을 소프트 파워의 주요 구성요소로 보고, 이를 대상국에 투사하여 대상국 국민으로부터 인정받고 대상국의 외교정책에 변화를 가져올 때 소프트 파워가 효과가 있다고 보았다. 그러나, 문화와 가치에 대한 개념과 인식, 행위의 정당성, 도덕성의 기준이 국가마다 달라 대상국에 따라 소프트 파워의 실효성이 달라질 수밖에 없다. 특히, 정보화와 디지털화로 서로 다른 문화 간 접촉 빈도와 수위가 높아지면서 국가 간 동질성보다는 이질성이 나타나고, 정보 홍수 속에 정보 왜곡이 초래하면서 국가 간 소통보다는 불통을 야기하는 경우가 발생하고 있다. 이와 같이 소프트 파워의 한계가 나타나면서 나이는 하드 파워와 소프트 파워가 분리되어 작동할 경우 효과가 충분하지 못하기 때문에 양자 간의 상호 보완의 필요성을 밝히고 '스마트 파워'라는 용어를 만들었다.[21]

조셉 나이는 하드 파워는 상황을 분석하는 인지 지성(cognitive intelligence)이고, 소프트 파워는 공감적 커뮤니케이션을 의미하는 감성 지성(emotional intelligence)이라고 규정하고, 두 지성의 결합을 맥락 지성(contextual intelligence)으로 지칭한다. 그리고, 맥락 지성은 문화, 정보의 흐름, 권력배분, 추종자의 요구 등 요소로 구성되며 스파트 파워의 핵심이라고 밝혔다.[22] 이와 더불어 공공외교는 문화와 감성과 접목하면서 이성적 국익을 넘어 감성적 인간 중심의 관계로 진화하고 있다. 또한, 4차 산업혁명으로 세계가 초연결되어 디지털 외교[23]와 네트워크 파워 시대로 진입하면서 공공외교의 양상은 더욱 복잡해지고 있다.

ᴹ 네트워크 파워와 국가 정체성

4차 산업혁명과 더불어 물리적 기술, 디지털 기술, 생물학적 기술이 융합하면서 모든 부문에서 전례 없는 변화가 일어나고 있다. 데이터가 상상을 초월할 정도로 늘고, 코딩도 빠른 속도로 행해지면서 국제사회는 초연결, 초융합, 초지능 시대에 돌입하고 있다. 서로 관련이 없는 것처럼 보이는 기술 분야뿐만 아니라 학문 간 융합이 일어나고 있다. 인공지능이 물리학과 생물학에 가세하고 바이오 기술이 기계공학에 융합하면서 모든 분야가 다양하게 얽히고 있다. 나아가, 사이버 공간과 물리 공간의 결합으로 새로운 시스템(cyber-physical system)이 생성되면서 국제관계는 더욱 복잡해졌다. 이는 양적 변화보다는 질적 변화를 의미하고, 비선형과 불확실성을 특징으로 한다. 이런 가운데 인터넷과 웹의 단계를 넘어 트위터, 유튜브 같은 소셜 신미디어가 등장하면서 커뮤니케이션의 방식과 콘텐츠 그리고 범위가 확장하고 변하고 있다. 이에 따라 외교의 커뮤니케이션 방식이 신미디어화하면서,[24] 외교의 행위자, 영역, 형식이 바뀌고 이와 더불어 공공외교의 특성도 변화하고 있다.

냉전 시대의 프로파간다 형태나 정보화 시대의 웹사이트 소유자는 주로 일방적으로 원하는 콘텐츠를 전달하는 양상을 보였다. 물론, 정보화 시대에도 콘텐츠의 생산자와 소비자가 웹이나 이메일을 통해 서로 소통할 수 있었지만 디지털 시대의 소셜미디어처럼 거의 동시다발적으로 활발하고 폭넓은 상호작용은 아니었다. 즉, 종전에는 정부 등 소수의 기관이 콘텐츠를 생산하고 다수가 소비하는 양상을 보였으나 디지털화 시대에는 비정부기관, 일반 시민을 포함한 다수의 생산자가 다수의 소비자와 상호 소통하는 형태로 변모하였다. 또한, 리트윗, 링크 등의 방식으로 정보의 전파속도와 상호작용이 정보화 시대와는 비교할 수 없을 정도로 빨라지고, 개인이 포스팅한 콘텐츠가 전 세계 대중들과 거의 동시에 공유할 수 있게 되었다. 나아가, 자국 국민과 외국 대중 간 구분이 희미해지면서 자국 국민을 대상으로 한 공공외교가 중요시되고 있다. 즉, 네트워크 효과다.

전통적 국제정치에서는 주권과 영토에 기반하여 국민국가를 주요 행위자로 간주했으나, 국제사회가 지구화, 정보화, 디지털화되고 비국가행위자들의 역할이 중요해지면서 주권과 영토에 기반한 전통적 국민국가는 새로운 국제환경에 적응해야 하는 새로운 행위자로 변모하고 있다. 이에 따라, 21세기 국제정치의 핵심 노드인 국가의 권력은 군사력이나 경제력뿐만 아니라 노드와 노드 간 관계에서 생성되는 네트워크 권력을 포함하고 있다.[25]

이와 같이, 국가 간, 국가와 비국가 행위자 간의 연계가 활발해지고 정보 교류가 활발해지면서 국제관계는 네트워크 국가들의 상호작용으로 글로벌 정보 사회[26]가 형성되고 있다. 즉, 국가 간의 관계가 폐쇄된 행위자로서의 노드(node)보다는 개방된 노드 간의 네트워크 관계(link)로 변모하고 있다. 네트워크는 중심(center)을 축으로 한 망(網)이 아니라 노드 간의 상호작용이다. 노드는 크기가 다를 수 있고, 네트워크 속에서 비대칭 관계로 연결될 수 있다[27]. 또한, 노드 간의 불평등 속에 네트워크 파워[28]가 결성되지만 상대적으로 파워가 약한 노드도 네트워크를 통해 파워를 강화할 수 있다. 특히, 네트워크는 폭 좁은 네트워크 관계에서도 새롭고 혁신적인 정보를 획득하고 전파하는 데 도움을 주고, 열악한 관계에서도 다양한 집단들과 공조할 수 있는 연계능력을 제공한다.[29] 또한, 다수의 참여자들은 부분의 합계보다 더 큰 전체로 통합되고, 군림이 아니라 공조하면서 소기의 목적을 달성할 수 있는 권력이 주어진다.[30] 제2차 세계대전 이후 미국이 세계적 권력을 행사할 수 있는 배경도 다른 국가를 제압하기보다는 다른 국가들과 네트워크함으로써 미국의 권력이 증대되었기 때문이다.[31] 정치학자 아렌트가 '권력은 사람들이 협력할 때 발생한다.'고 밝힌 근거다.[32]

네트워크 사회에서 공공외교는 단순히 참여나 협력을 넘어 협업으로 그리고 자국뿐만 아니라 인류에게 도움이 되도록 국제환경을 조성하고 관리하는 방향으로 움직이고 있다.[33] 또한, 새로운 아이디어를 창출하는 기능을 통하여 폐쇄적 국익을 넘어 기후변화 대

국제질서의 변곡점에 선 한국외교의 고뇌

응, 국제개발 등 글로벌 공공재 창출을 위한 협업관계로 외연을 넓히고 있다. 이에 따라 공감과 사회지능,[34] 즉 사회구성원 간 상호이해를 통한 원활한 인간관계를 형성하는 역량이 무력이나 공포조성보다 훨씬 중요해지면서[35] 각 노드는 네트워크상의 자신의 위치, 맥락 그리고 역할을 파악하는 것이 중요해졌다. 즉, 국가의 정체성이다.

⊠ 한국 공공외교의 정체성

정체성은 개인과 사회 환경 또는 사회집단 간 다양한 상호작용에서 생성된 사회적 산물로서 차별화를 의미한다. 흔히, 정체성을 객관적 정체성과 주관적 정체성으로 구분한다. 객관적 정체성은 역사, 언어 등 집단 고유의 내재적이고 본질적인 특질로서 사회적 집단의 이질성(heterogeneity)을 고려하지 않는다. 주관적 정체성은 집단 간 상호작용 속에서 지속적으로 진화하며, 어떤 집단도 선험적(a priori)으로 부여된 정체성에 구속되지 않는다.[36]

21세기 들어 새로운 기술 패러다임이 새로운 네트워크 형태를 생성하고 사회구조 전체에 파급효과를 주면서 주관적 정체성의 변화를 수반한다. 즉, 노드와 링크로 구성된 단순하고 고정된 실체에서 복합적이고 유동적인 네트워크로 변모하면서, 단순한 행위자(노드)를 넘어 복합 네트워크상의 관계와 구조적 맥락에서 위치를 확보하고 그에 따른 역할 수행이 필요해졌다. 복합 네트워크상의 구조는 행위자들 간의 상호작용으로 이루어진 탈(脫)지정학적이면서 동태적인 구조로서 세계체계론의 구조론과 같은 지정학적 관점과 구분된다. 이에 따라 공공외교에서 국가의 역할과 정체성도 바뀌고 있다. 그러나, 역할과 정체성이 단순히 구분되어 변화하는 것이 아니라 상호 작용하면서 역할은 새로운 정체성을 낳고 새로운 정체성은 또 새로운 역할을 형성한다.37

다른 한편으로, 구조적 위치에 따라 노드(국가)의 역할이 구분되면서 네트워크상의 구조적 공백(structural holes)이 나타난다. 이 공백을 채워주면 노드와 노드 간, 노드와 링크 간 상호보완하는 시너지 효과를 나타내며 네트워크는 보다 원활하게 작동할 수 있다.38 어느 국가든 이 공백을 메울 수 있다. 그러나, 국제정치의 현실주의나 구성주의 관점에서 볼 때 강대국이나 약소국보다 한국이나 스웨덴처럼 중견국이 채우는 역할을 담당하는 것이 바람직하다. 강대국이 나설 경우 제국주의로 인식되고 약소국은 역량이 미흡하기 때문이다. 또한, 중견국이 강대국이나 약소국의 이기적 이익을 넘어 새로운 비전이나 아이디어를 제공할 경우 인정받을 수 있는 개연성이 상대적으로 높기 때문이다. 즉, 중견국이 인류 모두에게 이익이 되는 글로벌 공공재를 산출하기 위한 변환적 중개(transformative brokerage)에 적합한 위치를 점하고 있다. 좋은 예가 한국의 국제개발협력을 위한 지식 중개(knowledge brokerage)39 사업이다.

한국은 최빈국에서 선진국 중심의 협의체인 경제개발협력기구(OECD)의 회원국이 되었다. 원조를 받던 국가에서 원조를 주는 국

국제질서의 변곡점에 선 한국외교의 고뇌

가로 변모하였다. 이에 따라 한국의 정체성이 변하고 역할이 달라졌다. 특히, 한국은 가난을 알고 식민지배를 받은 경험이 있기 때문에 식민지배를 받은 대부분 개도국들과 인식체계와 가치관을 공유할 수 있는 특유의 위치에 있다. 한국이 중개노드로서 국제개발원조의 효과성 제고를 위한 글로벌 공공재를 생산하면 한국의 정체성은 더 높은 곳으로 승화할 것이다.

문화 교류를 통한 문화 다양성의 추구도 같은 맥락이다. 전통적으로 각국의 문화적 요인은 무역이나 투자처럼 세계화될 수 없다고 인식해 왔다. 통상 등 경제적 요인은 국가 간 상호 교환(interchange)이 가능하고 필요하지만 문화는 교환이 불가능하고, 국가안보는 유사한 국가 간 협력을 통하여 확충할 수 있지만 문화는 협력 대상이 아니라고 믿었다. 아울러, 문화 변동은 수 세대 내지 수백 년 소요되는 것으로 생각했다. 특히, 문화는 외적 자극이 없으면 거의 변하지 않는다고 보았다.[40] 그러나, 정보통신의 발달과 네트워크의 효과에 힘입어 문화가 교접할 경우 더 높은 수준의 새로운 문화가 생성되고 있다. 이에 따라, 문화외교가 일방적 접근이라는 전통적 인식에서 쌍방의 의사소통을 유발하고 나아가 국가의 정체성을 변화시키는 요인으로 작용한다는 인식으로 변하고 있다. 문화 다양성의 효과다.[41] 문화의 파워다. 한류가 이의 표상이다.[42]

이와 같이 한국의 국제개발담론이라는 지식 자산과 한류라는 문화 파워가 한국 공공외교 정체성의 근간을 이루고 있다. 한국 외교부가 2010년을 '공공외교 추진 원년'으로 선포하고 조직을 개편 및 신설하고, 한류를 통한 문화외교, 개발경험 공유 등 지식외교를 주요 공공외교 과제로 선정한 사실도 같은 맥락이다. 2016년 제정된 공공외교법도 이를 뒷받침하고 있다.

물론, 공공외교의 유형 분류와 접근 방식에 대해 일반화된 개념은 없다. 공공외교 정책의 목적, 시민의 참여와 협력의 정도, 지속 시간, 범위 등 다양한 기준이 있고 학자마다 의견이 다르다. 조셉 나이의 경우 매일 단위의 커뮤니케이션, 달(月) 내지 연(年) 단위의 전략적 커뮤니케이션, 지속적 관계 등 3차원을 제시하고 있으나 상호 중복되고 현실과 거리가 멀다는 비판을 받는다. 대신, 니콜라스 컬의 공공외교 활동의 구성요소, 즉 청취, 주창, 문화외교, 상호교류외교, 국제방송 등에 의한 분류가 주목을 받고 있다.[43] 여기서는 컬의 주장과 앞에서 언급한 독백형, 쌍방소통형, 협업형을 중심으로 한국의 공공외교의 정체성을 살펴본다.

독백형은 자기 중심의 주관적 정체성을 투사하는 방식으로서 상대방에 대한 일방적 정보 전달, 설득 및 영향력 행사에 초점을 둔다. 한국 소개, 한국 관광 홍보, 한국어와 한국학 보급 증진, 정책 설명회 등이 이에 해당한다. 대화형은 자기 중심보다는 상대방과의 관계구축에 초점을 두며, 학자, 전문가, 공무원, 청소년 교류 등 인적 교류와 문화 교류가 이에 해당한다. 국립외교원이 2020년부터 세계 주니어 외교관을 대상으로 하는 '동아시아 외교 프로그램'(EADP)이 좋은 예다. 협업형은 양자 간 또는 다자 간 글로벌 이슈나 글로벌 공공재 창출을 위해 상호관여하고 협력하는 형이다.

즉, 초국가적 공공외교다. 한국국제교류재단의 글로벌 공공외교 네트워크(GPDNet)가 버금가는 예다.

이를 최근 한류를 중심으로 한 통계자료를 통하여 살펴보면, 지난 5년간(2018~2022) 한국의 공공외교 시행계획에 적시된 총 937건의 중앙행정기관의 사업을 위 유형에 따라 백분율로 구분하면 독백형 40%, 대화형 42%, 협력형 8%로 나타났다. 독백형과 대화형이 82%를 차지하고 있다. 광역지방자치단체의 경우에도 유사한 분포를 보이고 있다.[44] 이는 한국의 공공외교가 지난 30여 년간 많은 발전을 이룩하였지만 아직 자기중심의 투사형 공공외교에 집중하고 있음을 의미한다.

다른 한편으로, 한류는 음악, 드라마, 영화 등 여러 분야에서 나타나면서 2010년 이후 아시아를 넘어 글로벌 현상을 보여주고 있다. 이와 더불어 2012년부터 2021년 기간 중 세계 한류 동호회원 수가 약 9백만 명에서 1억 5천여 명으로 17배 증가했다. 지역별로 아시아와 오세아니아가 74%, 미주와 유럽이 24%를 점유하고 있다. 2022년 한 해 동안 한류 동호회 수는 220개(15.0%), 동호인 수는 2,220만 명(14.2%)의 증가세를 보였다. 지리적으로 가까운 아시아에 편중된 가운데 유럽에서 빠르게 증가하고 있다.[45]

한국어의 경우도 비슷한 양상을 보이고 있다. 미국의 경우 외국어과 지망생이 줄고 있는데 비해 한국어 수강생은 2009년 대비 2016년에 65% 증가했다. 한국어 능력검정시험 세계 응시자가 2010

년 대비 2018년에 264,842명으로 77% 증가했고, 한국의 해외 유학생 수도 40% 늘었다. 한국어 전문교육기관인 세종학당도 2007년 3국 13개소에서 2023년 85개국 248개소로 확대되었다.[46] 특히, 세종학당은 시, 공간 제약 없이 한국어를 학습할 수 있도록 '메타버스 세종학당'의 수업 과정과 학습콘텐츠 확대, 인공지능(AI) 학습지원 등 디지털 한국어 서비스를 지원함으로써 디지털 환경의 중요성까지 보여주고 있다.

이와 같은 한국에 대한 관심의 증가는 무엇보다 한국 정부의 관계법 제정, 재정지원 등 문화사업에 대한 폭넓은 지원 덕분이다. 특히, 2000년을 전후하여 문화산업 진흥기본법 제정, 국가이미지위원회, 국가브랜드위원회 등을 설치하고 예산을 확대하면서 한류를 소프트 파워 자산으로 활용했기 때문이다. 이런 맥락에서, 한류의 초기 단계는 국가 지원에 따른 독백형에 가까웠으나, 2010년대 초반 한류가 아시아를 넘어 글로벌 시민으로 한류의 매력이 확산하면서 쌍방 소통형으로 변모하였다. 그리고, 2020년을 전후하여 한류가 세계 빈곤, 기후변화 등 글로벌 이슈에 초국가적 차원에서 관여함으로써 협업형으로 진화하고 있다. 특히, BTS와 전 세계에 걸친 BTS 팬덤 아미(ARMY) 간의 네트워크 파워는 디지털 외교와 버추얼 외교의 좋은 표상이 되고 있다. 한류를 공공외교에 위치해보면 한국 공공외교는 독백 내지 대화형이 주류를 이루는 가운데 협업형을 지향하고 있다.

┃₩┃ 문화파워와 한류

앞에서 살펴본 바와 같이, 공공외교는 상대국 국민이나 국제여론에 영향력을 행사하여 상대방으로부터 자국에 유리한 정책을 이끌어 내고 국제사회에서 자국의 평판을 높여 국익증진에 이바지하는 외교적 수단이고 과정이다. 이 수단과 과정은 상대방이 이에 매력을 느끼고 관심을 갖고 참여할 때 제대로 작동하고, 양방향이나 다방향의 의사소통을 통해 상대방의 공감(empathy)을 얻고 현실성을 인정받을 때 비로소 효과가 나타난다.

그러나 이는 간단한 일이 아니다. 공감은 상대방의 마음과 감성(emotion)에 기반을 두고 인정은 보이지 않고 쉽게 나타나지 않기 때문이다. 언어, 담론, 지식, 경험 등 공공외교의 도구는 마음과 감성을 제대로 전달하지 못하기 때문이다. 마음을 얻어도 환경이 변하면 마음도 변하고, 공통의 의지(common will)를 형성해도 상대방의 이해에 따라 변하기 때문에 지금 인정받는다고 장기간 지속되는 것은 아니다.47 이 때문에 공공외교의 성과를 측정하고 평가하는 것은 매우 어렵다. 공공외교 분야의 선도국인 미국조차 공공외교를 실질적으로 분석하고 평가할 수 있는 틀(template)을 만들지 못하고 있는 이유다. 이에 따라, 현 단계에서 공공외교의 평가는 계량적 분석보다는 해당 분야에서 상대방의 렌즈로 자신을 살펴보는 수준에 머물러 있다.

같은 맥락에서, 한국 공공외교를 일반화되고 표준화된 잣대로 평가하기보다는 특정 분야를 진단하여 실상을 파악하고 도출된 결과를 다른 분야에 활용하는 것이 한국 공공외교의 향후 전략 수립과 효과 제고에 이바지할 수 있을 것이다. 그런 의미에서 한국의 문화 파워로써 한류가 한국 공공외교에게 주는 함의를 살펴보자.

해외 한류실태 조사에 따르면 한국에 대한 인지도는 매우 높다 (96.9%). 이 중 47.8%가 대략적으로, 23.2%가 정확히 인지하고 있는 것으로 나타났다. 한국을 연상시키는 이미지 상위 10개 중 7개 항목(K팝, 음식, 한류스타, 드라마, 뷰티, 영화, 애니메이션)이 한류의 주류로 조사되었다. 한국에 대한 긍정 평가(70.7%) 중 경제 선진국, 호감, 국제적 사회 공헌도가 상위를 차지한 반면 문화강국으로 보는 수치는 평균에 비해 낮게(53.8%) 나타났다. 베트남, 인도, 태국, UAE 가 문화강국으로 인식한 반면(70% 이상), 유럽과 미주는 30~50%의 분포를 보이고 중동과 아프리카는 60%대를 나타내고 있다. 여기서 주목할 특징은 중국과 일본의 한국 문화콘텐츠 경험이나 인식 등 주요 지표가 하위 그룹에 속한다는 사실이다.[48]

한국 문화 호감도 측면에서는 7점 만점에 3.89로 호의적이지도 비호의적이지도 않은 것으로 나타났다. 또한, 한류에 대한 인기도가 높아지고 있지만 한류가 아직 지리적으로 가까운 아시아 국가에 편중된 경향이 있다. 아울러, 한국 문화에 대한 선호도를 인적개발지수(HDI)와 연계하여 보면 HDI가 선진국에 비해 상대적으로 낮은 베트남, 태국, 인도네시아, 중국, 인도 등 개도국에서 높게 나타났다.[49] 다른 한편으로 BBC조사에서는 한국이 세계에 미치는 영향에 대해

긍정적 영향 37%, 부정적 영향 36%로 문화호감도와 유사한 현상을 보였다.[50]

한국 문화 콘텐츠 접촉 경로는 분야별로 달리 나타나고 있다. K팝, 영화, 드라마 부문은 온라인/모바일 플랫폼이 주류를 이루고 (80%대), 음식, 뷰티 부문에서는 SNS영상/사진이 우세하다(60%대). 또한, 한국 문화 콘텐츠 소비량은 2021년 '오징어 게임' 영향으로 급격히 증가한 후 소폭 하락하고 안정세를 나타내고 있다. 한류에 대한 호감의 저해요인의 경우 드라마는 '자국과의 정치/외교 관계', 음악은 '획일적 장르와 낮은 수준의 예술적 가치', 게임은 '자국 문화 정서에 부적합'으로 분야마다 다르게 나타났다.[51]

위와 같은 한류에 대한 반응은 한국 공공외교에 몇 가지 시사점을 주고 있다.

첫째, 한류에 대한 관심이 높다고 한국에 대한 호감도나 지지도가 높다는 것을 의미하지 않는다. 2021년 '아세안 학술 센터'의 보고서에 따르면 한국의 정치적 영향력 0.3%, 경제적 영향력 0.6%, 리더십과 국제법 준수 신뢰도 0.4%, 자유무역 글로벌 리더십 0.9%의 매우 낮은 수준을 보이고 있다. 아울러, 대학유학 선호 0.8%, 휴가 여행 선호 4.7%로 나타났다. 또한, 미·중 간 패권경쟁 속에서 아세안이 의지할 파트너 3.2%(EU 40.8%, 일본 39.3%), 미국에 대한 아세안의 의존도가 줄어들 때 의존할 파트너 3.7%(일본 36.9%, EU 19.3%)로 나타나 한류 호감도가 한국 호감도로 연결되지 않음을 알 수 있다.[52] 다만, 2023년 보고서에서는 자유무역 리더십 1.1%, 유학 1.2%, 여행 7.2%로 각각 상승하여 한류의 영향력이 유의미한 것으로 풀이된다.

둘째, 지속적인 한류 확대를 위한 선행조건은 해당 국가의 문화적 민감성에 대한 이해다. 일방적으로 한류 확산을 지향하는 정책은 현지 문화와 문화산업을 침해하는 인식을 유발하여 오히려 한류 보급에 역효과를 가져올 소지가 크다. 한류에 대한 호감도가 제일 높은 아세안 국가들 사이에서도 최근 혐한과 같은 부정적 시각이 나타나고 있는 이유다. 또한, 미국 등에서 '코리아부'(Koreaboo) 같은 한류 팬덤 문화에 대한 비하 문화와 관련된 담론이 생성되고 있음을 주목할 필요가 있다. 자국 중심적 접근법에서 벗어나 상대국과 공감할 수 있는 문화 생태계 조성이 요구된다.

셋째, 한류 콘텐츠가 한국 고유의 문화를 담아내지 못하면 호감으로 이어지기 어렵다. 한국 문화에 익숙하지 않은 사람들에게 친근감을 주기 위해 한국 고유 문화의 특성을 희생하면 단기적으로 유익할 수 있지만 정체성의 혼란을 야기하면서 장기적으로 오히려 저해 요인으로 작용할 수 있다. 한국의 자(自)문화 바탕위에서 타(他)문화를 수용하고, 문화 다양성을 도모할 때 한국 문화는 더욱 발전할 수 있다.[53] 이를 위해, 한국의 자문화를 기반으로 타국과의 문화 협업을 통한 상호 문화자원 발굴과 문화 역량 계발이 요구된다. 결과적으로 이런 협업은 보다 높은 단계의 문화 교류를 생성하게 된다.[54]

국제질서의 변곡점에 선 한국외교의 고뇌

넷째, 한류의 한정성이다. 한류는 30대 초반을 전후한 특정계층에 한정되고 아시아 지역에 편중되어 있다.[55] 이는 계층과 지역의 마음과 기호(preferences)가 변하면 한류도 약화될 수 있음을 의미한다. 혁신적이고 창의적인 그리고 지역 특성에 따른 다양한 콘텐츠 생산을 위한 한류 콘텐츠의 생태계 조성이 필요하다.

다섯째, 한류에 대한 인식의 변화다. 한류 콘텐츠가 '지나치게 상업적'(27.4%)이고 '획일적이고 식상함'(21.8%)이라는 조사 결과가 있다.[56] 이를 불식시키기 위해 한류의 수익금 일부를 국제개발원조(ODA)로 보답하는 방안을 검토할 필요가 있다. 아울러, 콘텐츠의 창의성을 위해 정부는 한류 생태계 조성에 주력하고 직접적 간섭은 최소화할 필요가 있다.[57] 이와 관련하여, 정부의 재정적 지원도 중요하지만 현지 비즈니스에 대한 정보와 법률적 지원 서비스 제공이 오히려 바람직하다. 한류 콘텐츠 시장의 잠재성이 매우 높은 아세안 지역의 경우 공동제작 방식보다는 지식소유권(IP) 형식의 수출이나 온라인 동영상서비스(OTT)가 확대되고 있어 더욱 그렇다.

다른 한편으로, 문화 파워는 언어와 밀접한 관계가 있다. 문화가 정신의 세계라면 언어는 그 정신세계의 지도를 그려내는 도구다. 이는 문화 파워가 강해진다는 것은 언어 영역도 비례하여 확장됨을 의미한다.[58] 언어는 마음의 일부로써 가장 접근하기 쉬운 부분이다. 사람들이 언어를 알고 싶어하는 이유는 언어를 통해 인간 본성을 통찰할 수 있기 때문이다.[59] 이런 맥락에서 한국어에 대한 국제적 관심이 높아진다는 사실은 상대방의 마음을 얻을 수 있는 기회가 넓게 열린다는 의미다. 나아가, 신체 언어에 대한 이해도 의사소통의 중요한 요소다. 예를 들면, 유럽인과 미국인은 대화 시 눈을 마주치는 것을 바람직하게 여기는 데 반해 아시아에서는 직접적인 눈 마주치기를 예의없는 행동 혹은 성적 유혹으로 간주한다.[60] 유사한 맥락에서, 한국 문화에 대한 상대방 렌즈에서는 유교적 위계질서와 인간관계의 결합(집단주의), 말로 나타나지 않는 규칙의 집합으로서 체면, 눈치 등 특유의 형태를 통한 감정 표현 등이 한국 문화의 특성으로 나타난다.[61] 또한, 김치를 통하여 한국 국기의 상징인 통일과 음과 양의 조화, 전통과 세계화의 공존, 여성의 종속 속에 숨은 권력을 김치의 은유로 파악한다.[62] 설명이 거의 불가능한 '정'(情)의 의미도 마찬가지다.[63] 이는 한국 특유의 의사소통의 가치문화이고 문화자산이다.

그러나 의사소통의 가치문화는 한 사회의 언어와 문화체계 내에서만 의미를 지닌다. 그 경계선을 넘으면 의미가 달라질 수 있다. 특히, 언어의 타자성 때문에 어휘는 동일하지만 언어에 내포된 의미는 다르다. 예를 들면 아시아나 서양에서 '여가'(leisure)라는 언어는 사용하지만 여가가 내포하는 의미는 다르다. 서양에서 여가는 일과 자기충족을 위한 도구다. 따라서, 여가 시간을 갖는 것을 당연하고 긍정적으로 본다. 남의 눈치를 볼 필요도 없다. 이에 반해 아시아에서는 가정, 직장 등의 눈치를 보며 부정적으로 시각으로 본다. 어느 의미에서 죄의식(guilty)을 갖고 여가 시간을 갖는다. 또한, 일과 여가 간의 구분도 희미하다. 즉, 여가에 대한 개념과 동기가 다르다.[64] 아프리카에서 갖다(have)는 누구와 함께(with) 갖는다는 공동체적 연대성(solidarity)의 의미를 내포하고 있다. 이는 나와 상대방 간 의사소통의 언어에 대한 해석이 다르고 이해가 다르고 결과도 다르게 나타날 수 있음을 뜻한다.[65] 이런 언어 의미의 차이와 해석 그리고 언어라는 권력은 상대방에게 사회적 갈등을 야기할 수 있다.[66]

사실, 한국은 중국, 일본과 함께 고맥락(high-context) 문화권에 속한다.[67] 고맥락 문화에서는 미국이나 독일 같은 저맥락(low-context) 문화권보다 표정, 몸짓 등 비언어적 수단으로 의사소통하는 경향이 있고, 개인주의보다는 집단의식을 중시한다. 또한, 의사표현 시 논리보다는 감정이 존중되어 메시지가 간접적이고 다소 모호하다. 특히, 고맥락 문화권에서는 공동체적 집단의식이 강하여 공동체 구성원 간 대부분 정보나 지식을 공유하기 때문에 의사소통 시 세세히 설명하면 귀찮아한다. 반면, 저맥락 문화권에서는 세세한 설명이 없으면 오해를 불러온다.[68] 이는 문화적, 언어적 맥락을 모르면 메시지가 잘못 전달되고 외교행위의 결과를 잘못 평가하게 된다는 뜻이다. 올바르다고 믿는 메시지를 보내는 것보다 올바르게 답변하는 것이 더 중요하다는 의미다.

한국 공공외교의 길

공공외교는 외교정책 목적을 달성하기 위한 도구다. 그러나, 도구가 반드시 목적에 도움을 준다는 법칙은 없다. 오히려, 도구가 목적에 부정적 영향을 주는 경우도 있다. 중국의 2008년 북경 올림픽이 좋은 예다. 중국은 올림픽을 통해 국가 이미지 제고를 기대했다. 그러나, 세계언론은 의례적 올림픽 행사보다는 중국의 인권탄압과 소수민족 억압에 초점을 맞춤으로써 역효과가 나타났다. 또한 공자학원이 본래의 목적과 달리 중국 공산당 이념 등을 선전하는 기관으로 밝혀지면서 점차 폐쇄되고 있다. 이는 시진핑 주석이 추진하는 '글로벌 문명 이니셔티브' 외교정책에 부정적 효과를 주고 있다. 이와 같이 공공외교와 외교정책 간의 인과 기제(causal mechanism)가 반드시 긍정적인 것은 아니다. 같은 맥락에서 공공외교 사업의 규모 확대도 중요하지만 사업의 작동(operationalizing)69에 따른 인과관계를 재검토하여 효과적인 공공외교 정책을 모색할 필요가 있다. 이를 위해 한국 공공외교가 나아갈 방향을 짚어본다.

첫째, 창조적 역할을 통한 정체성의 외연 확대다. 한류를 통해 살펴보았듯이 한국의 공공외교는 독백형에 가깝다. 대화형 사업도 형식상은 대화이지만 실질적으로 독백형에 가까운 경우가 상당수다. 반면, 협력형과 협업형의 비중은 너무 낮다. 이는 한국의 공공외교가 자기중심적 문화 민족주의에 머물러 있음을 뜻한다.

글로벌 차원에서 공공외교의 인과 기제가 경제효과나 국가 브랜드 효과 등 자국 중심을 넘어서 상호 이해와 협력으로 축이 이동하고 있다. 이에 따라, 지구환경, 기아, 질병, 인권 등 국제적 이슈에 관하여 상호주관적(intersubjective) 협동, 즉, 상대방과 함께 이해하고 협력하여 글로벌 공공재를 생성함이 요구된다. 같은 맥락에서, 한국의 공공외교는 국익 중심의 현실주의를 넘어서 국제사회의 공공재 창출에 기여하는 구성주의적 공공외교가 바람직하다.[70]

둘째, 상대방의 문화에 대한 폭넓은 지식과 진정한 이해다. 문화는 지식, 믿음, 예술, 도덕, 관습과 습관의 총체적 복합체[71]로서 의사소통의 본질적 형식이다.[72] 즉, 삶의 총체로서 정체성을 부여해준다. 유명한 '루빈의 꽃병'[73]처럼 문화가 다르면 '우리'가 말한 것이 '그들'에게 달리 들리고 이해되고, '그들'은 '그들'의 렌즈로 '우리'를 본다. 지각은 인지에 의해, 관찰은 이론에 의해 표출되듯이 가치체계는 문화에 의해 나타난다.[74] 문화체계는 일종의 종교다.[75] 따라서, 상대방의 문화를 모르면 의사소통 자체가 단절되거나 왜곡되면서 가치외교는 무의미해진다. 이와 관련하여 존슨 전 영국 총리가 2017년 미얀마 방문 시 식민제국주의 찬양을 대표하는 시인 키플링의 'The Road to Mandalay'를 인용함으로써 지탄받은 사실이 자주 언급된다. 한류를 통한 문화외교나 지식공유사업도 환경에 따라 대상국의 가치체계에 부정적 영향을 줄 소지가 있기 때문에 신중해야 할 필요가 있다.[76] 최근 상당수 개도국 지식층이 정보통신기술(ICT)과 디지털 기술 속에 서구의 문화와 가치가 내재되어 있음을 지적하고 이를 사이버 제국주의로 비판하고 있다.[77] 시사점이 크다.

셋째, 중견국으로 네트워크상의 구조적 공백을 메울 역량확충이다. 공공외교는 언어, 역사 등 자국 소개를 위주로 하는 투사

(projection) 방식보다는 국제환경과 관련된 가치관, 규범, 윤리 등을 주창(advocacy)하는 외교 방식이다. 주창 방식은 주로 국가의 역할 (role) 정체성에 근거한다.[78] 즉, 국제사회에서 자국의 위상에 부합하는 역할을 스스로 정하고 이행하는 데 초점을 둔다. 스웨덴의 환경외교가 이에 해당한다. 한국은 정보통신기술(ICT) 강국으로 선, 후진국 간 기술격차 해소, 국제개발의 표상으로시 개도국에 실실적 도움을 주는 중개자로서 역할 등 구조적 공백을 메울 역량이 있고 국제사회도 이를 기대하고 있다. 이와 관련하여 새마을 운동이 중요한 시사점을 내포하고 있다. 새마을 운동은 '가난의 문화'[79]를 타파한 운동으로서 개도국들이 배우고 싶어 한다. 록펠러 재단이 이를 정신 문화유산으로 등재하고 싶어 했다. 최근에는 새마을 운동이 지구촌공동체 운동으로 확산하면서, OECD 회원국들도 농촌개발을 위한 다분야, 다계층, 도시와 농촌 간 연계, 젠더 등 포용적이고 큰 틀 차원의 패러다임을 모색을 위해 새마을 운동을 원용하고 있다.[80] 그러나, 본원지 한국 자신의 미온적 반응으로 소중한 공공외교 자산과 역할 정체성이 묻혀 있다.

넷째, 장기적 안목이다. 이는 공공외교의 핵심인 신뢰와 밀접한 관계가 있다.[81] 국가의 평판, 명성, 신뢰는 장기간의 지속성 그리고 자신의 정체성에 대한 존중에서 나온다.[82] 미국이 현재 신뢰받지 못하는 주요 요인은 개인주의를 숭상하면서 국제사회에서는 보편주의를 요구하고, 인권을 내세우면서 국제형사재판소의 회원국이 아니기 때문이다. 또한, 기후변화 파리 협약에서 보듯이 정권이 바

국제질서의 변곡점에 선 한국외교의 고뇌

뀔 때마다 정책이 바뀌었기 때문이다. 동구권이 EU가입을 위해 국가 브랜딩 계획을 추진할 때 정권 변화에 따른 지속성 부족과 일관성 결여가 저해요인으로 작용했다.[83] 한국도 이와 크게 다르지 않다. 좋은 예가 한국의 기후변화 정책이다. 지난 15년간 정부가 3번 바뀌면서 기후변화 정책이 존폐를 거친 후 2021년 영국 글라스고우 정상회의에서 국내적으로 불협화음을 자아내고 국제적으로 역할분담과 상호 인정이 어려운 정책을 발표했다.

다섯째, 자국 국민에 대한 공공외교의 중요성이다. 정보통신기술의 발전과 더불어 영토에 의한 전통적 공공외교 대상의 구분이 점점 의미를 잃어 가고 있다. 오히려, 자국 국민을 통하여 검증받은 공공외교가 상대국 대중에게 더욱 호소력을 지닌 것으로 나타나고 있다.[84] 역으로, 상기 한국과 미국의 예에서 보듯이 기후변화 같은 글로벌 공공재를 국내 정치용으로 이용할 경우 공공외교에 부정적 영향을 준다. 다른 한편으로, 한국에 거주하는 외국인 수가 226만 명이다(2022년 11월 기준). 이는 한국 전체인구의 4.4%에 해당하며 대구광역시 인구(236만 명)와 비슷한 수준으로, 한국이 다문화 사회로 진입하고 있음을 뜻한다. 이들에 대해 차별 등 문화 다양성을 거부할 경우 한류를 통하여 쌓아 놓은 호감도가 급격히 저하될 수 있다.[85] 사회학적 세계화(sociological globalism)가 필요하다.[86]

여섯째, 공공외교 평가를 위한 제도적 장치 마련이다. 국제개발원조의 역사에서 보듯이 평가없이 사업을 확대할 경우 비생산적인 담론과 사업만 양산된다. 나아가, 평가 결과를 이행할 의지나 역량이 없으면 결과는 마찬가지다. 다행히, 앞에 기술한 한류에 대한 여러 기관의 분석과 평가는 한국의 공공외교의 효과성 제고를 위한 방안 강구에 도움을 줄 것으로 사료된다. 아울러, 미국의 과오를 거울삼아 공공외교 평가에 대한 예산 확충, 전문인력(특히, 데이터 활용과 디지털 기술 문해력) 양성, 장기적 단위의 접근이 필요하다.[87]

▶️ 세계가 한국을 기대한다

네트워크 파워의 부상으로 공공외교는 지난 세기 독백(monologue)에서 21세기 벽두 대화(dialogue)를 넘어 관여(engagement)와 협업(collaboration)으로 진화하고 있다. 냉전 시대 정보 통제에서 정보화 시대 바이트를 거쳐 네트워크 중심의 글로벌 커뮤니케이션 시대에 접어들었다.

소셜 미디어의 발달로 디지털 파워와 네트워크 파워가 강해지면서, 디지털 혁명의 선두를 달리는 한국, 중국, 일본에 대한 관심이 점증하고 있다. 국제사회는 이들 3국이 미국과 서구 중심의 전통적 공공외교 담론의 외연을 넓힐 수 있을 것으로 기대한다.[88] 아울러, 한편으로는 3국이 치앙마이 이니셔티브(통화교환협정)처럼 지역 협력을 통해 효과적인 공공외교를 펼칠 수 있을 것으로 내다보면서도 다른 한편으로는 역사적 갈등 속에 상호 배타적 민족주의를 내세우고 상대방을 폄하시키기 위해 소프트 파워를 행사하고 있다고 본다. 한국이 중견국으로서 극복해야 할 과제다. 즉, 3국 간의 공감을 이끌어 내고 공공외교의 새로운 지평을 여는 것이다.

공공외교에서 공감은 매력과 설득이라는 소프트 파워의 원천인 문화와 감성에 기반을 둔다. 공공외교의 도구가 언어, 담론, 지식이라면, 이를 감성적으로 표현한 결과물이 공감이다. 즉, 서로 다른 문화의 차이를 신뢰와 감성으로 소통한 결과다. 사실, 상대방의 문화를 모르고 감성을 접해 보지 못하면 공감도 없다. 그런 맥락에서, 문화와 감성으로 상징되는 한류는 공감을 통하여 글로벌 시민의 '공감의 지평'을 넓히고 글로벌 공공재 생산에 도움을 줄 수 있다. 한류는 상대방 마음을 얻기 위한 경쟁보다는 상대방 마음을 보살피는 협업의 표상이다. 한국의 또 다른 역할 정체성이다. 세계가 이를 기대하고 있다.

디지털 혁명과 더불어 공공외교의 행위자들이 다변화되고 있다. 정치학, 사회학, 심리학, 마케팅 분야가 공공외교와 융합하면서 공공외교의 의제가 다양화되고 있다. 이에 따라, 공공외교는 더욱 복잡해지고 있다. 이런 가운데 문화 권력이 합세하면서 공공외교에 대한 인식 변화와 새로운 접근법이 요구되고 있다.

미주

1 Walter Lippmann, Public Opinion, *THE FREE PRESS*, 1949, pp. 18-19

2 Jean Melissen(eds.), *The New Public Diplomacy: Soft Power in International Relations*, Palgrave Macmillan, 2005. Bruce Gregory. American Public Diplomacy: Enduring Characteristics, Elusive Transformation. *The Hague Journal of Diplomacy*, vol.6(2011), pp. 351-372. James Pamment, *New Public Diplomacy in the 21ˢᵗ Century: A comparative study of policy and practice*, Routledge, 2013 등.

3 Joseph S. Nye. Soft Power: The Means to Success in World Politics, *Public Affairs*, 2004.

4 식민제국시대 프랑스 정치가 겸 외무장관 탈레랑은 외교관들에게 '프랑스를 사랑하도록(Faites aimer la France)'라는 임무를 부여했다.

5 Joseph S. Nye., Soft power and public diplomacy revisted, *The Hague Journal of Diplomacy*, 14(1-2), pp. 7-20.

6 Jurgen Harbermas(장춘익 옮김), *Theorie des kommunikatiuen Handels* (의사소통행위이론): 행위합리성과 사회합리화, 나남출판, 2006. pp. 424-427.

7 협력은 행위자들이 주어진 공동 목적을 달성하기 위해 여러 부분으로 나누어 독립적(seperated)으로 수행하는 반면 협업은 서로 연결(connected)되어 일하며 협력보다 창의적 지식을 생산하는 등 시너지 효과를 나타낸다.

8 Juyan Zhang and Brecken Chinn Swartz, "Public diplomacy to promote global Pulic Goods(GPG): Conceptual expansion, ethical grounds, and rhetoric", *Public Relations Review* (2009), pp. 382-387.

9 Efe Sevin, A Multilayered Approach to Public Diplomacy Evaluation: Pathways of Connection, *Public & Policy*, Vol.45, No.5(2017), pp. 879-901.

10 Hans−Georg Gadamer, Truth and Method, Bloomsbury Academic, 2013.

11 Scott M. Cutlip et al., Effective Public Relations, Prentice Hall

International, 2000, pp. 265-267.

12 인도 Andhra Pradesh 지방의 빈곤근절을 위한 여성들의 자조정신에 기초한 경제적, 사회적 차원의 사업이다. VELUGU는 빛(light)을 의미한다.

13 Reed Nelson, The strength of strong ties: social networks and intergroup conflict in organization. *Academy of Management Journal* 32(2), 1989. pp. 377-401.

14 Don Tapscott and Anthony D. William(윤미나 역), *WIKINOMICS*, 21세기북스, 2009.

15 R. S. Zaharna, Boundary Spanners of Humanity: Three Logics of Communication and Public Diplomacy for Global Collaboration, Oxford University Press, 2022, pp. 129-163. R. S. Zaharna, "Culture, Cultural Diversity and Humanity—centred Diplomacies", *The Hague Journal of Diplomacy* 14(2019) pp. 117-133.

16 Sarah Ellen Graham, "Emotion and Public Diplomacy: Dispositions in International Communications, Dialogue, and Persuasion", *International Studies Review*(2014) 16, 522—539. James Pamment, "Digital diplomacy as transmedia engagement: Theory of participatory culture with international advocacy campaigns", *new media & society* 2016, vol. 18(9) 2046—2062. Simon Koschut(ed.), *The Power of Emotions in World Politics*, Routledge, 2020. Neta C. Crawford, "The Passion of World Politics: Propositions on Emotion and Emotional Relationships", *International Security*, Vol. 24., No. 4 (Spring 2000), pp. 116-156. Hazel Rose Markus, "Culture and the Self, Implication, Emotion, and Motivation", *Psychological Review*, Vol.98, No. 2 (1991), pp. 224-253.

17 R. S. Zaharna, The Cultural Awakening in Public Diplomacy, Figueroa Press, 2012, Akira Iriye, Cultural Relations and Policies, *Encyclopedia of the New American Nation*, http://www.american foreignrelations.com/A—D/Culture—Relations—and—Policies.html

18 Amitav Acharya and Barry Buzan(ed.), Non—Western International Relation Theory: Perspectives on and beyond Asia, Routledge, 2010.

19 윤재근, 『문화전쟁: 한국문화 현실, 이대로는 미래가 없다』, 둥지, 1996.

20 Robert Cooper(홍수원 옮김), *The Breaking of Nations*(평화의 조건), 세종연구원, 2004.

21 조셉 나이는 스마트 피워를 리너의 자질과 관련하여 분석한다.

22 Joseph S. Nye, *The Powers to Lead*, Oxford University Press. 2008.

23 Constance Duncombe. Digital Diplomacy: Emotion and Identity in the Public Realm, *The Hague Journal of Diplomacy* 14, 2019. pp. 102-116. Corneliu Bjola *et al*. Public Diplomacy in the Digital Age, *The Hague Journal of Diplomacy* 14, 2019. pp. 83-101.

24 James Pamment, The Mediatizationof Diplomacy. *The Hague Journal of Diplomacy* 9 (2014), pp. 253-280.

25 김상배. 『제3세대 중견국 외교론의 모색』, 김상배 엮음, 『제3세대 중견국외교론: 네트워크 이론의 시각』, 사회평론, 2015, pp. 14-57.

26 Pierre Pahlavi, The Use of New Media in the Modern Asymmetric Warfare Environment. in *Handbook of Defence Politics: International and Comparative Perspectives* Isaiah Wilson III and James J. F. Forest(ed.) Routledge, 2008. pp. 137-164.

27 Manuel Castells, *End of Millenium, 2ⁿᵈ eddition*, Oxford 2000.

28 Manuel Castells, *The Rise of the Network Society*, BLACKWEII, 1996. 김상배, "스마트 파워의 개념적 이해와 비판적 검토: 중견국 네트워크 권력론의 시각", 『국제정치론총』 제49집 제4호, 2009. pp. 7-33.

29 Mark Granovetter, "The Myth of Social Network Analysis as a Special Method in the Social Sciences", *Connections* 13, no.2(1990), pp. 13-16.

30 Anne-Marie Slaughter, "America's Edge: Power in the Networked Century", *Foreign Affairs* 88, Jan-Feb 2009.

31 G, John Ikenberry, *Liberal Order and Imperial Ambition*, Polity, 2006.

32 Hannah Arendt, *The Human Condition*, Chicago University Press, 1998, pp. 200.

33 Nicolas John Cull. *Public Diplomacy: Lesson from the Past. CPD Perspectives on Public Diplomacy*, 2009.

34 John F. Kihlstrom and Nancy Cantor, "Social Intelligence", in Robert J. Sternberg(ed.), *Handbook of Intelligence*, Cambridge University Press, pp. 359-379.

35 Dacher Keltner, "The Power Paradox", *Greater Good*, Winter 2007-2008, p. 15.

36 Denys Cuche, *La notion de culture dans les sciences sociales*, La Decouverte, 2010, pp. 97-114.

37 Marijke Breuning, "Role theory research in international relations: state of the art and blind spots", in Sebastian Harnisch *et al.*(ed.), *Role theory in International Relations: Approaches and analyses*, Routledge2011, pp. 16-36. Dirk Nabers, "Identity and role change in international politics", in Sebastian Harnisch *et al.*(ed.), *Role theory in International Relations: Approaches and analyses*, Routledge2011. pp. 75-92.

38 R. Burt, "Structual holes and good ideas", *American Journal of Sociology.* 110: 2004, pp. 349-399.

39 Sarah Chew *et al.* "Understanding knowledge brokerage and its transfomative potential: a Bourdieusian perspective", *Evidence & Policy*, vol.18.no.1. 2022, pp. 25-42.

40 Diane Coyle, *The Soulful Science: What Economists Really Do and Why It Matters*, Princeton University Press, 2007, pp. 227-229.

41 한국국제문화교류진흥원(KOFICE), 한류와 문화 다양성, 2023.

42 아랍에미리트 사디야트 섬의 문화지구(culture district)도 유사한 예다. Patricia M. Goff, "Cultural Diplomacy", in Nancy Snow and Nicholas J. Cull(ed.) *Routledge Handbook of Public Diplomacy*, Routledge 2020, pp. 30-37.

43 Nicolas John Cull, ibid.

44 한국국제교류재단, "지구촌 한류 현황", 2023. 김태환, "한류의 공공외교 효과 유형과 정책적 의미", 『IFANS 주요국제문제분석』 2023 – 11, 국립외교원 외교안보연구소. 2023.

45 한국국제교류재단, "지구촌 한류 현황", 2023.

46 2027년까지 350개소로 늘릴 예정이다.

47 Walter Lippmann, ibid. pp. 125-158.

48 한국국제문화진흥원, "2023 글로벌 한류트렌드", 해외한류실태조사.

49 한충민, 『한국 브랜드 세계화: 이론과 실행전략』, 한경사, 2017, pp. 96-100.

50 2014년 조사와 2017년 조사 간에 거의 차이가 없다.

51 한국국제문화교류진흥원, 상기 자료

52 ASEAN Studies Center, *The State of Southeast Asia: 2021 Survey Report.*

53 한국국제교류재단, "지구촌 한류 현황", 2023.

54 김윤지, 『한류외전』 어크로스출판그룹, 2023.

55 Efe Sevin et al. Analyzing Country Images through Networks: Case of South Korea. Asian International Studies Review Vol.21 No.2(Dec.2020). pp. 95-119.

56 한국국제문화교류진흥원, "2019 한류백서"

57 김윤지, 같은 책.

58 윤재근, 『문화전쟁: 한국문화, 이대로는 미래가 없다』, 둥지, 1996, pp. 231-246.

59 Steven Pinker(김한영 외 옮김), *Language Instinct*(언어 본능), 소소, 2004.

60 Barbara Miller(홍석준 외 옮김), *Cultural Anthropology in a Globalizing World*(글로벌시대의 문화인류학), 시그마프레스, 2014, pp. 208-219.

61 Geert Hofstede *et al. Culture and Organisations: software of the mind, intercultural cooperation and its importance for survival*, McGraw Hill, 2010.

62 Martin J. Gannon(최윤희 외 옮김), Understanding Global Culture(세계문화 이해), 커뮤니케이션북스, 2003, pp. 223-237.

63 Patricia A. Curtin and T. Kenn Gaither, *International Public Relations: Negotiating Culture, Identity, and Power*, Sage Publications, 2007, pp. 12-16.

64 Hellmut Schutte with Deanna Ciarlante, *Consumer Behavior in Asia*, New York University Press, 1998, pp. 118-128.

65 Dianna Taylor(ed.), *Michel Foucault: Key Concepts*, Routledge, 2014.

66 최근 미국에서 흑인에 대한 과잉 진압으로 인종차별을 의미를 내포한 용어, 스포츠 구단의 이름, 학교 이름, 영화, 음악 등 예술작품이 거부당했다.

67 Fred E. Jandt, *An Introduction to International Communication: Identites in a Globaal Community*, Sage Publications, 2007, pp. 61-65.

68 Edward T. Hall and Mildred Reed Hall, *Understanding Cultural Differences*, Intercultural Press, 1990. R. S. Zaharna, *Boundary Spanners of Humanity: Three Logics of Communication and Public Diplomacy*

for Global Communication, Oxford University Press. 2022.

69 Matthew C. Armstrong, "Operationalizing Public Diplomacy", in Nancy Snow and Nicolas J. Cull. Routledge, 2020, pp. 82-95.

70 김태환, "한류의 공공외교 효과 유형과 정책적 의미", 국립외교원 외교안보연구소. 2023. "한국형 중견국 공공외교: 자유주의적, 구성주의적 접근", 국립외교원 외교안보연구소, 2014.

71 Sir Edward B. Taylor, Primitive Culture, 1871.

72 R. S. Zaharna, *The Cultural Awakening in Public Diplomacy*, FIGUEROA PRESS, 2012.

73 보는 관점에 따라 꽃병이 컵으로 보이기도 하고 사람 얼굴로 보이기도 한다.

74 Grant McCRACKEN, "Culture and Consumption: A Theoretical Account of the Structure and Movement of the Cultural Meaning of Consumer Goods", *Journal of Consumer Research* vol.13 June 1986, pp. 71-84.

75 Clifford Geertz(문옥표 옮김), *The Interpretation of Cultures*(문화의 해석), 까치, 2010, pp. 111-156.

76 Suweon Kim. Hallyu, "Public Diplomacy, aand Development Cooperation: Korea's Cultural Diplomacy Concoted for Africa", *Journal of International and Asia Studies*, Vol.28, No.2, 2021. pp. 1-16.

77 프랑크푸르트 학파는 문화사업을 '대중을 기만하는 계몽'으로 간주하고, 상대방에게 자신의 가치관, 사고방식을 당연한 가치와 규범으로 받아드리도록 제약한다고 본다.

78 Sebastian Harnisch et al.(ed.), *Role Theory in International Relations*, Routledge, 2011.

79 Oscar Lewis, Culture of Poverty, in Moynihan Daniel(ed.), *On Understanding Poverty: Perspectives from the Social Sciences*, Basic Books, 1969, pp. 187-220.

80 OECD, *A New Rural Development Paradigm for the 21st Century, A Toolkit for Developing Countries*, 2016.

81 Ben D. Mor, "Credibility talk in public diplomacy", *Review of International Studies* (2012), 38, pp. 393-422.

82 Nicolas J. Cull. "From soft power to reputational security: rethinking public diplomacy and cultural diplomacy for a dangerous age", *Place Branding and Public Diplomacy* (2022), 18, pp. 18-21.

83 Nancy Snow and Philip M. Taylor, *Routledge Handbook of Public Diplomacy*, 2009.

84 Jean Melissen, *Beyond the New Public Diplomacy*, 2011. Ellen Huijgh, *Public Diplomacy at Home: Domestic Dimensions*, BRILL NIJHOFF, 2019.

85 KOICA 장기석사과정에 참석한 아프리카 20여 개국 연수공무원들은 한국의 일부 연예인과 NGO가 아프리카의 굶주린 어린아이를 홍보영상으로 내세워 아프리카 원조를 호소하는 것에 대해 분노를 터트리고 한국의 원조를 식민제국적 행태라고 비판했다.

86 Seong-Hun Tun and Elizabeth L. Toth, "Future Sociological Public Diplomacy and the Role of Public Relations: Evolution of Public Diplomacy", *American Behavioral Scientist* 53(4) 2009, pp. 496-503.

87 미국의 경우 공공외교 예산 중 평가 비중은 5% 미만으로 미약하다. Robert Banks, "Public Diplomacy Evaluation", in Nancy Snow and Nicolas J. Cull(ed.), *Routledge Handbook of Public Diplomacy*, Routledge, 2020, pp. 64-75.

88 Amitav Acharya and Barry Buzan, *Why is there no non-Western international relations theory? An Introduction*, in Amitav Acharya and Barry Buzan(ed.), *Non-Western International Relations Theory*, Routledge, 2010. pp. 1-25. Barry Buzan and Richard Little, *World history and the development of non-Western international relations theory*, in Amitav Acharya and Barry Buzan(ed.), *Non-Western International Relaations Theory*, Routledge, 2010, pp. 197-220.

저자소개

[학술연구위원회 위원]

이경수

한국외교협회 부회장과 학술연구위원장을 맡고 있다. 외교부 차관보, 주독일 대사와 주캄보디아 대사를 역임하고 현재 연세대 통일연구원 객원교수로 재직 중이다. 연세대 정치외교학과, 옥스포드대 외교관 과정, 케임브리지대 국제관계학 석사.

박동선

주핀란드 대사(주에스토니아 대사겸임), 주청뚜 총영사, 주OECD 차석대사, 국제경제협력대사, 국회의장 외교 수석비서관, 부산대학교 객원교수 등을 역임했다. 현재 APEC 국제교육협력원 이사장으로 활동 중이다. 미국 컬럼비아대학원 국제정치학 박사과정 수료.

최병구

주노르웨이 대사 등을 역임했다. 저서로『문재인 외교안보징비록』(2022),『외교언어』(2021),『한국의 외교안보』(2017),『외교의 세계』(2016) 등이 있다.

한동만

외교부 국제경제국장, 재외동포영사 대사, 주샌프란시스코 총영사, 주필리핀 대사를 역임했다. 현재 서울대 아시아연구소 방문학자, 연세대와 가톨릭대 객원교수로 재직 중이다. 주요 저서로『대한민국의 신미래전략, 아세안이 답이다』(2019)가 있다. 연세대와 판테옹 소르본느 대학원 졸업.

조윤수

주튀르키예 대사, 부산외국어대학교 객원교수, 국립외교원 명예교수를 역임했다. 현재 역사학·고고학 전문가로 구성된 한국유라시아문명연구회의 이사장으로 활동 중이다. 주요 저서로『오스만 제국의 영광과 쇠락, 튀르키예 공화국의 자화상』(2022) 등이 있다.

조원호

주가봉 대사, OECD파견(무역위, 개발원조위, 환경위), KOICA 이사, 한국외국어대학교 국제지역대학원 석좌교수를 역임했다. 저서로『아프리카 연수 공무원에 나타난 개발과 아프리카』(2017)가 있다. 팡테옹 소르본 대학 국제개발경제 박사과정(DEA) 수료.

[특별기고]

이성현

미국 조지 H.W.부시 미중관계기금회 선임연구위원, 하버드대 아시아연구소 (Harvard University Asia Center) 방문학자로 활동 중이다. 미 외교협회 (CFR), 하버드케네디스쿨, 스탠퍼드대 아태연구소, RAND 연구소, 서울대국제대학원, 미 인도태평양사령부 등에서 강의와 발표를 하고 있다. 하버드대 석사, 중국 칭화대 박사. 중국 11년 거주.

국제질서의 변곡점에 선 한국외교의 고뇌

초판발행   2024년 2월 27일

지은이   한국외교협회
펴낸이   안종만·안상준

편 집   윤혜경
기획/마케팅   박부하
표지디자인   이은지
제 작   고철민·조영환

펴낸곳   (주) **박영시**
               서울특별시 금천구 가산디지털2로 53, 210호(가산동, 한라시그마밸리)
               등록 1959. 3. 11. 제300-1959-1호(倫)
전 화   02)733-6771
f a x   02)736-4818
e-mail   pys@pybook.co.kr
homepage   www.pybook.co.kr
ISBN   979-11-303-1958-2   93340

정 가   20,000원